Ford Madox Ford
Die allertraurigste Geschichte

ROMAN

Aus dem Englischen von
Fritz Lorch und Helene Henze

Mit einem Nachwort von
Julian Barnes

Diogenes

Dieses Buch, dessen ursprünglicher Titel ›The Saddest Story‹
lautete, wurde 1915 bei John Lane, London,
mit dem Titel ›The Good Soldier‹ veröffentlicht.
Der einführende Brief des Autors
an seine Frau Stella
wurde der amerikanischen Edition der Vintage-Books
bei Alfred Knopf, Inc., entnommen.
Die deutsche Erstausgabe erschien 1962
im Walter Verlag, Olten und Freiburg i. Br.
Die Übersetzung wurde für diese Ausgabe durchgesehen.
Das Nachwort von Julian Barnes
stammt aus dem Band ›Am Fenster‹.
Übersetzung aus dem Englischen von Gertraude Krueger
© 2012 by Julian Barnes
© 2016 by Verlag Kiepenheuer & Witsch GmbH & Co. KG, Köln
Covermotiv: Copyright © Diogenes Verlag

Alle deutschen Rechte vorbehalten
Copyright © 2018
Diogenes Verlag AG Zürich
www.diogenes.ch
40/18/852/1
ISBN 978 3 257 07038 5

Inhalt

Ein Brief als Zueignung 7

Erster Teil 13
Zweiter Teil 96
Dritter Teil 125
Vierter Teil 212

Nachwort 293
  von Julian Barnes

An Stella Ford

Meine liebe Stella,
Ich habe dies immer als mein bestes Buch betrachtet –
zumindest als mein bestes Buch aus der Vorkriegszeit,
und zwischen seiner Niederschrift und dem Erscheinen
meines folgenden Romans müssen fast zehn Jahre da-
hingegangen sein, so dass man alles, was ich seither ge-
schrieben habe, als das Werk eines anderen Mannes –
als das Werk ›Deines‹ Mannes – betrachten könnte.
Denn es ist sicher, dass ich ohne den Anreiz zum Leben,
den Du mir gabst, kaum die Kriegsepoche überstan-
den hätte, und noch sicherer ist, dass ich ohne Deinen
Ansporn, wieder zu schreiben, nie wieder geschrieben
hätte. Dank eines seltenen Zufalls ist The Good Soldier
fast das einzige unter meinen Büchern, das niemandem
gewidmet ist: Das Schicksal hatte offenbar beschlossen,
das Buch die zehn Jahre lang warten zu lassen, die es
nun gewartet hat – auf diese Widmung.

Was ich jetzt bin, verdanke ich Dir: Was ich damals
war, als ich The Good Soldier *schrieb, verdanke ich der*
Verkettung von Umständen eines ziemlich ziellosen
und launenhaften Lebens.

Bis ich mich hinsetzte, um dieses Buch zu schreiben –
es war am 17. Dezember 1913 –, hatte ich niemals ver-

sucht, mich richtig ins Zeug zu legen (wie man von Rennpferden sagt); teils weil ich stets sehr fest davon überzeugt war, ich würde – wie immer es sich mit anderen Schriftstellern verhalten mochte – nicht einmal fähig sein, vor der Vollendung meines vierzigsten Jahres einen Roman zu schreiben, zu dem ich stehen könnte; teils auch, weil ich sehr entschieden nicht mit anderen Schriftstellern konkurrieren wollte, deren Anspruch auf Anerkennung oder dem Verlangen danach und nach dem, was Anerkennung bringt, größer waren als die meinen. Ich hatte niemals wirklich versucht, in einen Roman von mir alles hineinzulegen, was ich von der Kunst des Schreibens wusste. Ich hatte eher beiläufig eine Anzahl Bücher geschrieben – eine große Anzahl –, aber sie alle hatten vielmehr den Charakter einer pastiche, *waren Stücke preziöser Schreiberei oder glichen einer* tour de force. *Aber ich war immer wie besessen vom Schreiben, davon, wie man schreiben sollte, und teils allein, teils zusammen mit Joseph Conrad hatte ich schon zu jener Zeit umfangreiche Studien zu der Frage unternommen, wie man mit Wörtern umgehen und wie man Romane entwerfen sollte.*

An dem Tag, an dem ich vierzig Jahre alt wurde, setzte ich mich nun hin, um zu zeigen, was ich konnte – und The Good Soldier *war das Resultat. Ich hatte die feste Absicht, dies sollte mein letztes Buch sein. Ich hatte immer gedacht – und ich weiß nicht, ob ich nicht heute noch ebenso denke –, ein Buch geschrieben zu haben sei für jeden Mann genug; und damals, als* The Good Soldier *beendet war, schien in London und womöglich in der ganzen Welt die Herrschaft neuer und viel lebhafterer Schriftsteller anzubrechen. Das waren die erregenden Tage der literarischen Kubisten, Futuristen, Imaginisten und der übrigen tapageurs und aufrührerischen jeunes jenes jungen Jahrzehnts. So kam ich mir wie ein Aal vor, der, nachdem er die tiefe See erreicht hat, sein Junges auf die Welt bringt und stirbt – oder ich sagte mir, wie der große Alk, das mir beschiedene Los sei erfüllt, ich hätte mein eines Ei gelegt und dürfe sterben. Deshalb nahm ich in aller Form Abschied von der Literatur, in den Spalten einer Zeitschrift mit Namen* Thrush *– die ebenfalls, armer kleiner Alk, der sie war, nach dieser Anstrengung den Geist aufgab. Dann schickte ich mich an, beiseitezutreten, zugunsten unserer guten Freunde – Deiner und meiner Freunde – Ezra, Eliot, Wyndham Lewis, H. D. und der übrigen Schar stürmischer junger Schriftsteller, die damals an die Tür klopften.*

Aber größere Stürme brachen über London und die Welt herein, die bis dahin zu den stolzen Füßen jener Eroberer zu liegen schienen; Kubismus, Futurismus, Imaginismus kamen unter dem Donner der Kanonen nie richtig zum Zuge, und so bin ich wieder aus meiner Höhle hervorgekrochen und habe mir ein Herz gefasst, neben Deine starken, zarten und schönen Werke einige meiner eigenen zu legen.

The Good Soldier *bleibt für mich jedoch mein großes Alk-Ei, als der Abkömmling einer Rasse, die keine Nachfahren haben wird, und da das Buch schon vor so langer Zeit geschrieben wurde, werde ich wohl nicht allzu eitel erscheinen, wenn ich mich einen Augenblick darüber auslasse. Kein Autor, glaube ich, verdient den Tadel der Eitelkeit, wenn er eines seiner zehn Jahre alten Bücher nimmt und ruft: »Gütiger Himmel, habe ich damals so gut geschrieben?« Denn das schließt stillschweigend mit ein, dass man inzwischen nicht mehr so gut schreibt. Und die wenigsten sind so neidisch, die Selbstgefälligkeit eines erloschenen Vulkans zu tadeln.*

Wie dem auch sei – ich wurde kürzlich zu einer ziemlich eingehenden Prüfung des Buches veranlasst, denn ich musste es ins Französische übertragen, was mich zwang, dem Buch eine viel höhere Aufmerksamkeit zu widmen, als es noch bei der eindringlichsten Lektüre der Fall gewesen wäre. Und ich muss gestehen, ich war erstaunt über die Mühe, die ich auf die Struktur des Buches verwandt haben muss, über die verzwickte Verflechtung von kreuz und quer laufenden Beziehungen: Das ist zwar nicht verwunderlich, denn wenn ich das Buch auch in verhältnismäßig kurzer Zeit geschrieben habe, so hatte ich doch schon ein volles Jahrzehnt innerlich darüber gebrütet, weil die Geschichte eine wahre Geschichte ist, weil ich sie von Edward Ashburnham selbst hatte und sie erst niederschreiben konnte, als alle anderen tot waren. So trug ich sie all die Jahre mit mir herum und dachte immer wieder darüber nach.

Ich hatte zu jener Zeit einen Ehrgeiz: nämlich für den englischen Roman dasselbe zu leisten, was Maupassant mit Fort comme la mort *für den französischen geleistet hatte. Eines Tages erhielt ich die Belohnung: Ich befand mich zufällig in einer Gesellschaft, in der ein glühender junger Verehrer ausrief:* »Bei Gott, The Good Soldier *ist der schönste Roman in englischer Sprache!*«, *worauf mein Freund Mr. John Rodker, der meinem Werk stets eine angemessen zurückhaltende Bewunderung entgegenbrachte, mit seiner hellen, schleppenden Stimme bemerkte:* »*Ah ja, das ist er. Aber Sie haben ein Wort ausgelassen. Er ist der schönste französische Roman in englischer Sprache!*«

Mit dieser Bemerkung – die mein Tribut an meine Meister in Frankreich ist – überlasse ich das Buch dem Leser. Aber ich möchte noch ein Wort zum Titel sagen. Ich habe dieses Buch ursprünglich The Saddest Story *genannt; da es aber erst erscheinen konnte, als die dunkelsten Tage des Krieges über uns hereinbrachen, bestürmte mich mein Verleger Mr. Lane in Briefen und Telegrammen – ich war damals mit anderen Dingen beschäftigt! –, den Titel zu ändern, der, wie er sagte, das Buch zu jenem Zeitpunkt unverkäuflich gemacht hätte.*

Eines Tages, als ich auf einer Parade war, erhielt ich von Mr. Lane ein letztes flehentliches Telegramm, und da die Rückantwort bezahlt war, nahm ich das Antwortformular und schrieb darauf mit hastiger Ironie: »*Lieber Lane, warum nicht* The Good Soldier?« ... *Zu meinem Schrecken erschien das Buch sechs Monate später unter diesem Titel.*

Du, meine liebe Stella, wirst diese Geschichten oft von mir gehört haben. Aber jetzt trennt uns der Ozean, und ich stecke sie in diesen Brief, den Du lesen wirst, ehe

Du mich wiedersiehst, in der Hoffnung, sie mögen Dich erfreuen, und mit der Illusion, dass Du vertraute – und liebevolle – Stimmen hörst. Und so unterzeichne ich in aller Aufrichtigkeit und in der Hoffnung, Du mögest zugleich die besondere Zueignung dieses Buches und die allgemeine Zueignung dieser Ausgabe annehmen.

Dein F. M. F.

New York,
9. Januar 1927

Erster Teil

I

Dies ist die traurigste Geschichte, die ich je gehört habe. Neun Jahre hindurch hatten wir während der Kursaison in Bad Nauheim mit den Ashburnhams in der größten Vertrautheit verkehrt – oder vielmehr in einem Verhältnis zu ihnen gestanden, das so lose und unbeschwert und doch so eng war wie das eines guten Handschuhs mit Ihrer Hand. Meine Frau und ich kannten Hauptmann und Mrs. Ashburnham so gut, wie man jemanden nur kennen kann, und doch wussten wir auch wieder gar nichts von ihnen. Das ist, glaube ich, ein Zustand, wie er nur bei Engländern möglich ist, die mir bis zum heutigen Tag, da ich mich hinsetze, um herauszufinden, was ich von dieser traurigen Affäre weiß, völlig fremd sind. Bis vor sechs Monaten war ich nie in England gewesen, und natürlich hatte ich nie die Tiefen eines englischen Herzens ausgelotet. Ich kannte nur seine Untiefen.

Ich will nicht sagen, wir hätten nicht mit vielen Engländern Bekanntschaft gemacht. Da wir nun einmal notgedrungen in Europa lebten und notgedrungen unbeschäftigte Amerikaner waren, was mit unamerikanisch gleichzusetzen ist, befanden wir uns sehr oft in Gesellschaft feiner Engländer. Paris, sehen Sie, war unser Wohnsitz. Ein Ort irgendwo zwischen Nizza und Bordighera bot uns jährlich Winterquartier, und Nauheim sah uns immer von Juli bis September. Sie werden hieraus entnehmen, dass einer von uns, wie man so sagt, es am Herzen hatte, und aus der weiteren Angabe, dass meine Frau tot ist, schließen, dass sie die Leidende war.

Hauptmann Ashburnham hatte es ebenfalls am Herzen. Aber während ihn ungefähr ein Monat in Nauheim jeden Sommer für den Rest des Jahres auf genau die richtige Tonhöhe stimmte, reichten die zwei Monate, die wir dort verbrachten, gerade so aus, um die arme Florence von Jahr zu Jahr am Leben zu erhalten. Dass er sein Herz spürte, lag vermutlich am Polo oder an dem viel zu harten Sport in seiner Jugend. An den verwüsteten Jahren der armen Florence war ein Sturm auf unserer ersten Überfahrt nach Europa schuld, und die unmittelbaren Gründe für unsere Gefangenschaft auf diesem Kontinent waren die Anordnungen der Ärzte. Sie sagten, schon die kurze Fahrt über den Kanal könnte das arme Ding das Leben kosten.

Als wir uns zum ersten Mal begegneten, war Hauptmann Ashburnham, der auf Erholungsurlaub aus Indien gekommen war, wohin er nie wieder zurückkehren sollte, dreiunddreißig Jahre alt; Mrs. Ashburnham – Leonora – war einunddreißig. Ich war sechsunddreißig und die arme Florence dreißig. Heute wäre Florence also neununddreißig Jahre alt und Hauptmann Ashburnham zweiundvierzig; während ich fünfundvierzig bin und Leonora vierzig. Sie sehen also, unsere Freundschaft war eine Angelegenheit des jungen mittleren Alters, denn wir alle waren von recht beschaulicher

Gemütsart, insbesondere die Ashburnhams waren das, was man in England gewöhnlich ›ganz ordentliche Leute‹ nennt.

Sie stammten, wie Sie wahrscheinlich erwartet haben, von den Ashburnhams ab, die Karl I. auf das Schafott begleiteten, und wie Sie ebenfalls bei dieser Klasse Engländer erwarten müssen, hätten Sie ihnen das nie angemerkt. Mrs. Ashburnham war eine Powys; Florence war eine Hurlbird aus Stamford, Connecticut, wo man, wie Sie wissen, altmodischer ist, als selbst die Einwohner von Cranford in England es je sein könnten. Ich selbst bin ein Dowell aus Philadelphia, Pennsylvania, wo es, wie historisch verbürgt ist, mehr alte englische Familien gibt, als man in sechs englischen Grafschaften zusammengenommen finden würde. Tatsächlich trage ich – als wäre dies das einzige Ding, das mich unsichtbar an irgendeinen Punkt des Erdballs festkettet – die Besitzurkunden meiner Farm bei mir, die sich früher einmal über einige Blocks zwischen Chestnut Street und Walnut Street erstreckte. Diese Besitzurkunden sind aus Wampum und das Geschenk eines indianischen Häuptlings an den ersten Dowell, der von Farnham in Surrey als Begleiter William Penns aufbrach. Florences Familie, wie das so oft bei den Einwohnern von Connecticut der Fall ist, stammte aus der Nachbarschaft von Fordingbridge, wo auch der Besitz der Ashburnhams liegt. Und von hier aus schreibe ich gegenwärtig.

Sie mögen wohl fragen, warum ich schreibe. Und doch habe ich recht viele Gründe hierfür. Denn es ist nichts Ungewöhnliches, dass Menschen, die der Plünderung einer Stadt beiwohnten oder dem Verfall eines Volkes, das Bedürfnis haben, niederzuschreiben, was sie erlebten – zum

Nutzen unbekannter Erben und unendlich ferner Generationen; oder, wenn Sie wollen, einfach um das Bild im Kopf loszuwerden.

Irgendjemand hat gesagt, der Krebstod einer Maus sei ein Ereignis von der Größe der Plünderung Roms durch die Vandalen, und ich schwöre Ihnen, der Zusammenbruch unseres kleinen Viereckverhältnisses war ein ebenso unvorstellbares Ereignis. Angenommen, Sie wären uns begegnet, wie wir an einem der kleinen Tische vor dem Klubhaus, sagen wir in Bad Homburg, bei unserem Nachmittagstee saßen und dem Miniaturgolf zusahen, dann hätten Sie gesagt, nach allem menschlichen Dafürhalten wären wir eine außerordentlich feste Burg. Wir waren, wenn Sie so wollen, eines jener mächtigen Schiffe mit weißen Segeln auf blauer See, eines der Dinge, die uns als die stolzesten und sichersten all der schönen und sicheren Dinge erscheinen, die Gott den Menschenverstand ersinnen ließ. Wo hätte man eine bessere Zuflucht finden können? Wo?

Dauer? Beständigkeit? Ich kann nicht glauben, dass sie dahin ist. Ich kann nicht glauben, dass jenes lange, friedliche Leben, das sich wie die Figuren eines Menuetts bewegte, nach neun Jahren und sechs Wochen innerhalb von vier zerschmetternden Tagen verschwunden sein soll. Ja, mein Wort, unser vertrauter Umgang glich einem Menuett, einfach weil wir bei jeder Gelegenheit und unter allen Umständen wussten, wohin wir gehen, wo wir sitzen, welchen Tisch wir in Einmütigkeit wählen würden; und wir konnten uns alle vier erheben und weitergehen, ohne dass einer von uns ein Zeichen dazu gegeben hätte, immer nach der Musik des Kurorchesters, immer in dem milden Sonnenschein oder, wenn es regnete, im Schutz der Wandelgänge. Nein, wahrlich, es kann nicht dahin sein. Man kann ein *menuet de la cour* nicht töten. Man kann das Notenbuch zuschlagen, das Cembalo schließen; in Kleiderschrank und Wäschebord mögen Ratten die weißen Atlasschleifen zerfressen. Der Pöbel mag Versailles plündern, das Trianon mag fallen, das Menuett aber – das Menuett tanzt von allein weiter, bis zu den fernsten Sternen, und so wird auch unser Menuett aus den hessischen Bädern seine Figuren immer noch weiterschreiten. Gibt es keinen Himmel, in dem alte schöne Tänze, die alte schöne Vertrautheit fortdauern? Gibt es nicht irgendein Nirwana, das erfüllt ist von dem leisen Rauschen der Instrumente, die in den Staub der Bitternis gesunken sind, aber doch von zarten, bebenden, unsterblichen Seelen bewohnt waren?

Nein, bei Gott, es ist falsch! Es war kein Menuett, das wir tanzten; es war ein Gefängnis – ein Gefängnis voll mit kreischenden Hysterikern, die geknebelt waren, damit sie das Rollen der Räder unserer Kutschen auf den schattigen Alleen des Taunus nicht übertönten.

Und doch schwöre ich beim heiligen Namen meines Schöpfers, es war die Wahrheit. Es war wahrer Sonnenschein, wahre Musik, und wahr war auch das Plätschern der Fontänen aus dem Mund der steinernen Delphine. Denn wenn wir in meinen Augen vier Leute mit demselben Geschmack, mit denselben Wünschen waren, Leute, die einmütig handelten – oder nein, nicht handelten –, die einmütig hier und dort beisammensaßen, so soll das nicht die Wahrheit sein? Wenn ich neun Jahre lang einen schönen Apfel habe, der im Innern faul ist, und seine Fäulnis erst nach neun Jahren und sechs Monaten minus vier Tage entdecke, darf ich dann nicht sagen, ich hätte neun Jahre lang einen schönen Apfel gehabt? So mag es sich wohl auch mit Edward Ashburnham verhalten, mit Leonora, seiner Frau, und der armen lieben Florence. Und ist es nicht, wenn man darüber nachdenkt, ein wenig sonderbar, dass ich die physische Morschheit wenigstens zweier Säulen unseres viereckigen Hauses niemals als eine Bedrohung seiner Sicherheit empfand? Auch jetzt empfinde ich es nicht so, obwohl die beiden doch tot sind. Ich weiß nicht …

Ich weiß nichts – wahrhaftig nichts – von den Herzen der Menschen. Ich weiß nur, dass ich allein bin – furchtbar allein. Kein Kaminfeuer wird für mich je wieder Zeuge freundschaftlichen Umgangs sein. Nie mehr werde ich ein Rauchzimmer anders sehen als mit unberechenbaren, rauchumkränzten Schatten bevölkert. Aber, in Gottes Namen, was sollte ich anderes kennenlernen als das Leben am Kaminfeuer und im Rauchzimmer, da ich doch mein ganzes Leben an solchen Orten verbracht habe? Das warme Kaminfeuer! – Nun, da war Florence: Ich glaube, in den zwölf Jahren, die ihr Leben noch währte, nachdem der Sturm ihr Herz, wie es schien, unheilbar geschwächt hatte – ich glaube, ich habe sie während dieser Zeit nie länger als eine Minute aus den Augen gelassen, außer wenn sie sicher im Bett eingepackt war und ich mich vielleicht mit dem einen oder anderen guten Kerl unten im Gesellschaftsraum oder Rauchzimmer unterhielt oder mit einer Zigarre noch einen letzten Rundgang machte, ehe ich selbst zu Bett ging. Verstehen Sie mich recht, ich tadle Florence nicht. Aber woher kann sie gewusst haben, was sie wusste? Wie kam sie nur dazu, es zu wissen? Es so umfassend zu wissen. Himmel! Mir scheint, sie hatte doch gar keine Zeit dazu. Es muss geschehen sein, während ich mein Bad nahm und meine schwedischen Übungen machte, während ich manikürt wurde. Bei dem Leben einer emsigen, überanstrengten Krankenschwester, das ich führte, musste ich etwas tun, um mich in Form zu halten. Es muss bei diesen Gelegenheiten geschehen sein! Aber auch sie können ihr nicht Zeit genug gelassen haben für die entsetzlich langen Gespräche voller Weltklugheit, von denen mir Leonora seit dem Tod der beiden berichtet hat. Und kann man sich vorstellen, dass sie während unserer vorgeschriebenen Spaziergänge in Bad Nauheim und Umgebung Zeit genug fand für die langwierigen Verhandlungen, die sie zwischen Edward Ashburnham und dessen Frau führte? Und ist es nicht unwahrscheinlich, dass Edward und Leonora diese ganze Zeit über nicht ein Wort im Vertrauen miteinander sprachen? Was soll man nur von der Menschheit halten?

Denn ich schwöre Ihnen, sie waren ein Musterpaar. Er war ihr so ergeben, wie man nur sein kann, ohne albern zu wirken. Ein so ausgeglichener Mensch mit ehrlichen blauen Augen und einem Anflug von Dummheit und so warmer Gutherzigkeit! Und sie – so groß, so herrlich im Sattel, so blond! Ja, Leonora war außerordentlich blond und die Vollendung in Person – fast zu schön, um wahr zu sein. Ich meine, man findet in der Regel nicht alles so superlativisch beisammen. Die erste Familie in der Grafschaft zu sein, wie die erste Familie der Grafschaft auszusehen und entsprechend reich zu sein, auch das in Vollendung; so vollendete Manieren – sogar bis hin zur befreienden Spur an

Anmaßung, die offenbar unerlässlich ist. All das zu haben und all das zu sein! Nein, es war zu schön, um wahr zu sein. Und doch sagte sie erst heute Nachmittag zu mir, als sie über die ganze Angelegenheit sprach: »Einmal versuchte ich es mit einem Liebhaber, aber mir war so elend ums Herz, ich war so erschöpft, dass ich ihn wegschicken musste.« Nie hatte ich etwas so Überraschendes gehört. Sie sagte: »Ich lag buchstäblich einem Mann in den Armen. So ein netter Kerl! So ein lieber Junge! Und ich sagte mir verbissen, ich zischte es durch die Zähne, wie sie es in den Romanen tun – ich biss sie wirklich zusammen –, ich sagte mir: ›Nun hat's mich gepackt, und nun will ich auch einmal meine Freude haben – einmal im Leben!‹ Es war dunkel, in einer Kutsche auf dem Heimweg von einem Jagdfest. Wir mussten elf Meilen fahren! Und dann plötzlich die Bitterkeit der ewigen Armut, des ewigen Theaters – es fiel wie ein Fluch auf mich, es verdarb mir alles. Ja, ich musste einsehen, dass ich sogar für die Freude verdorben war, als sie wirklich kam. Und ich brach in Tränen aus und schluchzte und schluchzte die ganzen elf Meilen lang. Stellen Sie sich mich nur schluchzend vor! Und stellen Sie sich nur vor, wie ich diesen armen lieben Kerl zum Narren hielt. Es war natürlich gegen die Spielregel, nicht wahr?«

Ich weiß nicht; ich weiß nicht; war ihre letzte Bemerkung nicht die einer Dirne, oder ist es das, was jede anständige Frau – erste Familie der Grafschaft oder nicht – im Grunde ihres Herzens denkt? Oder, was das anbetrifft, immerzu denkt? Wer weiß?

Ja, wenn man das nicht weiß, zu dieser Stunde des Tages, auf dieser Höhe der Zivilisation, die wir erreicht haben, nach all den Predigten sämtlicher Moralisten und nach all den Lehren, die Mütter ihren Töchtern erteilen, *in saecula saeculorum* ... aber vielleicht ist es dies, was die Mütter ihre Töchter lehren, nicht mit den Lippen, sondern mit den Augen oder mit einem Flüstern von Herz zu Herz. Und wenn man nicht einmal so viel weiß vom Wichtigsten in der Welt, was weiß man dann überhaupt, und wozu ist man da?

Ich fragte Mrs. Ashburnham, ob sie das auch Florence erzählt und was Florence dazu gesagt habe, und sie antwortete: »Florence gab keinerlei Kommentar. Was hätte sie auch sagen sollen? Es gab nichts zu sagen. Bei der zermürbenden Armut, mit der wir zurechtkommen mussten, um den Schein zu wahren, und bei den Umständen, unter denen es zu dieser Armut kam – Sie wissen, was ich meine –, wäre jede Frau berechtigt gewesen, sich einen Liebhaber zu nehmen und Geschenke obendrein. Florence sagte einmal über eine sehr ähnliche Lage – sie war ein wenig zu gut erzogen, zu amerikanisch, um über meine Lage zu sprechen –, es sei ein vollkommen offenes Spiel gewesen und eine Frau dürfe sich wohl dem Augenblick hingeben. Sie sagte es natürlich auf Amerikanisch, aber das war der Sinn. Ich glaube, ihre Worte waren: ›Es stand ihr völlig frei, sich darauf einzulassen oder nicht ...‹«

Sie dürfen nicht denken, ich wollte Teddy Ashburnham als ein Scheusal hinstellen. Ich glaube nicht, dass er eines war. Gott mag es wissen, vielleicht sind alle Menschen so. Denn, wie gesagt, was weiß ich schon, selbst wenn ich nur ans Rauchzimmer denke. Da kommen Burschen herein und erzählen höchst unflätige Geschichten – so unflätig, dass sie Ihnen geradezu weh tun. Und doch wären sie beleidigt, wenn Sie durchblicken ließen, sie seien nicht die Sorte Mensch, denen Sie Ihre Frau anvertrauen würden. Und wahrscheinlich wären sie mit Recht beleidigt – das heißt, wenn man überhaupt irgendjemand irgendjemandem anvertrauen kann. Aber Burschen dieser Art macht es offensichtlich mehr Vergnügen, unflätige Geschichten anzuhören oder zu erzählen, als alles andere auf der Welt. Sie gehen gelangweilt zur Jagd und ziehen sich gelangweilt um und essen gelangweilt und arbeiten ohne Begeisterung und finden es lästig, sich drei Minuten lang über was immer Sie wollen zu unterhalten, und doch, wenn die andere Art der Unterhaltung beginnt, dann lachen sie und wachen auf und werfen sich in ihren Sesseln herum. Nun, wenn sie sich an derlei Erzählungen so ergötzen, wie ist es dann möglich, dass sie sich beleidigt fühlen – und zwar ehrlich beleidigt fühlen –, wenn Sie andeuten, Sie hielten sie für fähig, sich an der Ehre Ihrer Frau zu vergehen? Und Edward Ashburnham dagegen – niemand hätte einen anständigeren Eindruck machen können als er; ein ausgezeichneter Friedensrichter, ein hervorragender Soldat, einer der besten Gutsbesitzer in Hampshire, England, sagt man. Den Armen und den hoffnungslosen Trunkenbolden war er ein gewissenhafter Hüter. Und niemals in all den neun Jahren, die ich ihn kannte, erzählte er eine Geschichte, die nicht in den Spalten des *Field* hätte stehen können, mehr als ein- oder zweimal. Er hörte sie sich nicht einmal gerne an; er wurde unruhig, stand auf und ging hinaus, um eine Zigarre zu kaufen oder sonst etwas zu tun. Sie hätten gemeint, er sei ganz der Bursche, dem Sie Ihre Frau anvertrauen dürften. Und ich vertraute ihm meine an – und es war Wahnsinn.

Und dann sehen Sie wieder mich an. Wenn der arme Edward wegen der Keuschheit im Reden gefährlich war – und sie soll immer ein Zeichen für Lüstlinge sein –, wie steht es dann mit mir? Denn ich schwöre feierlich, ich habe in meinem ganzen Leben in meiner Unterhaltung nie auch nur auf etwas Unanständiges angespielt; und mehr noch, auch für die Reinheit meiner Gedanken und die völlige Keuschheit meines Lebenswandels will ich einstehen. Und worauf läuft es dann hinaus? Ist das Ganze Narretei und loses Possenspiel? Bin ich nicht besser als ein Eunuch, oder ist ein richtiger Mann – der Mann mit Daseinsrecht – ein wütiger Hengst, der ewig nach den Frauen seines Nächsten wiehert?

Ich weiß es nicht. Und es gibt nichts, was uns hier leiten kann. Und wenn alles derart undurchsichtig ist in Bezug auf eine so grundlegende Sache wie die der Geschlechtsmoral, was soll uns dann in der höher entwickelten Moral all unserer persönlichen Kontakte, Beziehungen und Tätigkeiten leiten? Oder sind wir dazu ausersehen, allein dem Impuls zu gehorchen? Es ist alles ein einziges Dunkel.

II

Ich weiß nicht, wie ich die Sache am besten niederschreibe – ob es besser ist zu versuchen, die Geschichte von Anfang an zu erzählen, als wäre sie eine Geschichte; oder ob ich sie aus diesem zeitlichen Abstand erzählen soll, so wie ich sie von den Lippen Leonoras oder Edwards vernahm.

Ich stelle mir also vor, ich säße während der nächsten vierzehn Tage neben dem Kaminfeuer eines Landhauses und hätte mir gegenüber eine mitfühlende Seele. Und ich werde mit leiser Stimme weitersprechen, während das Meer in der Ferne rauscht und über uns die große schwarze Flut des Sturms an den glänzenden Sternen vorbeistreicht. Von Zeit zu Zeit werden wir aufstehen und an die Tür treten und auf den großen Mond hinausblicken und sagen: »Nun, er ist beinahe so strahlend wie in der Provence!« Und dann werden wir ans Kaminfeuer zurückkehren, mit einem ganz leisen Seufzer, weil wir nicht in der Provence sind, in der noch die traurigsten Geschichten fröhlich sind. Denken Sie nur an die traurige Historie von Peire Vidal. Vor zwei Jahren fuhren Florence und ich mit dem Auto von Biarritz nach Las Tours, das in den Schwarzen Bergen liegt. Inmitten eines türkisfarbenen Tals erhebt sich eine riesige Bergspitze, und auf der Bergspitze sind vier Schlösser – Las Tours, die Türme. Und der mächtige Mistral blies ins Tal hinunter, das einst der Weg von Frankreich in die Provence gewesen war, blies, so dass die silbergrauen Blätter der Oliven wie Haar aussahen, das im Wind flog, und die Rosmarinbüschel sich an die eisernen Felsen duckten, um nicht mit den Wurzeln ausgerissen zu werden.

Es war natürlich die arme Florence gewesen, die nach Las Tours gehen wollte. Obwohl dieses strahlende Wesen aus Stamford, Connecticut, stammte, hatte sie doch in Vassar ihr Examen gemacht, stellen Sie sich das vor! Ich habe nie verstanden, wie sie das fertigbrachte – wunderliche, schwatzhafte Person, die sie war. Sie sprach mit einem schweifenden Blick in ihren Augen – der jedoch nicht im Geringsten romantisch war (ich meine, sie sah nicht aus, als hätte sie poetische Träume oder als schaute sie durch einen hindurch, denn sie sah einen kaum je an!) – und ihre eine Hand emporhaltend, als wollte sie jeden Einwand zum Schweigen bringen – oder auch jede Stellungnahme. Sie sprach über Wilhelm den Schweigsamen oder Gustav den Redseligen, über Pariser Röcke, über die Art, wie sich die Armen im Jahre 1337 kleideten, über Fantin-Latour, über den *train de luxe* Paris–Lyon–Méditerranée, über die Frage, ob es sich lohne, in Tarascon auszusteigen, um von der im Wind schwingenden Hängebrücke über die Rhône noch einen Blick auf Beaucaire zu werfen.

Wir warfen natürlich nie wieder einen Blick auf Beaucaire – zauberhaftes Beaucaire, mit dem hohen dreieckigen weißen Turm, der so dünn wie eine Nadel und so hoch wie das Flatiron zwischen der Fifth Avenue und dem Broadway ist –, Beaucaire mit den grauen Mauern oben auf dem Gipfel, die unter den mächtigen Zirbelkiefern anderthalb Morgen blauen Iris umschließen. Wie schön so eine Zirbelkiefer ist! …

Nein, wir kehrten nie an irgendeinen Ort zurück. Nicht nach Heidelberg, nicht nach Hameln, nicht nach Verona, nicht nach Montmajour – nicht einmal nach Carcassonne. Natürlich hatten wir davon gesprochen, aber ich glaube, Florence holte sich alles, was sie wollte, mit einem Blick. Sie hatte das sehende Auge.

Ich habe es, unglücklicherweise, nicht, so dass die Erde für mich mit Orten übersät ist, an die ich zurückkehren möchte – Städte in blendend weißem Sonnenlicht; Zirbelkiefern vor dem Blau des Himmels; Giebelkanten, über und über geschnitzt und mit Hirschen und scharlachroten Blumen bemalt, und gestufte Giebel mit dem kleinen Heiligen auf der Spitze; und graue und rosa Palazzi und von Mauern umgebene Städte am Mittelmeer, etwa eine Meile landeinwärts, zwischen Livorno und Neapel. Nicht eines davon sahen wir mehr als einmal, so dass für mich die Welt wie ein Gestöber von Farbflecken auf einer riesigen Leinwand ist. Wenn es nicht so wäre, dann hätte ich vielleicht jetzt etwas, woran ich mich halten könnte.

Ist das alles nun eine Abschweifung, oder ist es keine Abschweifung? Wieder einmal weiß ich es nicht. Sie, der Zuhörer, sitzen mir gegenüber. Aber Sie sind so still. Sie sagen nichts. Ich versuche jedenfalls, Ihnen klarzumachen, was für ein Leben das war, das ich mit Florence führte, und wie Florence war. Nun, sie war heiter, und sie tanzte. Sie schien über das Parkett von Schlössern und über Seen und immer wieder durch die Salons der Modistinnen und über die *plages* der Riviera dahinzutanzen wie ein lustiger, zitternder Strahl, der vom Wasser auf die Decke geworfen wird. Und meine Lebensaufgabe bestand darin, dieses glänzende Ding am Leben zu erhalten. Das war fast so schwierig, wie das tanzende Spiegelbild mit der Hand zu fangen. Und die Aufgabe währte Jahre.

Florences Tanten pflegten zu sagen, ich müsste der faulste Mann von Philadelphia sein. Sie waren nie in Philadelphia gewesen, und sie hatten das Neuengland-Gewissen. Wissen Sie, das Erste, was sie zu mir sagten, als ich Florence in dem kleinen alten Kolonistenholzhaus unter den hohen, zartblättrigen Ulmen besuchte – das Erste, was sie mich fragten, war nicht, wie es mir ginge, sondern was ich täte. Und ich tat nichts. Ich nehme an, ich hätte etwas tun sollen, aber ich sah keinerlei Veranlassung dazu. Warum tut man etwas? Ich schneite einfach herein und wollte Florence. Zum ersten Mal war ich ihr auf einem Browning-Tee, oder dergleichen, in der 14th Street, die damals noch eine Wohngegend war, über den Weg gelaufen. Ich weiß nicht, warum ich nach New York gegangen war; ich weiß nicht, warum ich zum Tee gegangen war. Mir leuchtet nicht ein, weshalb Florence in ein solches Lesekränzchen ging. Es war schon damals nicht gerade der Ort, an dem man erwartete, einer Poughkeepsie-Graduierten zu begegnen. Ich nehme an, Florence wollte die Bildung der Stuyvesant-Clique heben, und sie tat es so, wie sie sich der Wohltätigkeit in den Elendsvierteln gewidmet hätte. Intellektueller Wohltätigkeitsdienst, das war es. Sie wollte immer die Welt ein wenig erhabener zurücklassen, als sie sie angetroffen hatte. Das arme Ding. Ich habe gehört, wie sie Teddy Ashburnham stundenlange Vorträge über den Unterschied zwischen einem Frans Hals und einem Wouwerman hielt und ihm erklärte, warum die prämykenischen Statuen kubisch waren und Knöpfe obendrauf hatten. Ich frage mich, was er sich dabei gedacht hat. Vielleicht war er ihr dankbar.

Ich weiß, ich war es. Denn Sie verstehen sicher, all meine Sorge, mein ganzes Streben war darauf bedacht, die arme liebe Florence bei Themen wie die Funde von Knossos und die mentale Spiritualität Walter Paters zu halten. Ich musste sie damit fesseln, verstehen Sie, es wäre sonst ihr Tod gewesen. Denn mir wurde feierlich erklärt, ihr kleines Herz könnte aufhören zu schlagen, wenn sie sich über irgendetwas aufregte oder ihre Gefühle richtig in Wallung gerieten. Zwölf Jahre lang musste ich jedes Wort jedes Menschen überwachen, das in einem Gespräch geäußert wurde, und es von dem ablenken, was die Engländer *things* nennen – von Liebe, Armut, Verbrechen, Religion und was sonst noch alles. Ja, der erste Arzt, den wir aufsuchten, nachdem man sie in Le Havre vom Schiff getragen hatte, versicherte mir, dies müsse geschehen. Gütiger Gott, sind denn all diese Kerle ungeheuerliche Dummköpfe, oder besteht zwischen ihnen eine geheime Bruderschaft, von einem Ende der Welt zum anderen? ... Das ist es, was mich an jenen Peire Vidal denken lässt.

Denn natürlich gehört seine Geschichte zur Kultur, und ich musste sie ja zur Kultur hinlenken; und dabei ist die Geschichte so komisch, und sie durfte doch nicht lachen, und so voller Liebe, und sie durfte doch nicht an Liebe denken. Kennen Sie die Geschichte? In Lastours mit den vier Burgen gab es die Burgherrin Blanche Soundso, die wie zur Empfehlung La Louve – die Wölfin – genannt wurde. Und Peire Vidal, der Troubadour, machte La Louve, der Wölfin, den Hof. Und sie wollte nichts von ihm wissen. So hüllte er sich ihr zuliebe – was Leute nicht alles tun, wenn sie verliebt sind! – in eine Wolfshaut und ging in die Schwarzen Berge hinauf. Die Hirten der Montagne Noire und ihre Hunde hielten ihn für einen Wolf, und er wurde von Zähnen zerfleischt und mit Knüppeln geschlagen. Dann trugen sie ihn nach Lastours zurück, und La Louve war nicht im Geringsten beeindruckt. Sie putzte ihn wieder heraus, und ihr Gemahl machte ihr ernstlich Vorwürfe. Vidal war, wissen Sie, ein großer Dichter, und es gehört sich nicht, einen großen Dichter mit Gleichgültigkeit zu behandeln.

So erklärte Peire Vidal, er sei Kaiser von Jerusalem oder sonst einem Ort, und der Gemahl musste niederknien und ihm die Füße küssen, was ihm La Louve freilich nicht nachtat. Und Peire stach in einem Ruderboot mit vier Gefährten in See, um das Heilige Grab zu retten. Und sie fuhren irgendwo auf ein Riff, und der Gemahl musste eine kostspielige Expedition ausrüsten, um sie zu bergen. Und Peire Vidal fiel in ganzer Länge auf das Bett der Dame, während ihr Gemahl, der ein äußerst grimmiger Krieger war, sie abermals zur Höflichkeit ermahnte, die man großen Dichtern schuldig sei. Aber ich glaube, La Louve war die grimmigere von den beiden. Jedenfalls ist das alles, was daraus wurde. Und ist das etwa keine Geschichte?

Sie machen sich gar keinen Begriff von der wunderlich altmodischen Art von Florences Tanten – der Misses Hurlbird –, geschweige denn von ihrem Onkel. Ein außerordentlich liebenswerter Mann, dieser Onkel John. Er war dünn und zart, und da er es auch am Herzen hatte, lebte er ganz ähnlich wie später Florence. Er wohnte nicht in Stamford; sein Haus stand in Waterbury, woher die Uhren kommen. Er hatte dort eine Fabrik, die nach unserer sonderbaren amerikanischen Art fast alljährlich ihre Produktion wechselte. Neun Monate lang stellte sie zum Beispiel Knöpfe aus Knochen her. Dann produzierte sie plötzlich Messingknöpfe für Kutscher-Livreen. Dann befasste sie sich für kurze Zeit mit geprägten Blechdeckeln für Konfektdosen. Tatsache ist, dass der arme alte Herr mit seinem schwachen, flatternden Herzen seine Fabrik am liebsten hätte stillstehen lassen. Er wollte sich zurückziehen. Und er zog sich zurück, als er siebzig war. Aber er fürchtete so sehr, die Straßenjungen der Stadt könnten hinter ihm herrufen: »Seht, da geht der faulste Mann von Waterbury!«, dass er eine Reise um die Welt unternahm. Und Florence, zusammen mit einem jungen Mann namens Jimmy, begleitete ihn. Nach dem, was Florence mir erzählte, war es Jimmys Aufgabe im Dienste Mr. Hurlbirds, alle aufregenden Themen zu umgehen. Er musste ihn zum Beispiel von allen politischen Diskussionen fernhalten. Denn der arme alte Mann war ein leidenschaftlicher Demokrat, und das zu Zeiten, da man die Welt absuchen konnte, ohne etwas anderes als Republikaner zu finden. Wie dem auch sei, sie fuhren um die Welt.

Ich denke, eine Anekdote ist am besten geeignet, Ihnen eine Vorstellung von dem alten Herrn zu geben. Denn vielleicht ist es wichtig, dass Sie erfahren, wie der alte Herr war; er hatte großen Einfluss auf die Entwicklung des Charakters meiner armen lieben kleinen Frau.

Kurz bevor sie von San Francisco aus Richtung Südsee aufbrachen, sagte Mr. Hurlbird, er müsse etwas mitnehmen, um den Leuten, die er auf der Reise träfe, kleine Geschenke machen zu können. Er kam auf den Gedanken, am besten geeignet für diesen Zweck seien Orangen – weil Kalifornien das Land der Orangen ist – und bequeme Liegestühle. So kaufte er ich weiß nicht wie viele Kisten Orangen – die großen, kühlen kalifornischen Orangen – und ein halbes Dutzend Liegestühle in einem besonderen Koffer, den er immer bei sich in der Kabine stehen hatte. Es muss eine halbe Schiffsladung Obst gewesen sein.

Denn jeder Person an Bord der verschiedenen Dampfer, die er benutzte, jedem, mit dem er auch nur ein Kopfnicken als Gruß tauschte, gab er jeden Morgen eine Orange. Und sie reichten ihm rund um den Gürtel unseres mächtigen Erdballs. Ja, noch als sie am Nordkap ankamen, sah er, der arme liebe hagere Mann, einen Leuchtturm am Horizont. »Herrje«, sagte er sich, »die armen Kerle müssen sehr einsam sein. Wollen ihnen doch ein paar Orangen bringen.« So ließ er einige Kisten seiner Früchte ausladen und sich zum Leuchtturm am Horizont rudern. Die Liegestühle lieh er allen Damen, denen er auf dem Schiff begegnete und die ihm gefielen oder müde und kränklich wirkten. Und so fuhr er, wohl achtend auf sein Herz und mit seiner Nichte an der Seite, um die Erde ...

Er machte nicht viel Aufhebens um sein Herz. Man hätte ihm nicht angemerkt, dass es ihm zu schaffen machte. Nur zum Nutzen der Wissenschaft hinterließ er es dem anatomischen Laboratorium von Waterbury, da er meinte, es müsse ein ganz außergewöhnliches Herz sein. Und der Witz dabei war, dass sich nicht der geringste Fehler an seinem Herzen feststellen ließ, als er im Alter von vierundachtzig Jahren, gerade fünf Tage vor der armen Florence, an einer Bronchitis starb. Gewiss hatte es gezuckt und geächzt oder sonst etwas getan, was ausreichte, um die Ärzte irrezuführen, aber anscheinend rührte das von einer seltsamen Gestaltung der Lunge her. Ich verstehe nicht viel von diesen Dingen.

Ich erbte sein Geld, weil Florence fünf Tage nach ihm starb. Ich wünschte, ich hätte es nicht geerbt. Es war eine große Plage. Gleich nach Florences Tod musste ich nach Waterbury fahren, weil der arme, liebe alte Kerl eine Menge wohltätiger Legate hinterlassen hatte, und ich musste Treuhänder ernennen. Der Gedanke, irgendetwas könnte nicht richtig ausgeführt werden, wäre mir unangenehm gewesen.

Ja, es war eine große Plage. Und gerade als ich die Dinge im Großen und Ganzen geregelt hatte, erhielt ich das merkwürdige Telegramm von Ashburnham, der mich bat, zurückzukommen und mit ihm zu reden. Und unmittelbar darauf traf eines von Leonora ein, in dem es hieß: »Ja, kommen Sie bitte. Sie könnten von großer Hilfe sein.« Es war, als hätte er das Telegramm geschickt, ohne sie zu fragen, und ihr erst hinterher davon erzählt. So ungefähr hatte es sich auch zugetragen, nur dass er es dem Mädchen sagte und dieses es seiner Frau mitteilte. Ich kam jedoch zu spät, um noch von irgendwelchem Nutzen zu sein, wenn ich ihnen überhaupt hätte von Nutzen sein können. Und dabei bekam ich zum ersten Mal eine Ahnung von englischem Leben. Es war höchst erstaunlich. Es war überwältigend. Ich werde nie das glänzend gestriegelte Halbblut vergessen, das Edward neben mir lenkte, die Bewegungen des Tiers, den hochtrabenden Gang, das Fell, das wie Seide war. Und den Frieden! Und die roten Backen! Und das schöne, schöne alte Haus.

Wir waren in der Nähe von Branshaw Teleragh und fuhren von der hohen, klaren, sturmdurchbrausten Öde New Forests hinunter. Ich sage Ihnen, es war ungeheuerlich, von Waterbury dorthin zu kommen. Und es kam einem ganz unglaublich vor – denn Teddy Ashburnham hatte mir doch, wie Sie sich erinnern werden, telegraphiert, ›herüberzukommen und mit ihm zu reden‹ –, dass diesem Ort und diesen Menschen etwas wirklich Unheilvolles zustoßen könnte. Ich sage Ihnen, es war der Inbegriff des Friedens. Und Leonora stand, schön und lächelnd, mit ihren blonden Locken auf der obersten Stufe vor dem Haus, mit Butler und Lakai und Hausmädchen hinter sich. Und sie sagte nur: »Freut mich, dass Sie gekommen sind«, als wäre ich bloß von einer zehn Meilen entfernten Stadt zum Mittagessen herübergekommen und nicht auf den Ruf zweier dringender Telegramme hin um die halbe Erde gereist.

Das junge Mädchen war mit den Hunden fort, glaube ich. Und der arme Teufel neben mir litt Qualen. Tiefste, hoffnungslose, stumme Qualen, wie kein Mensch sie sich vorstellen kann.

III

Es war sehr heiß damals im August 1904; und Florence hatte schon einen Monat lang ihre Bäder genommen. Ich weiß nicht, wie es ist, Patient an solch einem Ort zu sein. Ich bin nie irgendwo Patient gewesen. Vermutlich werden die Patienten an dem Ort rasch heimisch und finden dort eine Art Ankergrund. Sie scheinen die Badewärter mit ihren aufmunternden Gesichtern, ihrer Herrschermiene, ihrem weißen Leinen sehr gern zu haben. Aber was mich betrifft, gab mir Bad Nauheim ein Gefühl – wie soll ich sagen? –, fast ein Gefühl der Nacktheit – einer Nacktheit, wie man sie an einer Meeresküste oder in einem weiten, offenen Raum empfindet. Hier hatte ich zu nichts eine Beziehung, nichts hatte sich angesammelt. Zu Hause ist es, als ob angeborene kleine Sympathien einen zu besonderen Sesseln zögen, die einen wie in eine Umarmung aufnehmen; oder uns bestimmte Straßen hinunterführten, die uns freundlich erscheinen, während andere uns vielleicht feindselig anmuten. Und, glauben Sie mir: Dieses Gefühl spielt im Leben eine sehr wichtige Rolle. Ich weiß ein Lied davon zu singen, nachdem ich so lange durch öffentliche Kurorte gewandert bin. Und man ist zu sehr herausgeputzt. Ich bin weiß Gott nie ein unordentlicher Mann gewesen. Aber was ich empfand, wenn ich morgens, während die arme Florence ihre Bäder nahm, auf den sorgfältig gefegten Stufen vor dem Englischen Hof stand und auf die sorgfältig angeordneten Bäume in Kübeln an den sorgfältig geharkten Kieswegen blickte, über die sorgfältig gekleidete Menschen in sorgfältig abgemessener Fröhlichkeit zu sorgfältig abgemessenen Zeiten dahinschritten, während die hohen Bäume des Kurparks zur Rechten aufragten ... wenn ich den rötlichen Stein der Badehäuser sah – oder waren es weiße Fachwerkvillen? Auf mein Wort, ich habe es vergessen, ich, der so oft dort gewesen ist. Das wird Ihnen einen Begriff davon geben, wie gut ich mich in der Landschaft auskannte. Ich hätte blind meinen Weg zu den Ruhesälen, den Duschräumen, zu dem Sprudel mit dem rostigen Wasser in der Mitte des quadratischen Platzes gefunden. Ja, ich hätte blind meinen Weg gefunden. Ich kenne die Entfernungen noch genau. Vom Hotel Regina ging man hundertsiebenundachtzig Schritte, und dann brachten einen nach einer scharfen Linkswendung vierhundertundzwanzig Schritte direkt zum Sprudel. Vom Englischen Hof aus waren es, wenn man auf dem Bürgersteig begann, ebenfalls vierhundertundzwanzig Schritte, nur musste man sich diesmal rechts halten.

Und nun werden Sie verstehen, dass ich mir, da ich nichts auf der Welt zu tun hatte – rein gar nichts –, angewöhnte, meine Schritte zu zählen. Ich ging mit Florence zu den Badehäusern. Und natürlich ergötzte ich mich an ihrer Unterhaltung. Es war, wie ich schon sagte, erstaunlich, woraus sie eine Unterhaltung zu machen verstand. Sie schritt sehr beschwingt dahin, und ihr Haar war sehr hübsch frisiert, und sie kleidete sich reizend und sehr teuer. Natürlich hatte sie eigenes Geld, aber ich hätte auch sonst nichts dagegen gehabt. Und doch, wissen Sie, kann ich mich an kein einziges ihrer Kleider erinnern. Oder nur an eines, ein sehr schlichtes, aus blaubedruckter Seide – ein chinesisches Muster – mit sehr weitem Rock und betonten Schultern. Und ihr Haar war kupferfarben, und die Absätze ihrer Schuhe waren außerordentlich hoch, so dass sie fast auf ihren Zehenspitzen trippelte. Und wenn sie an die Tür des Badehauses kam und diese sich öffnete, um sie einzulassen, dann pflegte sie mit einem leichten, koketten Lächeln zu mir zurückzublicken, so dass ihre Wange die Schulter zu streicheln schien.

Ich glaube mich zu erinnern, dass sie zu jenem Kleid einen ungeheuer großen Hut aus Livorno trug – wie der *Chapeau de paille* von Rubens, nur sehr weiß. Der Hut wurde mit einem locker geschlungenen Schal aus demselben Stoff wie ihr Kleid festgehalten. Und um ihren Nacken trug sie einfache hellrote Korallen. Und ihr Teint war von vollkommener Reinheit, vollkommener Glätte. Ja, so sehe ich sie am deutlichsten vor mir; in diesem Kleid, in diesem Hut, wie sie mich über die Schulter hinweg ansah, so dass ihre Augen sehr blau aufleuchteten – in dunklem Kieselblau.

Aber Teufel auch! Wem zuliebe tat sie das? Den Badewärtern zuliebe? Oder den Passanten? Ich weiß es nicht. Jedenfalls kann es nicht mir gegolten haben, denn niemals in all den Jahren, bei keiner Gelegenheit und an keinem anderen Ort lächelte sie mir so zu, so spöttisch, so lockend. Ah, sie war ein Rätsel; aber sind nicht alle Frauen Rätsel? Und mir fällt ein, dass ich irgendwo zuvor einen Satz begann, den ich nicht zu Ende führte ... Er berichtete von dem Gefühl, das ich jeden Morgen hatte, wenn ich auf den Stufen vor meinem Hotel stand, ehe ich aufbrach, um Florence vom Badehaus abzuholen. Schmuck, korrekt, sauber gebürstet und wohlwissend, dass ich ziemlich klein war unter den langen Engländern, den dürren Amerikanern, den rundlichen Deutschen und russischen Jüdinnen, stand ich da, klopfte eine Zigarette auf die Außenseite meines Etuis und ließ einen Augenblick lang meinen Blick über die Welt im Sonnenschein schweifen. Aber ein Tag sollte kommen, da ich das alles nie mehr allein zu tun brauchte. Sie können sich deshalb vorstellen, was die Ankunft der Ashburnhams für mich bedeutete.

Ich habe den Anblick vieler Dinge vergessen, aber ich werde nie den Anblick des Speisesaals im Hotel Excelsior an jenem Abend – und an so vielen anderen Abenden – vergessen. Ganze Schlösser sind meinem Gedächtnis entschwunden, ganze Städte, die ich nie wieder aufgesucht habe, aber jenen weißen Saal mit den Girlanden aus Papiermaché-Früchten und -Blumen; die hohen Fenster; die vielen Tische; den schwarzen Wandschirm vor der Tür mit den drei goldenen Kranichen, die auf jedem der Felder aufwärtsflogen; die Palme in der Mitte des Saales; die umherhuschenden Kellner; die kalte, teure Eleganz; die Mienen der Gäste, wenn sie abends hereinkamen – ihre ernsten Gesichter, als müssten sie eine Mahlzeit durchstehen, die ihnen von den Kurautoritäten persönlich vorgeschrieben worden war, und ihren Ausdruck strenger Enthaltsamkeit, als dürften sie unter keinen Umständen versuchen, ihr Mahl zu genießen – all diese Dinge werde ich nicht so schnell vergessen. Und dann sah ich eines Abends im Zwielicht, wie Edward Ashburnham an dem Wandschirm vorbei in den Saal schlenderte. Der Oberkellner, ein Mann mit einem ganz grauen Gesicht – in welchen unterirdischen Winkeln und Klüften legen sich diese Leute nur eine so gleichmäßig graue Gesichtsfarbe zu? –, ging mit der furchtsamen Gönnerhaftigkeit dieser Kreaturen auf ihn zu und hielt ihm sein graues Ohr hin, damit er hineinflüsterte. Es war für die neuen Gäste im Allgemeinen eine höchst lästige Prüfung, aber Edward Ashburnham bestand sie wie ein Engländer und Gentleman. Ich konnte sehen, dass seine Lippen ein dreisilbiges Wort formten – vergessen Sie nicht, dass ich nichts auf der Welt zu tun hatte, als diese Feinheiten zu bemerken –, und sogleich wusste ich, dass er Edward Ashburnham, Hauptmann, Vierzehntes Husarenregiment, von Branshaw House, Branshaw Teleragh, sein musste. Ich wusste es, weil ich jeden Abend vor dem Essen, während ich in der Halle wartete, mit der höflichen Erlaubnis von Monsieur Schontz, dem Besitzer, die kleinen Anmeldeformulare durchzusehen pflegte, die jeder Gast auszufüllen hatte, wenn er ein Zimmer nahm.

Der Oberkellner führte ihn sogleich an einen leeren Tisch, dem dritten von meinem aus gesehen – dem Tisch, den die Grenfalls von Falls River, New Jersey, gerade verlassen hatten. Mir fiel ein, dass dies kein schöner Tisch für Neuankömmlinge war, da die Sonne, so tief sie auch stand, direkt darauf schien. Und im selben Augenblick kam Hauptmann Ashburnham offenbar der gleiche Gedanke. Bisher hatte sein Gesicht nach wundervoll englischer Art überhaupt nichts ausgedrückt. Nichts. Es spiegelte weder Freude noch Verzagtheit; weder Hoffnung noch Furcht; weder Langeweile noch Befriedigung. Er schien kein einziges Wesen in diesem überfüllten Raum zu bemerken; er hätte ebenso gut durch den Dschungel wandern können. Ich war nie zuvor einem so vollendeten Gesichtsausdruck begegnet und werde ihm auch nie wieder begegnen. Es war Arroganz und doch nicht Arroganz; es war Bescheidenheit und doch nicht Bescheidenheit. Sein Haar war blond, außerordentlich blond, und in eine Welle gelegt, die von der linken Schläfe zur rechten lief. Sein Gesicht war von einem hellen Ziegelrot, das völlig gleichmäßig im Ton bis zum Haaransatz ging; sein gelber Schnurrbart war starr wie eine Zahnbürste, und ich glaube wahrhaftig, er hatte sich den Rock seines schwarzen Smokings ein wenig über den Schulterblättern auspolstern lassen, um sich den Anschein einer leicht gebückten Haltung zu geben. Das hätte ihm ähnlich gesehen, solche Dinge waren es, denen er in Gedanken nachhing. Sprungriemen, Chiffney-Gebisse, Schuhe; wo man die beste Seife bekam, den besten Cognac; der Name des Burschen, der auf einem Rennpferd die Khyber-Felsen hinunterritt; die Streuung von Schrot Nummer drei in der Patrone vor einer Ladung Pulver Nummer vier ... Bei Gott, ich habe ihn nie von etwas anderem reden hören. Während all der Jahre, die wir uns kannten, hörte ich ihn über nichts anderes als diese Dinge reden. O ja, einmal sagte er mir, ich könnte den Lieblingsfarbton meiner blauen Krawatten von einer Firma in den Burlington Arcades billiger bekommen als von meinem Lieferanten in New York. Und ich habe meine Krawatten seither stets von dieser Firma bezogen. Sonst würde ich mich nicht an den Namen der Burlington-Arkaden erinnern. Ich fragte mich, wie sie aussehen. Ich habe sie nie gesehen. Ich stelle sie mir wie zwei mächtige Säulenreihen vor, gleich jenen auf dem Forum in Rom, und Edward Ashburnham zwischen ihnen dahinschreitend. Aber wahrscheinlich sehen sie nicht im Geringsten so aus. Einmal riet er mir, auch kaledonische Schuldverschreibungen zu kaufen, weil eine Kurssteigerung zu erwarten sei. Und ich kaufte sie, und sie stiegen wirklich im Kurs. Aber ich habe nicht die geringste Ahnung, woher er diese Kenntnis hatte. Sie schien ihm aus blauem Himmel zugefallen zu sein.

Und das war absolut alles, was ich bis vor einem Monat von ihm wusste – dies und den Überfluss an Koffern, alle aus Schweinsleder und mit seinen Initialen E. F. A. bedruckt. Da waren Gewehrkoffer und Kragenkoffer und Hemdenkoffer und Briefkoffer und Etuis, die jeweils vier Flaschen Medizin enthielten; und Hutkoffer und Heimkoffer. Eine ganze Herde Gadarene-Schweine muss für seine Ausrüstung hergehalten haben. Und wenn ich je in sein Privatzimmer eingedrungen wäre, so nur, um ihn zu sehen, wie er ohne Rock und Weste dastand, mit der ungeheuer langen Linie seiner vollendet elegant geschnittenen Hose von der Hüfte bis zu den Absätzen. Und dann hätte er sicher gerade mit leicht nachdenklicher Miene einen Koffer geöffnet und einen anderen geschlossen.

Gütiger Gott, was sahen sie nur alle in ihm? – Denn ich schwöre, da war nichts sonst, weder innen noch außen; wenn sie auch behaupteten, er sei ein guter Soldat. Doch Leonora verehrte ihn mit einer Leidenschaft, die qualvoll war, und hasste ihn mit einer Qual, die bitter war wie das Meer. Wie konnte er nur irgendeinem Menschen ein derartiges Gefühl einflößen?

Worüber sprach er eigentlich mit ihnen – wenn sie unter vier Augen waren? Ach ja, plötzlich, wie durch einen Blitz der Erleuchtung, weiß ich es. Denn alle guten Soldaten sind sentimental – alle guten Soldaten dieses Typs. Schon ihr Beruf ist voller großer Worte – ›Mut‹, ›Ergebenheit‹, ›Ehre‹, ›Treue‹. Und ich habe einen falschen Eindruck von Edward Ashburnham gegeben, wenn Sie nun glauben, er habe buchstäblich niemals im Verlauf der neun Jahre unserer Vertrautheit über das gesprochen, was er »die ernsteren Dinge« nannte. Schon vor seiner letzten Aufwallung mir gegenüber ist er zuweilen sehr spät abends, sagen wir, mit etwas herausgeplatzt, das einen tieferen Einblick in die empfindsame Weltanschauung geben konnte, der er huldigte. Er sagte dann, wie sehr die Gesellschaft einer edlen Frau zur Erlösung eines Menschen beitragen könne; er pflegte auch zu sagen, Treue sei die vornehmste aller Tugenden. Natürlich sagte er es sehr steif, aber doch immer so, als ließe die Feststellung keinen Zweifel zu.

Treue! Ist das nicht ein verschrobener Gedanke? Doch muss ich hinzufügen, der arme Edward war ein großer Leser – stundenlang konnte er sich in die Lektüre empfindsamer Romane versenken, Romane, in denen Schreibmaschinenmädchen einen Marquis und Gouvernanten einen Grafen heirateten. Fast immer floss in seinen Büchern die treue Liebe so glatt dahin wie Honig auf Butterbrot. Er liebte eine gewisse Art Gedichte, er konnte sogar eine tieftragische Liebesgeschichte lesen. Ich habe gesehen, wie seine Augen sich bei der Schilderung eines hoffnungslosen Abschieds mit Tränen füllten. Und schwärmerisch liebte er Kinder, junge Hunde und die Schwachen allesamt …

Sie sehen, es gab genug, was er einer Frau vorgurren konnte – wozu noch seine gesunde Ansicht über Sprungriemen und seine, ebenfalls empfindsame, Erfahrung als Friedensrichter seiner Grafschaft kam sowie der inbrünstige optimistische Glaube, die Frau, die er im Augenblick liebte, sei endlich diejenige, der ewig treu zu bleiben ihm vom Schicksal bestimmt sei ... Jedenfalls möchte ich glauben, dass er ganz nett was zusammenreden konnte, wenn kein Mann in der Nähe war, der ihn einschüchterte. Und ich war sehr erstaunt, bei jener letzten Aufwallung mir gegenüber – als alles aus war, das arme Mädchen schon auf dem Weg ins fatale Brindisi, und er sich selber und mir einzureden versuchte, er habe sich eigentlich nie sehr viel aus ihr gemacht –, ich war damals sehr erstaunt zu bemerken, wie literarisch und wie gewandt er sich ausdrückte. Er redete wie ein einigermaßen gutes Buch – ein durchaus nicht billigsentimentales Buch. Wissen Sie, ich glaube, er betrachtete mich nicht eigentlich als Mann. Ich muss in seinen Augen so etwas wie eine Frau oder ein Anwalt gewesen sein. Jedenfalls brach es in jener fürchterlichen Nacht aus ihm heraus. Und dann nahm er mich am nächsten Morgen zu der Gerichtsverhandlung mit, und ich sah, wie er vollkommen ruhig und sachlich auf einen Freispruch für ein armes Mädchen hinarbeitete, das die Tochter eines seiner Pächter und des Mordes an ihrem kleinen Kind angeklagt war. Er gab zweihundert Pfund für ihre Verteidigung aus ... Das also war Edward Ashburnham.

Ich habe vergessen, von seinen Augen zu sprechen. Sie waren so blau wie die Seiten gewisser Zündholzschachteln. Wenn man sie sich genau betrachtete, sah man, sie waren vollkommen ehrlich, vollkommen aufrichtig und vollkommen, vollkommen dumm. Aber das Ziegelrot seiner Gesichtsfarbe, das ganz mit dem Ziegelrot seiner inneren Augenlider übereinstimmte, verlieh ihnen einen seltsamen, unheimlichen Ausdruck – wie ein Mosaik aus blauer Emaille in rosa Porzellan. Und damit fing dieser Bursche, wenn er in ein Zimmer trat, die Blicke aller Frauen ein – so geschickt, wie ein Taschenspieler Billardkugeln einsteckt. Es war höchst erstaunlich. Sie kennen den Mann auf der Bühne, der sechzehn Bälle auf einmal in die Luft wirft und sie dann wieder in Taschen auffängt, die über seinen ganzen Körper verstreut sind, an den Schultern, an den Fersen, in seinen Ärmeln; und er steht völlig still und tut überhaupt nichts. Nun, so ähnlich war es. Er hatte eine ziemlich rauhe, heisere Stimme.

Und da stand er nun neben dem Tisch. Ich sah ihn an, meinen Rücken dem Wandschirm zugekehrt. Und plötzlich sah ich zwei klar zu unterscheidende Regungen über seine unbeweglichen Augen flackern. Wie, zum Teufel, stellten sie das an, diese unbeweglichen blauen Augen mit dem geraden Blick? Denn die Augen selber regten sich nicht, während sie über meine Schultern hinweg zu dem Schirm blickten. Und der Blick war vollkommen gleichgültig und vollkommen offen und vollkommen unveränderlich. Doch haben sich wohl die Lider etwas gerundet, vielleicht bewegten sich auch die Lippen ein wenig, als wollte er sagen: »Da hast du es, meine Liebe.« Auf jeden Fall war es ein Ausdruck des Stolzes, der Befriedigung des Besitzenden. Ich sah ihn später einmal, wie er seinen Blick über die sonnigen Felder von Branshaw schweifen ließ und sagte: »Dies alles ist mein Land!«

Und dann wurde der Blick vielleicht noch direkter, wenn möglich noch härter – verwegen gar. Es war ein abschätzender Blick, ein herausfordernder Blick. Als wir ihm einmal in Wiesbaden bei einem Polo-Wettspiel gegen die Bonner Husaren zuschauten, sah ich, wie derselbe Blick in seine Augen trat und, die Möglichkeiten abwägend, über den Platz ging. Der Führer der deutschen Mannschaft, Graf Idigon von Lelöffel, hatte schon fast ihren Torbalken erreicht, in kurzem, leichtem Galopp kam er mit dem Ball heran – in der hinterhältigen deutschen Manier. Die übrigen Spieler waren irgendwo verstreut. Es war nur eine improvisierte Sache. Ashburnham stand sehr dicht am Zaun, keine fünf Meter von uns entfernt, und ich hörte, wie er zu sich sagte: »Lässt sich vielleicht gerade noch schaffen!« Und er schaffte es. Gütiger Gott! Er riss das Pony herum, so dass alle vier Beine hochflogen wie bei einer Katze, die vom Dach fällt …

Nun, es war ebenjener Blick, den ich in seinen Augen bemerkte: »Lässt sich« – mir ist wieder, als hörte ich, wie er es vor sich hin murmelte – »vielleicht gerade noch schaffen.«

Ich blickte über meine Schulter und sah groß, lächelnd, strahlend und lebhaft – Leonora. Und klein und blond, leuchtend wie der Streifen Sonnenlicht auf dem Meer – meine Frau.

Der arme Kerl! Wenn man bedenkt, in welcher verteufelten Lage er sich in dem Augenblick befand! Und da stand er und sagte sich im Stillen: »Lässt sich vielleicht gerade noch schaffen.« Als würde sich jemand mitten in einem Vulkanausbruch sagen, er könnte sich vielleicht gerade noch in den Aufruhr stürzen und einen Heuschober in Flammen setzen. Wahnsinn? Verhängnis? Wer zum Teufel weiß das?

Mrs. Ashburnham zeigte sich in jenem Augenblick fröhlicher, als ich sie je wieder gesehen habe. Es gibt eine bestimmte Klasse von Engländern – die vornehmeren, wenn sie in vielen mondänen Bädern gewesen sind –, die es sich angelegen sein lassen, lebhafter als gewöhnlich zu werden, sobald sie Landsleuten von mir vorgestellt werden. Ich habe das oft bemerkt. Natürlich müssen die Amerikaner sie akzeptiert haben. Aber wenn das einmal geschehen ist, scheinen sie sich zu sagen: »Holla, diese Frauen sind so temperamentvoll. Wir werden uns an Temperament doch nicht von ihnen ausstechen lassen!« Und eine Zeitlang werden sie es auch nicht. Aber das nutzt sich ab. So war es auch mit Leonora – zumindest ehe sie mich bemerkte. Sie begann damit – und vielleicht war es das, was mich auf den Gedanken brachte, eine Spur Unverschämtheit gehörte zu ihrem Charakter, denn sie tat nie wieder etwas Ähnliches –, wirklich, Leonora begann, indem sie mit ziemlich lauter Stimme aus beträchtlicher Entfernung sagte:

»Bleib doch nicht an dem muffigen alten Tisch stehen, Teddy. Komm und setz dich zu diesen netten Leuten!« Und das zu sagen war außerordentlich. Ganz außerordentlich. Nicht um mein Leben hätte ich von völlig Unbekannten als von netten Leuten gesprochen. Aber natürlich hatte sie ihren eigenen Kurs eingeschlagen, bei dem ich jedenfalls – ebenso wie alle anderen in diesem Saal, denn auch sie hatte sich die Mühe gemacht, die Gästeliste durchzusehen – nicht mehr zählte als ein gepflegter Bullterrier. Und sie setzte sich recht selbstherrlich an einen leeren Tisch neben dem unseren – einen Tisch, der für die Guggenheimers reserviert war. Und sie blieb einfach sitzen, absolut taub gegen die Vorstellungen des Oberkellners mit dem Gesicht eines grauen Steinbocks. Dieser arme Kerl erfüllte ebenso standhaft seine Pflicht. Er wusste, dass die Guggenheimers aus Chicago ihm, nachdem sie einen Monat im Hotel gewohnt und ihm die Seele aus dem Leib gejagt hätten, zwei Dollar fünfzig geben und noch über das Trinkgeldsystem murren würden. Und er wusste, dass Teddy Ashburnham und dessen Frau ihm nicht die geringsten Schwierigkeiten machen würden – abgesehen davon, was Leonoras Lächeln in seinem anscheinend unrührbaren Busen anrichten könnte, obwohl man ja nie weiß, was selbst hinter einem nicht ganz makellosen Hemdeinsatz vorgehen mag! ... Und jede Woche würde Edward Ashburnham ihm ein massives, anständiges englisches Goldstück geben. Trotzdem war der standhafte Bursche entschlossen, diesen Tisch den Guggenheimers aus Chicago zu sichern. Es endete damit, dass Florence sagte:

»Warum sollten wir nicht alle aus einem Trog essen – das ist eine hässliche New Yorker Redensart. Aber ich bin sicher, wir sind alle nette ruhige Leute, und unser Tisch wäre für vier Stühle groß genug. Er ist ja rund.« Daraufhin ließ der Hauptmann so etwas wie ein zustimmendes Gegurgel vernehmen, und deutlich gewahrte ich bei Mrs. Ashburnham ein leichtes Zögern – eine rasche, ruckartige Bewegung, als hätte ihr Pferd gebockt. Aber sie brachte es immerhin richtig an die Hürde, erhob sich von ihrem Stuhl und ließ sich mir gegenüber nieder – alles in einer Bewegung.

Ich fand immer, dass Leonora in Abendkleidern nicht am vorteilhaftesten aussah. Sie ließ sie sich wohl in zu strengen Linien anfertigen; es gab nichts Lockeres daran. Sie hatte immer eine Vorliebe für Schwarz, und ihre Schultern waren zu klassisch. Sie ragten aus ihrem schwarzen Mieder etwa wie eine weiße Marmorbüste aus einer schwarzen Wedgewood-Vase. Ich weiß nicht. Ich habe Leonora stets geliebt, und noch heute würde ich ihr zuliebe mit Freuden mein Leben lassen – oder was davon übrig ist. Aber ich bin sicher, dass ich niemals auch nur die leiseste Regung dessen, was man den Geschlechtsinstinkt nennt, für sie empfunden habe. Und ich vermute – nein, ich bin überzeugt, auch sie hat dies nie für mich empfunden. Was mich betrifft, waren es, glaube ich, ihre Schultern, die das bewirkten. Wenn ich sie ansah, hatte ich das Gefühl, diese Schultern müssten, sollte ich je meine Lippen darauf drücken, kühl sein – nicht eisig, nicht ohne eine Spur menschlicher Wärme, aber, wie man von Bädern sagt, überschlagen. Ich fühlte auf meinen Lippen eine leichte Kühle, wenn ich sie ansah ...

Nein, am schönsten erschien mir Leonora immer in einem blauen *Tailleur*. Dann wurde ihr prächtiges Haar nicht von ihren schneeweißen Schultern überspielt. Die Linien mancher Frauen lenken den Blick zu ihrem Nacken, ihren Augenlidern, ihrem Munde, ihren Brüsten. Aber Leonoras Linien schienen den Blick immer zu ihren Handgelenken zu führen. Und ihre Handgelenke kamen am besten in schwarzen oder Hundslederhandschuhen zur Geltung; und immer war ein goldener Reif darum mit einem Kettchen, an dem der winzige goldene Schlüssel zu einer Truhe hing. Vielleicht war es die Truhe, in die sie ihr Herz und ihre Gefühle eingeschlossen hatte.

Jedenfalls setzte sie sich mir gegenüber, und dann schenkte sie meiner Existenz zum ersten Mal Beachtung. Plötzlich, doch mit vollem Bedacht, schaute sie mich an.

Auch ihre Augen waren blau und dunkel, und die Lider waren so gewölbt, dass sie das ganze Rund der Iris freigaben. Es war ein höchst eindrucksvoller, ein höchst bewegender Blick, als hätte mich für einen Augenblick ein Leuchtturm angesehen. Mir war, als sähe ich die raschen Fragen in dem Hirn hinter diesen Augen einander jagen. Mir war, als hörte ich, wie das Hirn fragte und die Augen antworteten mit der ganzen Einfachheit einer Frau, die sich darauf versteht, die Eigenschaften eines Pferdes abzuschätzen – das konnte sie wirklich. »Steht gut; hat hinter dem Gurt reichlich Platz für den Hafer. Schultern nicht so gut«, und so weiter. Und so fragten ihre Augen: »Ist dieser Mann vertrauenswürdig in Geldangelegenheiten? Ist anzunehmen, dass er den Liebhaber gibt? Ist anzunehmen, dass seine Frauen ihm lästig werden? Vor allem, sieht er so aus, als würde er über meine Angelegenheiten schwatzen?«

Und plötzlich kam in diese kalten, ein wenig misstrauischen, fast ablehnenden porzellanblauen Augen eine Wärme, eine Zartheit, ein freundliches Erkennen … oh, es war sehr zauberhaft und sehr rührend – und recht demütigend. So sieht eine Mutter ihren Sohn an, eine Schwester ihren Bruder. Vertrauen sprach aus diesem Blick, die Einsicht, es sei unnötig, Schranken zu errichten. Bei Gott, sie sah mich an, als wäre ich ein Krüppel – sie sah mich an, wie jede gütige Frau einen armen Kerl in einem Rollstuhl ansieht. Und wirklich, von jenem Tag an behandelte sie mich, als wäre ich der Kranke und nicht Florence. Ja, an kühlen Tagen lief sie mir oft mit einer Decke nach. Ich vermute deshalb, dass ihre Augen eine günstige Antwort gegeben hatten. Und dann sagte Florence: »Und somit hat die Tafelrunde begonnen.« Abermals kam ein gurgelndes Geräusch aus Edward Ashburnhams Kehle; Leonora erschauerte ein wenig. Und ich reichte ihr den Nickelsilberkorb mit Brötchen. Avanti! ...

IV

So begannen diese neun Jahre ununterbrochener Ruhe. Sie wurden durch einen erstaunlichen Mangel an jeglichem Mitteilungsbedürfnis von Seiten der Ashburnhams bestimmt, den wir damit erwiderten, dass wir in ebenso erstaunlicher Weise und beinahe ebenso vollständig einen persönlichen Ton vermieden. Wahrlich, Sie dürfen mir glauben, unser Verhältnis war durch eine Atmosphäre gekennzeichnet, in der alles als selbstverständlich angenommen wurde. Schweigend wurde vorausgesetzt, dass wir ›ordentliche Leute‹ waren. Wir betrachteten es als selbstverständlich, dass wir alle das Rindfleisch halbgar, aber nicht zu halbgar mochten; dass die beiden Männer nach dem Mittagessen gern einen guten Cognac zu sich nahmen, dass die Frauen einen sehr leichten Rheinwein mit Fachinger Wasser vermischt tranken – solche Dinge. Es wurde ebenfalls als selbstverständlich angenommen, dass wir beide vermögend genug waren, uns alles zu leisten, was wir uns nur an Vergnügungen, die mit unserer Kur vereinbar waren, wünschen mochten: dass wir uns Automobile und Kutschen für ganze Tage mieteten, uns gegenseitig zum Essen einluden, unseren Freunden Diners geben und uns auch erlauben konnten zu sparen, wo es uns passte. So hatte zum Beispiel Florence die Gewohnheit, sich den *Daily Telegraph* täglich aus London schicken zu lassen. Sie war in alles Englische vernarrt, die gute Florence; mir genügte die Pariser Ausgabe des *New York Herald* vollauf. Aber als wir entdeckten, dass den Ashburnhams ebenfalls ein Exemplar des Londoner Blattes von England nachgesandt wurde, vereinbarten Leonora und Florence, das eine Abonnement im einen Jahr und im nächsten das andere abzubestellen. Ähnlich hielten wir es mit der Gepflogenheit des Großherzogs von Nassau-Schwerin bei seinem alljährlichen Aufenthalt in Bad Nauheim, einmal mit jeder der ungefähr achtzehn Familien regelmäßiger Kurgäste zu speisen. Als Erwiderung pflegte er dann allen achtzehn Familien auf einmal ein Essen zu geben. Und da diese Dinner recht kostspielig waren (man musste mit dem Großherzog einen beträchtlichen Teil seines Gefolges einladen sowie sämtliche Mitglieder des diplomatischen Korps, die sich in Nauheim aufhielten), sahen Florence und Leonora, ihre Köpfe zusammensteckend, nicht ein, warum sie dem Großherzog das Essen nicht gemeinsam geben sollten. Und so geschah es. Ich glaube nicht, dass Seine Durchlaucht diese Sparsamkeit missbilligte oder auch nur bemerkte. Jedenfalls wurde unser gemeinsames Dinner zu Ehren des Fürsten mit der Zeit zu einem alljährlich wiederkehrenden Ereignis. Die Gäste wurden sogar immer zahlreicher, bis es schließlich so etwas wie ein Schlussfest der Saison wurde, wenigstens für uns.

Ich will damit durchaus nicht sagen, dass wir zu den Leuten gehörten, deren Ehrgeiz es ist, mit ›Fürstlichkeiten‹ zu verkehren. Daran lag uns nicht; wir erhoben keinerlei Ansprüche; wir waren einfach ›ordentliche Leute‹. Aber der Großherzog war ein freundlicher, leutseliger Fürst, wie der verstorbene König Eduard VII., und es war vergnüglich, ihm zuzuhören, wenn er von Pferderennen erzählte und gelegentlich einmal als *bonne bouche* seinen Neffen, den Kaiser, erwähnte; wir hatten es auch gern, wenn er auf seinem Spaziergang zuweilen für einen Augenblick stehen blieb, sich nach dem Fortschritt unserer Kur erkundigte oder sich huldvoll für die Summe interessierte, die wir bei dem Frankfurter Weltergewichtsrennen auf Lelöffels Pferd gesetzt hatten.

Aber auf mein Wort, ich weiß nicht, wie uns die Zeit verging. Wie vergeht die eigene Zeit? Wie ist es nur möglich, neun Jahre zu leben, ohne daraus irgendetwas vorweisen zu können? Gar nichts, verstehen Sie. Nicht einmal einen beinernen Federhalter, der wie eine Schachfigur geschnitzt ist und ein Loch in der Spitze hat, durch das man vier Ansichten von Nauheim sehen kann. Und an Erfahrungen, an Kenntnis seiner Mitmenschen – ebenfalls nichts. Weiß Gott, ich könnte Ihnen nicht ohne weiteres sagen, ob die Frau, die mir unten auf der Bahnhofstraße so teure Veilchen verkaufte, mich betrog; ich kann nicht sagen, ob der Gepäckträger, der unsere Siebensachen durch den Bahnhof von Livorno schleppte, uns begaunerte, als er behauptete, der reguläre Tarif sei eine Lira je Gepäckstück. Die Beispiele von Ehrlichkeit, denen man in dieser Welt begegnet, sind ebenso erstaunlich wie die Beispiele von Unehrlichkeit. Nach fünfundvierzigjährigem Umgang mit seinesgleichen sollte man einige Menschenkenntnis erworben haben. Aber man weiß nichts.

Ich glaube, die moderne zivilisierte Gepflogenheit – die moderne englische Gepflogenheit –, jeden als selbstverständlich zu nehmen, ist zum guten Teil daran schuld. Ich habe sie lange genug beobachtet, um zu wissen, wie absonderlich und wie geschickt diese Gepflogenheit ist; und wie einen diese Fähigkeit, was immer sie wert sein mag, niemals enttäuscht.

Ich leugne gar nicht, dass dies die wünschenswerteste Art ist, in dieser Welt zu leben, und ein fast unvernünftig hoher Standard. Denn eigentlich ist es ja zum Speiübelwerden, täglich mehrere Scheiben dünnen, lauwarmen, rosaroten Radiergummis essen zu müssen, wenn es einem zuwider ist; es ist unangenehm, Branntwein trinken zu müssen, wenn man sich lieber durch einen warmen, süßen Kümmel aufmuntern ließe. Es ist grässlich, jeden Morgen ein kaltes Bad nehmen zu müssen, wenn man in Wirklichkeit das Verlangen nach einem heißen Bad am Abend hat. Und es rührt ein wenig den Glauben der Väter auf, der tief in einem schlummert, wenn es als selbstverständlich betrachtet wird, dass man zur Episkopalkirche gehört, obwohl man tatsächlich ein altmodischer Philadelphia-Quäker ist.

Man muss es tun; es ist der Hahn, den die ganze Gesellschaft dem Äskulap schuldet.

Und das Vertrackte, das Komische dabei ist, dass die ganze Sammlung von Vorschriften für jedermann gilt – für alle die Jedermanns, die man in Hotels trifft, in Eisenbahnzügen, in geringerem Maße vielleicht für die auf den Dampfern, doch am Ende gelten sie auch auf Dampfern. Sie begegnen einem Mann oder einer Frau, und an winzigen, vertraulichen Lauten, an den leisesten Bewegungen erkennen Sie sogleich, ob Sie es mit ordentlichen Leuten zu tun haben oder mit solchen, die nicht in Frage kommen. Sie wissen, heißt das, ob die anderen sich strikt an das ganze Programm halten oder nicht, angefangen bei halbgar gebratenem Rindfleisch bis zum Anglikanismus. Es ist gleichgültig, ob sie groß oder klein sind, ob einer wie eine Marionette kreischt oder wie ein Dorfbulle brüllt; es spielt keine Rolle, ob sie Deutsche, Österreicher, Franzosen, Spanier oder sogar Brasilianer sind – es sind dann eben die Deutschen und die Brasilianer, die jeden Morgen ein Bad nehmen und die, grob gesagt, in diplomatischen Kreisen verkehren.

Aber das Unbequeme oder – hol's der Teufel, ich will es beim Namen nennen – die verdammte Plage bei der ganzen Sache ist, dass man mit all diesem Für-selbstverständlich-Nehmen keinen Zentimeter tiefer dringt als zu den Dingen, die ich aufgezählt habe.

Ich kann Ihnen ein außerordentliches Beispiel hierfür geben. Ich erinnere mich nicht, ob es in unserem ersten Jahr war – unserem ersten Jahr zu viert in Nauheim, denn natürlich wäre dies das vierte gemeinsame Jahr von Florence und mir gewesen –, aber es muss im ersten oder zweiten Jahr gewesen sein. Und daran können Sie zugleich ermessen, was für ungewöhnliche Gespräche wir führten und wie rasch wir miteinander vertraut geworden waren. Anderseits brachen wir zu dieser Exkursion so selbstverständlich und mit so wenig Vorbereitung auf, dass es war, als hätten wir schon viele solcher Ausflüge miteinander unternommen; und unsere Vertrautheit schien so tief …

Der Ort jedoch, zu dem wir uns aufmachten, war offensichtlich einer, zu dem uns Florence gern schon längst geführt hätte, so dass man denken sollte, wir wären gleich zu Anfang unserer Freundschaft hingefahren. Florence war eine ausnehmend kundige Führerin zu archäologischen Sehenswürdigkeiten, und nichts machte ihr größere Freude, als einen durch eine Ruine zu führen und das Fenster zu zeigen, von dem aus irgendjemand irgendeinem Mord zugeschaut hatte. Sie tat es nur einmal, aber sie machte es ganz hervorragend. Sie fand sich einzig mit der Hilfe des *Baedeker* in jedem alten Bauwerk so leicht zurecht wie in einer amerikanischen Stadt, in der die Blocks alle rechteckig und die Straßen alle nummeriert sind, so dass man ohne Schwierigkeiten von der Vierundzwanzigsten zur Dreißigsten Straße gelangt.

Die alte Stadt M… liegt, von Nauheim mit einem guten Zug in fünfzig Minuten zu erreichen, auf einer großen Basaltkuppe, um deren Flanken sich eine Straße dreifach wie ein Schal hinaufwindet. Auf dem Gipfel steht ein Schloss – kein breitangelegtes Schloss wie Windsor, sondern ein Schloss, das ganz aus schiefergedeckten Giebeldächern und Turmspitzen mit goldenen, kühn blitzenden Wetterhähnen besteht –, das Schloss der heiligen Elisabeth, Landgräfin von Thüringen. Die Stadt hat den Nachteil, dass sie in Preußen liegt, und es ist immer unangenehm, in dieses Land zu fahren; aber sie ist sehr alt und hat viele zweitürmige Kirchen und ragt wie eine Pyramide aus dem grünen Tal der Lahn. Ich glaube nicht, dass die Ashburnhams besonders gern dorthin gingen, mir selber lag auch nicht sonderlich daran. Aber, Sie verstehen, es wurden keine Einwände gemacht. Es gehörte zur Kur, dass man drei- oder viermal in der Woche einen Ausflug machte, und wir alle waren Florence einmütig dankbar, dass sie den Anstoß dazu gab. Florence hatte natürlich ihren eigenen Beweggrund. Sie war zu jener

Zeit darauf aus, Hauptmann Ashburnham zu bilden – oh, natürlich, ganz *pour le bon motif*! Sie pflegte zu Leonora zu sagen: »Ich kann einfach nicht verstehen, wie Sie ihn so unwissend neben sich herleben lassen können!« Leonora verblüffte mich immer durch ihre erstaunliche Bildung. Jedenfalls wusste sie schon vorher alles, was Florence ihr zu sagen hatte. Vielleicht holte sie es sich aus dem Baedeker, wenn Florence noch schlief. Ich will nicht sagen, Leonora hätte sich anmerken lassen, dass sie irgendetwas wusste; aber wenn Florence uns zu erzählen begann, wie Ludwig der Kühne drei Frauen zugleich haben wollte – worin er sich von Heinrich VIII. unterschied, der sie nacheinander haben wollte, was sehr viel Verdruss zur Folge hatte –, wenn Florence anfing, uns dies zu erzählen, nickte Leonora bloß, und zwar auf eine Art, die meine arme Frau ganz nett durcheinanderbrachte.

Sie rief dann gewöhnlich aus: »Wenn Sie es wissen, warum haben Sie dann Hauptmann Ashburnham nicht schon längst alles erzählt? Sicher findet er es interessant!« Und Leonora blickte nachdenklich zu ihrem Mann hinüber und sagte: »Ich bilde mir ein, es könnte seiner Hand schaden – der Hand, wissen Sie, die er beim Umgang mit Pferdemäulern braucht ...« Und der arme Ashburnham wurde rot und murmelte: »Schon gut. Mach dir keine Sorge um mich!«

Ich glaube, die Ironie seiner Frau machte dem armen Teddy ziemlich zu schaffen, denn eines Abends fragte er mich im Rauchzimmer ernsthaft, ob ich der Ansicht sei, zu viel im Kopf zu haben könnte wirklich die Wendigkeit beim Polo beeinträchtigen. Ihm fiele auf, sagte er, dass übergescheite Burschen im Allgemeinen ziemliche Stümper seien, wenn sie vier Beine unter sich hätten. Ich beruhigte ihn, so gut ich konnte. Ich sagte ihm, er sei wohl kaum der Mann, der so viel in sich aufnimmt, dass es ihn aus dem Gleichgewicht bringt. Damals machte es dem Hauptmann sichtlich Freude, von Florence belehrt zu werden. Sie tat es etwa drei- oder viermal in der Woche unter Leonoras und meinen beifälligen Blicken. Sie ging nicht systematisch vor, können Sie sich denken, sondern wie es sie gerade überkam. Sie suchte wieder einmal eine der dunklen Stellen der Erde zu erhellen und die Welt ein wenig lichter zurückzulassen, als sie sie vorgefunden hatte. Sie erzählte ihm zum Beispiel die Geschichte von Hamlet, erklärte ihm den Aufbau einer Sinfonie, summte ihm das erste und zweite Thema vor und so fort; sie setzte ihm den Unterschied zwischen Armeniern und Erastianern auseinander oder gab ihm einen kurzen Unterricht in der Frühgeschichte der Vereinigten Staaten. Und es geschah in einer Weise, die wohl darauf aus war, die Aufmerksamkeit eines jungen Mannes zu fesseln. Haben Sie je Mrs. Markham gelesen? Nun, so war es …

Aber unser Ausflug nach M … war eine weit größere, eine Parade-Angelegenheit. Wissen Sie, dort befand sich ein Schlossarchiv, ein Dokument, das Florence, wie sie hoffte, endlich Gelegenheit geben würde, uns allen ein Licht aufzustecken. Es ärgerte sie wirklich, dass sie, was Bildung betraf, Leonora nie übertrumpfen konnte. Ich weiß nicht, was Leonora wusste und was sie nicht wusste, jedenfalls war sie immer zugegen, wenn Florence uns über etwas Auskunft gab. Und irgendwie hatte man den Eindruck, dass sie wirklich wusste, was Florence offenbar nur gerade eben aufgelesen hatte. Ich kann es nicht genau erklären. Es war ein fast körperlicher Vorgang. Haben Sie je einen Apportierhund gesehen, der im Spiel einem Windhund nachsetzt? Sie sehen die beiden über ein grünes Feld rennen, fast Seite an Seite, und plötzlich schnappt der Apportierhund zum Spaß nach dem andern. Aber der Windhund ist einfach nicht mehr da. Sie haben nicht bemerkt, dass er seine Geschwindigkeit erhöht oder auch nur einen Muskel angespannt hätte; und da saust er hin, gerade drei Meter vor der ausgestreckten Schnauze des Apportierhundes. So war es mit Florence und Leonora in puncto Bildung.

Aber diesmal wusste ich, dass sich etwas anbahnte. Schon Tage vorher fand ich Florence in Bücher vertieft wie Rankes *Geschichte der Päpste*, Symonds' *Renaissance*, Mottleys *Entstehung der Niederländischen Republik* und Luthers *Tischgespräche*.

Ich muss sagen, dass mir, bis die Überraschung kam, der kleine Ausflug nur Vergnügen machte. Ich fahre gerne mit dem Zug um zwei Uhr vierzig; ich liebe das langsame, sanfte Rollen der herrlichen großen Züge – und es sind die besten Züge der Welt! Ich liebe es, durch das grüne Land dahingetragen zu werden und es durch die blanken Scheiben der großen Fenster zu betrachten. Doch das Land ist ja nicht eigentlich grün. Die Sonne scheint, die Erde ist blutrot und purpurn und rot und grün und rot. Und die Ochsen auf dem Acker sind von einem lackglänzenden Braun und Schwarz und schwärzlichem Purpurrot; und die Bauern sind schwarz und weiß angezogen wie Elstern, und große Schwärme von Elstern gibt es auch. Oder auf einem anderen Feld, wo kleine Heuhaufen liegen, die auf der Sonnenseite graugrün und im Schatten purpurn sind, die Leute in ihrer

Bauerntracht, zinnoberrot mit smaragdgrünen Bändern, und purpurrote Röcke und weiße Hemden und schwarze Samtwesten. Dennoch bleibt der Eindruck, als fahre man durch leuchtend grüne Wiesen, die sich auf beiden Seiten bis zu den dunkelvioletten Fichtengehölzen, den Basaltkuppen und den unermesslichen Wäldern hinziehen. Und da stehen Spiräen am Rand der Bäche, und Rinder. Ja, ich erinnere mich, ich sah an jenem Nachmittag, wie eine braune Kuh ein schwarzweiß geschecktes Tier auf die Hörner nahm und wie das schwarzweiße Tier mitten in einen schmalen Bach geschleudert wurde. Ich brach in Lachen aus. Aber Florence erteilte gerade so fleißig Unterricht, und Leonora hörte so aufmerksam zu, dass niemand auf mich achtete. Was mich betrifft, war ich sehr froh, von meinem Dienst entbunden zu sein; ich war froh, dass Florence im Augenblick offensichtlich außer Gefahr war – denn sie sprach über Ludwig den Kühnen (ich glaube wenigstens, es war Ludwig der Kühne, aber ich bin kein Historiker), über Ludwig den Kühnen, Landgraf von Hessen, der drei Frauen auf einmal haben wollte und Luther protegierte – oder so ähnlich –; ich war so erleichtert, außer Dienst zu sein, denn sie konnte kaum etwas anstellen, bei dem sie sich aufregte oder ihr Herz ins Flattern geriet, dass der Zwischenfall mit der Kuh für mich eine wahre Freude war. Den ganzen Tag über musste ich immer mal wieder darüber schmunzeln. Es sieht auch zu komisch aus, wissen Sie, wenn eine schwarzweiße Kuh auf ihrem Rücken mitten in einem Bach landet. Es ist das Letzte, was man von einer Kuh erwartet.

Ich hätte das arme Tier wohl bedauern sollen, aber ich tat es einfach nicht. Ich wollte den Tag genießen, und ich genoss ihn. Es ist ein Vergnügen, das prächtige Bild einer solchen Stadt mit ihrem spitzigen Schloss und den vielen zweitürmigen Kirchen an sich vorüberziehen zu lassen. Wenn die Sonne scheint, blinkt es von dort herüber – die Fensterscheiben, die vergoldeten Apothekerschilder, die Wappen der Studentenkorps hoch auf dem Berg und die Helme der komischen kleinen Soldaten, die ihre steifen Beinchen in weißen Leinenhosen bewegen. Und es war ein Vergnügen, in dem großen, prächtigen preußischen Bahnhof mit den gehämmerten Bronzeornamenten und den Wandmalereien, auf denen Bauern und Blumen und Kühe zu sehen waren, auszusteigen; und zu hören, wie Florence energisch mit dem Kutscher einer altertümlichen Droschke mit zwei mageren Pferden feilschte. Natürlich sprach ich viel korrekter Deutsch als Florence, wenn ich mich auch nie ganz von dem Akzent des Pennsylvania-Duitsch meiner Kindheit frei machen konnte. Jedenfalls fuhren wir wie im Triumph für fünf Mark ohne jedes Trinkgeld bis zum Schloss hinauf. Und wir wurden durch das Museum geführt und sahen die Musketen, das alte Glas, die alten Schwerter und die alten mechanischen Erfindungen. Und wir stiegen Wendeltreppen hinauf und gingen durch den Rittersaal, die große ausgemalte Halle, wo der Reformator und seine Freunde zum ersten Mal unter dem Schutz des Mannes, der drei Frauen auf einmal hatte, zusammenkamen und einen Bund mit dem Manne schlossen, der sechs Frauen nacheinander hatte. (Diese Dinge interessieren mich eigentlich nicht, aber sie spielen eine bedeutende Rolle in meiner Geschichte.) Und wir gingen durch Kapellen und Musikzimmer und weiter ungeheuer hoch nach oben, bis zu einem großen alten Zimmer voller Drucke, dessen Fenster ringsherum mit schweren Läden verschlossen waren. Florence war wie elektrisiert. Sie sagte dem müden, verdrossenen Wärter, welche Läden er öffnen sollte, so dass der helle Sonnenschein in greifbaren Strahlenbündeln in das düstere alte Zimmer floss. Sie erklärte, dies sei Luthers Schlafzimmer gewesen, und gerade dort, wo jetzt das Licht hinfiel, habe sein Bett gestanden. Übrigens glaube ich, sie irrte sich, und Luther machte sozusagen nur zum Mittagessen halt, um der Verfolgung zu entgehen. Aber zweifellos wäre dies hier sein Schlafzimmer gewesen, wenn man ihn hätte bewegen können, die Nacht über zu bleiben. Und dann warf sie trotz des Protests des Wärters einen weiteren Fensterladen auf und trippelte zurück zu einem großen Glaskasten.

»Da!«, rief sie, und Fröhlichkeit, Triumph, Keckheit klangen aus ihrer Stimme. Sie wies auf ein Stück Papier, das wie ein halber Briefbogen aussah und mit blassem Bleistiftgekritzel bedeckt war; es hätten Notizen über unsere Ausgaben an diesem Tag sein können. Ich war ausnehmend glücklich über ihre Fröhlichkeit, ihren Triumph und ihre Keckheit. Hauptmann Ashburnham stützte sich mit den Händen auf den Glaskasten. »Da ist er – der Protest.« Und dann, als wir alle gebührend unsere Verblüffung an den Tag legten, fuhr sie fort: »Wisst ihr denn nicht, dass wir darum alle Protestanten heißen? Das ist der Bleistiftentwurf des Protests, den sie aufsetzten. Ihr seht die Unterschriften von Martin Luther und Martin Bucer und Zwingli und Ludwig dem Kühnen ...«

Vielleicht habe ich einige Namen falsch verstanden, aber ich weiß, dass die von Luther und Bucer darunter waren.

Und ihre Munterkeit hielt an, und ich war froh. Es ging ihr besser, und sie war außer Gefahr. Sie fuhr fort und blickte Hauptmann Ashburnham in die Augen: »Diesem Stück Papier ist es zu verdanken, dass Sie ehrlich, mäßig, fleißig, fürsorglich sind und ein sauberes Leben führen. Wenn dieses Stück Papier nicht wäre, dann wären Sie wie die Iren oder die Italiener oder die Polen, aber besonders wie die Iren ...«

Und sie legte einen Finger auf Hauptmann Ashburnhams Handgelenk.

Plötzlich spürte ich etwas Heimtückisches, etwas Erschreckendes, etwas Unheilvolles in diesem Tag. Ich kann es nicht genauer beschreiben, ich weiß nicht, womit ich es vergleichen soll. Es war nicht so, als hätte ich eine Schlange in ihrem Loch lauern sehen. Nein, mir war, als hätte mein Herz einen Schlag ausgesetzt. Mir war, als müssten wir alle laut schreiend auseinanderstürzen, alle vier in verschiedene Himmelsrichtungen, mit abgewandtem Gesicht. Ich weiß noch, Ashburnhams Gesicht verriet reine Panik. Ich war furchtbar entsetzt, und dann bemerkte ich, der Schmerz an meinem linken Handgelenk rührte daher, dass Leonora es fest umklammert hielt.

»Ich halte das nicht aus«, sagte sie in einem ganz außergewöhnlichen, leidenschaftlichen Ton, »ich muss hier raus.« Ich erschrak furchtbar. Einen Augenblick überkam mich das Gefühl, obwohl ich keine Zeit hatte, darüber nachzudenken, sie müsse eine wahnsinnig eifersüchtige Frau sein – eifersüchtig auf Florence und Hauptmann Ashburnham. Wir flohen in heller Panik! Wir liefen schnurstracks die Wendeltreppe hinunter, durch den Rittersaal und auf eine kleine

Terrasse, von der man über die Lahn blickt, über das breite Tal und die weite Ebene hinaus, in die es sich öffnet.

»Sehen Sie denn nicht?«, fragte sie. »Sehen Sie denn nicht, was vorgeht?« Abermals stockte mir vor Schreck das Herz. Ich murmelte, ich stotterte – ich weiß nicht, wie ich die Worte herausbrachte:

»Nein! Was ist los? Was ist denn los?«

Sie sah mir direkt in die Augen; und eine Sekunde lang hatte ich das Gefühl, als wären diese beiden blauen Kreise grenzenlos und überwältigend, wie eine Wand aus Blau, die mich von der übrigen Welt ausschloss. Ich weiß, es klingt absurd; aber das war meine Empfindung. »Sehen Sie denn nicht«, sagte sie mit einer wahrhaft erschreckenden Bitterkeit, mit einer wahrhaft erschreckenden Klage in der Stimme, »sehen Sie denn nicht, dass dies an dem ganzen Elend schuld ist, an allem Kummer? Dass wir darum ewig verdammt sind, Sie und ich und die beiden …«

Ich weiß nicht mehr, wie sie fortfuhr, ich war zu entsetzt; ich war zu bestürzt. Ich glaube, ich dachte daran, wegzulaufen und Hilfe zu holen – einen Arzt vielleicht oder Hauptmann Ashburnham. Oder vielleicht brauchte sie Florences zärtliche Pflege, wenn es natürlich auch für Florences Herz sehr schlecht gewesen wäre. Aber ich weiß noch, wie sie sagte, als ich aus dieser Überlegung zurückkehrte: »Oh, wo sind denn all die strahlenden, glücklichen Wesen in der Welt? Wo gibt es denn Glück? Nur in Büchern liest man davon!«

Sie fuhr sich mit einer eigentümlich krallenden Bewegung über die Stirn. Ihre Augen waren weit aufgerissen; ihr Gesicht war ganz das eines Menschen, der in den Abgrund der Hölle blickt und Schrecken über Schrecken sieht. Und dann verstummte sie plötzlich. Sie wurde, es war höchst erstaunlich anzusehen, einfach wieder Mrs. Ashburnham. Ihr Gesicht war völlig klar, scharf und bestimmt; ihr Haar war prachtvoll mit seinen goldenen Locken. Ihre Nasenflügel zogen sich mit einem Ausdruck von Verachtung zusammen. Sie schien mit Interesse eine Zigeunerkarawane zu betrachten, die tief unter uns über eine schmale Brücke zog.

»Wissen Sie nicht«, sagte sie mit ihrer klaren, harten Stimme, »wissen Sie nicht, dass ich eine irische Katholikin bin?«

V

Diese Worte gaben mir die größte Erleichterung, die ich je in meinem Leben empfunden habe. Ich glaube, sie sagten mir mehr, als ich je zuvor in einem einzigen Augenblick begriffen habe – über mich selber. Mir scheint, bis zu jenem Tage hatte ich nach nichts Besonderem Verlangen gehabt, außer nach Florence. Natürlich hatten mich zuweilen Begierden überkommen, Erregungen ... Ja, manchmal, wenn an einer *Table d'hôte,* sagen wir, Kaviar herumgereicht wurde, war ich geradeso aufgeregt vor Angst, die anderen Gäste würden, bis die Platte zu mir käme, keine befriedigende Portion übriglassen. Es regte mich über die Maßen auf, wenn ich einen Zug verpasste. Die Belgische Staatseisenbahn macht sich einen Spaß daraus, in Brüssel nicht auf die französischen Züge zu warten. Das hat mich immer rasend gemacht. Ich habe darüber Briefe an die *Times* geschrieben, die nie gedruckt wurden; die ich an die Pariser Ausgabe des *New York Herald* schrieb, wurden immer gedruckt, aber sie befriedigten mich nicht, wenn ich sie las. Nun, das war so eine Verrücktheit von mir.

Eine Verrücktheit, die ich jetzt kaum noch begreifen kann. Mit dem Verstand vermag ich sie mir zwar zu erklären. Sehen Sie, damals ging es mir um Menschen, die es am Herzen hatten. Da war Florence, da war Edward Ashburnham – oder vielleicht ging es mir noch mehr um Leonora. Ich will nicht sagen, dass ich sie liebte. Aber, sehen Sie, wir wirkten beide in demselben Metier – jedenfalls sah ich es so. Unser Metier war es, Herzkranke am Leben zu erhalten.

Sie ahnen nicht, wie man von diesem Amt besessen sein kann. So wie der Schmied sagt: »Hammer und Hand allein lässt alle Kunst gedeihn«, wie der Bäcker meint, dass sich das ganze Sonnensystem um sein morgendliches Brötchenaustragen dreht, wie der Postminister glaubt, er allein bewahre die menschliche Gesellschaft davor, zugrunde zu gehen – und sicher, sicher sind solche Illusionen notwendig, um uns in Trab zu halten –, so stellten ich und, wie ich glaubte, auch Leonora uns vor, die ganze Welt müsste so eingerichtet sein, dass das Leben Herzkranker gesichert ist. Sie ahnen nicht, wie man von solch einem Metier besessen sein kann – wie einem im Vollgefühl seiner Wichtigkeit manche Fürsten, Republiken und Stadtverwaltungen ganz blödsinnig vorkommen. Ein holpriges Straßenstück unter den Reifen des Automobils, ein paar aufeinanderfolgende Schlaglöcher und die jähen Sprünge, die sie verursachten, genügten, dass ich, zu Leonora gewandt, auf den Fürsten oder Großherzog oder die Freie Reichsstadt schimpfte, durch deren Gebiet wir gerade fuhren. Ich murrte wie ein Börsenmakler, wenn das Glockengeläut einer Kirche seine Telefongespräche stört. Ich sprach von Überbleibseln aus dem Mittelalter, meinte, die Steuern seien ohnehin hoch genug. Übrigens, was die schlechten Anschlüsse an den aus Calais kommenden Zug in Brüssel angeht, so ist dabei der springende Punkt, dass eine möglichst kurze Seereise häufig von größter Wichtigkeit für Herzleidende ist. Nun gibt es auf dem Kontinent zwei besondere Kurorte für Herzleiden, Bad Nauheim und Spa, und um die beiden zu erreichen, muss man, von England kommend und – auf die kürzeste Überfahrt bedacht – den Weg über Calais wählend, in Brüssel umsteigen. Und die belgischen Züge warten auch nicht den Bruchteil einer Sekunde auf den Zug aus Calais oder aus Paris. Und selbst wenn die französischen Züge ganz pünktlich sind, muss man über die ungewohnten Wege des Brüsseler Bahnhofs rennen – stellen Sie sich einen Herzkranken rennend vor! – und die hohen Stufen des anfahrenden Zuges hinaufklettern. Oder wenn Sie den Anschluss verpassen, müssen Sie fünf oder sechs Stunden warten … Ich blieb oft ganze Nächte wach und verfluchte diese Schinderei.

Meine Frau pflegte zu rennen – nie versuchte sie, wie sie mich auch sonst getäuscht haben mag, bei mir den Eindruck zu erwecken, sie sei keine unerschrockene Seele. Aber saß sie dann im Deutschland-Express, so lehnte sie sich zurück, mit einer Hand auf der Brust und geschlossenen Augen. Ja, sie war eine gute Schauspielerin. Und für mich war es die Hölle. Die Hölle, sage ich Ihnen. Denn an Florence hatte ich zugleich eine Frau und eine unberührte Mätresse – darauf läuft es hinaus –, und sie in der Welt zurückzuhalten war meine Beschäftigung, meine Laufbahn, mein Ehrgeiz. Es kommt nicht oft vor, dass diese Dinge in einem Leib vereinigt sind. Leonora war ebenfalls eine gute Schauspielerin. Weiß Gott, ja, sie war es! Ich sage Ihnen, sie hörte mir oft stundenlang zu, wenn ich ihr meinen Plan einer stoßsicheren Welt entwickelte. Zwar bemerkte ich zuweilen in ihrem Gesicht einen Ausdruck von Unaufmerksamkeit, als höre sie zu, wie eine Mutter dem Kind auf ihren Knien zuhört oder, genauer, als wäre ich selbst der Patient.

Sie müssen verstehen, mit Edward Ashburnhams Herz hatte es nichts auf sich – er hatte seinen Dienst quittiert und Indien verlassen und war um die halbe Welt gefahren, um einer Frau nach Bad Nauheim zu folgen, die es wirklich am Herzen hatte. So ein sentimentaler Esel war er. Denn, auch das müssen Sie wissen, eigentlich hätten sie in Indien leben müssen, um zu sparen, um das Haus in Branshaw Teleragh zu vermieten.

Natürlich hatte ich zu jener Zeit noch nichts von dem Fall Kilsyte gehört. Ashburnham hatte nämlich in der Eisenbahn ein Dienstmädchen geküsst, und nur der Gnade Gottes, dem prompten Funktionieren des Telegraphen und der hilfsbereiten Sympathie dessen, was man, glaube ich, die Richterbank von Hampshire nennt, war es zu verdanken, dass der arme Teufel nicht für Jahre ins Gefängnis von Winchester wanderte. Erst ganz am Ende von Leonoras Eröffnungen hörte ich von dieser Geschichte …

Aber denken Sie doch nur an dieses arme Luder … ich, der ich doch gewiss das Recht dazu habe, bitte Sie, denken Sie an das arme Luder. Wie ist es möglich, dass ein solcher Unglücksrabe derart von dem blinden und unerforschlichen

Schicksal gequält wird? Denn ich wüsste nicht, wie man sonst darüber denken sollte. Nein. Ich habe das Recht, dies zu sagen, da er jahrelang der Liebhaber meiner Frau gewesen ist, da er sie getötet, da er alles, was es in meinem Leben Freundliches gab, zunichtegemacht hat. Welcher Priester hätte das Recht, mir zu sagen, ich dürfte nicht Erbarmen für ihn fordern – von Ihnen, mein stiller Zuhörer auf der anderen Seite des Kamins, von der Welt oder von Gott, der ihn mit solchen Begierden, mit solchen Narrheiten geschaffen hat … Natürlich sollte ich von dem Fall Kilsyte nichts wissen. Ich kannte keinen ihrer Freunde; sie waren für mich einfach ordentliche Leute – glückliche Menschen mit weitläufigen, sonnigen Äckern in einer südlichen Grafschaft. Einfach ordentliche Leute! Weiß der Himmel, zuweilen denke ich, es wäre besser gewesen für ihn, den armen lieben Kerl, wenn der Fall so beschaffen gewesen wäre, dass ich davon hätte hören müssen – einer, von denen Dienstmädchen und Laufjungen und andere Kurgäste noch jahrelang flüstern, bis er allmählich in dem Mitleid versickert, das sich hier und da auf der Welt noch regt. Angenommen, er hätte im Gefängnis von Winchester seine sieben Jahre abgesessen – oder wie hoch immer die Strafe sein mag, welche die unerforschliche und blinde Gerechtigkeit einem Menschen darüber auferlegt, dass er seinen natürlichen, aber unangebrachten Neigungen folgt –, dann wäre es so weit gekommen, dass die auf der Kurhausterrasse einander zunickenden Klatschbasen im Gedanken an seine zerstörte Laufbahn gesagt hätten: »Der arme Kerl!« Er wäre der brave Soldat gewesen, dem nun der Nacken gebeugt war … Besser wär's für den armen Teufel gewesen, wenn es ihm früher den Nacken gebeugt hätte.

Ja, es wäre tausendmal besser gewesen … Denn natürlich versetzte ihm der Fall Kilsyte, der gerade in die Zeit fiel, als er anfing, Leonora kalt und gefühllos zu finden, einen schweren Schlag. Er ließ die Dienstmädchen von da an in Ruhe.

Das machte ihn begreiflicherweise gegenüber Frauen seiner eigenen Klasse umso zügelloser. Ja, Leonora erzählte mir, Mrs. Maidan, die Frau, der er von Burma nach Bad Nauheim folgte, habe ihr versichert, er hätte ihre Zuneigung dadurch geweckt, dass er ihr schwor, er sei, als er das Mädchen in der Eisenbahn küsste, dazu getrieben worden. Ich glaube gern, dass er dazu getrieben wurde, und zwar durch das wahnsinnige Verlangen, eine bis ins Äußerste befriedigende Frau zu finden. Gewiss war er darin aufrichtig. Weiß der Himmel, ich glaube, in seiner Liebe zu Mrs. Maidan war er aufrichtig. Sie war ein hübsches kleines Ding, ein liebes, dunkelhaariges Frauchen mit langen Wimpern, und Florence gewann sie recht lieb. Sie lispelte und hatte so ein glückliches Lächeln. Wir waren im ersten Monat unserer Bekanntschaft viel mit ihr zusammen, dann starb sie ganz still an ihrem Herzleiden.

Aber wissen Sie, die arme kleine Mrs. Maidan – sie war so sanft, so jung. Sie kann nicht mehr als dreiundzwanzig Jahre alt gewesen sein, und sie hatte drüben in Chitral einen jungenhaften Mann von nicht mehr als vierundzwanzig, glaube ich. So junge Dinger hätte man in Ruhe lassen sollen. Natürlich konnte Ashburnham sie nicht in Ruhe lassen. Ich glaube, er konnte es einfach nicht. Ja, sogar ich muss aus dieser zeitlichen Ferne gestehen, dass ich ein wenig in die Erinnerung an sie verliebt bin. Ich kann nicht umhin zu lächeln, wenn ich plötzlich einmal an sie denke – so wie man lächeln mag bei dem Gedanken an etwas, was sorgfältig in Lavendel verpackt in einer Kommode liegt, in einem alten Haus, das man vor langer Zeit verlassen hat. Sie war so – so ergeben. Ja, selbst mir gegenüber machte sie den Eindruck der Ergebenheit – mir, dem nicht einmal das kleinste Kind je Beachtung schenkt. Wahrlich, das ist die allertraurigste Geschichte ...

Ich kann mir nicht helfen, mir wäre lieber gewesen, Florence hätte sie in Ruhe gelassen – bei ihrem Spiel mit dem Ehebruch. Ich glaube, weiter war es nichts; obwohl sie ein solches Kind war, dass man den Eindruck gewann, sie hätte kaum gewusst, wie man das Wort buchstabiert. Nein, es war einfach Ergebenheit – in die Zudringlichkeiten, in die stürmische Macht, die den armseligen Burschen ins Verderben trieb. Und ich glaube nicht, dass Florence wirklich etwas an der Sache änderte. Hätte Ashburnham nicht ihretwegen von Mrs. Maidan gelassen, so um einer anderen Frau willen. Aber dennoch – ich weiß nicht. Vielleicht wäre das arme Ding gestorben – sie war ohnehin dazu verurteilt, sehr bald zu sterben –, ohne während der Mittagsruhe Tränen in ihr Kissen vergießen zu müssen, während Florence sich unter ihrem Fenster mit Hauptmann Ashburnham über die Verfassung der Vereinigten Staaten unterhielt ... Ja, es hätte einen besseren Geschmack im Mund hinterlassen, wenn Florence ihr vergönnt hätte, in Frieden zu sterben.

Leonora benahm sich in gewisser Weise besser. Sie gab Mrs. Maidan einfach eine Ohrfeige – ja, sie schlug sie in einem unbezwinglichen Wutanfall hart auf die Wange – im Korridor des Hotels, vor Edwards Zimmer. Diesem Vorfall, wissen Sie, war die plötzliche, merkwürdige Vertraulichkeit zu verdanken, die zwischen Florence und Mrs. Ashburnham entstand.

Denn sie war doch merkwürdig, diese Intimität. Wenn Sie es als Außenstehender betrachten, konnte nichts unwahrscheinlicher sein, als dass Leonora, das stolzeste Wesen auf Gottes Erdboden, Bekanntschaft mit zwei beliebigen Yankees schloss, die in ihren Augen eigentlich nicht viel mehr sein konnten als ein Teppich unter ihren Füßen. Sie mögen mich fragen, worauf sie stolz war. Nun, sie war eine Powys und mit einem Ashburnham verheiratet – ich nehme an, das gab ihr das Recht, hergelaufene Amerikaner zu verachten, solange sie es nicht zeigte. Ich wüsste nicht, worauf ein Mensch stolz sein sollte. Sie hätte stolz darauf sein können, dass sie mit ihrem Mann so viel Geduld hatte und ihn vor dem Konkursgericht bewahrte. Vielleicht war sie es.

Jedenfalls machte Florence so ihre Bekanntschaft. Sie kam kurz vor dem Abendessen um einen Wandschirm an der Ecke des Hotelkorridors und stieß auf Leonora, die sich mit dem goldenen Schlüssel an ihrem Handgelenk in Mrs. Maidans Haar verfangen hatte. Es wurde kein Wort gesprochen. Die kleine Mrs. Maidan war sehr blass und hatte ein rotes Mal auf der linken Wange, und der Schlüssel wollte sich nicht aus ihrem schwarzen Haar lösen. Es war Florence, die ihn herausnesteln musste, denn Leonora war in einer Verfassung, in der sie es nicht über sich gebracht hätte, Mrs. Maidan zu berühren, ohne dass ihr übel wurde.

Nicht ein Wort wurde gesprochen. Sehen Sie, unter vier Augen – ihren eigenen und Mrs. Maidans – konnte sich Leonora so weit gehenlassen, Mrs. Maidan eine Ohrfeige zu geben. Aber in dem Augenblick, in dem ein Fremder auftauchte, nahm sie sich wundervoll zusammen. Sie schwieg zunächst, und gleich als Florence den Schlüssel losgemacht hatte, vermochte sie zu sagen: »Wie ungeschickt von mir … ich wollte Mrs. Maidan nur den Kamm im Haar feststecken …«

Mrs. Maidan jedoch war keine Powys, war nicht mit einem Ashburnham verheiratet; sie war eine arme kleine O'Flaherty, deren junger Mann aus einem Landpfarrhaus stammte. So war ihr Schluchzen, als sie verzweifelt den Korridor entlangging, nicht misszuverstehen. Aber Leonora spielte ihre Rolle weiter. Sie öffnete ostentativ die Tür zu Ashburnhams Zimmer, damit Florence hörte, wie vertraulich und liebevoll sie Edward anredete. »Edward!«, rief sie. Aber es war kein Edward da.

Sie verstehen, es war kein Edward da. Und dies war das einzige Mal in ihrer Karriere, dass Leonora sich wirklich verriet – sie rief: »Wie entsetzlich! … Die arme kleine Maisie! …«

Dann fasste sie sich, aber es war natürlich schon zu spät. Eine seltsame Geschichte …

Ich möchte Leonora alle Gerechtigkeit widerfahren lassen. Ich liebe sie sehr herzlich, und in dieser Angelegenheit, die freilich der winzigen Nussschale meines Ehestandes zum Verderben wurde, hat sie sich gewiss nur vergaloppiert. Ich glaube nicht – und Leonora glaubt es selber nicht –, dass die arme kleine Mrs. Maidan je Edwards Mätresse war. Ihr Herz war ja so schwach, dass sie jeder leidenschaftlichen Umarmung erlegen wäre. So war es, mit einfachen Worten gesagt, und ich meine, je einfacher man es sagt, desto besser. Sie war wirklich das, was die beiden anderen zu sein nur vorgaben – sie mochten wissen, warum. Seltsam, nicht wahr? Wie einer jener unheilvollen Streiche, die uns die Vorsehung gern spielt. Kommt noch hinzu, dass Leonora sich zu einem anderen Zeitpunkt wohl nicht viel daraus gemacht hätte, wenn Mrs. Maidan die Geliebte ihres Mannes gewesen wäre. Es hätte eine Erlösung von Edwards gefühlseligem Gegurre über die Dame und der demütigen Hinnahme dieser Töne ihrerseits bedeuten können. Nein, sie hätte sich nichts daraus gemacht.

Aber indem sie Mrs. Maidan ohrfeigte, schlug Leonora nur einem unerträglichen Universum ins Gesicht. Denn an jenem Nachmittag hatte sie eine schrecklich quälende Auseinandersetzung mit Edward gehabt.

Was seine Briefe betraf, beanspruchte sie das Recht, sie zu öffnen, wenn es ihr beliebte. Sie maßte sich dieses Recht an, weil sich Edwards Angelegenheiten in einem so haarsträubenden Zustand befanden und er sie darüber so belog, dass sie sich Einblick in seine Geheimnisse verschaffen musste. Es gab tatsächlich keinen anderen Weg; denn der arme Tropf schämte sich seiner Verirrungen zu sehr, um sich etwas vom Herzen zu reden. Sie musste diese Dinge aus ihm herausziehen.

Es muss eine recht erbauliche Beschäftigung für sie gewesen sein. Aber an jenem Nachmittag hatte sie, während Edward die von den Kurautoritäten verordneten anderthalb Stunden im Bett verbrachte, einen Brief geöffnet, von dem sie glaubte, er stamme von Oberst Hervey. Sie sollten den September bei ihm in Linlithgowshire verbringen, und sie wusste nicht, ob ihre Ankunft auf den elften oder achtzehnten festgesetzt war. Die Handschrift auf dem Umschlag war der Oberst Herveys so ähnlich wie ein Grashalm dem anderen. So glaubte sie diesmal nicht, in seine Geheimnisse einzudringen.

Doch so war es. Denn sie entdeckte, dass Edward Ashburnham einem Erpresser, von dem sie noch nie gehört hatte, jährlich etwa dreihundert Pfund zahlte … Es war ein teuflischer Schlag; ihr wurde schwarz vor Augen, denn sie bildete sich damals ein, sie sei den Verbindlichkeiten ihres Mannes wirklich auf den Grund gekommen. Sie waren ziemlich hoch gewesen, wissen Sie. Was sie vor allem in die Höhe getrieben hatte, war eine ganz gewöhnliche Affäre in Monte Carlo gewesen – eine Affäre mit einer kosmopolitischen Harpyie, die als Mätresse eines russischen Großfürsten galt. Als Preis für die Gunst, die sie ihm etwa eine Woche lang gewährte, verlangte sie von ihm eine Perlentiara für zwanzigtausend Pfund. Es hätte ihm ganz schön zu schaffen gemacht, die Summe aufzutreiben, und er war sonst kein Spieler. Tatsächlich hätte er die zwanzigtausend und die nicht geringen Hotelkosten für eine Woche zusammen mit dem schönen Geschöpf eben noch aufbringen können. Er muss damals gut fünfhunderttausend Dollar und ein bisschen mehr wert gewesen sein.

Nun, er musste sich unbedingt an den Spieltisch setzen und vierzigtausend Pfund verlieren … vierzigtausend solide Pfund, die er sich von Haien borgte. Und danach musste er noch – es war eine herrische Leidenschaft – die Gunst der Dame genießen. Er erhielt sie natürlich, als es auf einen reinen Handel hinauslief, für viel weniger als zwanzigtausend, und das hätte er zweifellos von Anfang an erreichen können. Ich möchte sagen, mit zehntausend Dollar wäre es auch zu machen gewesen.

Wie dem auch sei, es riss ein beträchtliches Loch in ein Vermögen von ungefähr hunderttausend Pfund. Und Leonora musste Rat schaffen; er wäre sonst von einem Geldverleiher zum anderen gelaufen. Und das alles geschah in einem ziemlich frühen Stadium ihrer Entdeckung seiner Treulosigkeiten – wenn man sie Treulosigkeiten nennen will. Und diese erfuhr sie aus öffentlichen Quellen. Gott weiß, was geschehen wäre, wenn sie nicht durch öffentliche Quellen dahintergekommen wäre. Er hätte es ihr wahrscheinlich verheimlicht, bis sie keinen roten Heller mehr besaß. Aber durch Gottes Gnade gelang es ihr, die wirklichen Geldverleiher ausfindig zu machen und die genaue Summe zu erfahren, die benötigt wurde. Und sie reiste nach England ab.

Ja, sie reiste schnurstracks zu ihrem und seinem Anwalt nach England, während er noch in den Armen seiner Circe lag – in Antibes, wohin sie sich zurückgezogen hatten. Er wurde die Dame ziemlich rasch leid, doch nicht ehe Leonora von ihrem Anwalt über geschäftliche Dinge genug gelernt hatte, um ihren Plan so säuberlich auszuarbeiten wie der General Trochu seinen Plan, die Preußen im Jahre 1870 aus Paris herauszuhalten. Er war anfangs ungefähr ebenso wirkungsvoll, oder schien es wenigstens.

Das muss 1895 gewesen sein, etwa neun Jahre vor dem Datum, von dem ich spreche, jenem Tag, an dem Florence sich Leonoras bemächtigte, denn darauf lief es hinaus …

Nun, Mrs. Ashburnham hatte Edward einfach gezwungen, seinen ganzen Besitz auf sie zu überschreiben. Sie konnte ihn zu allem zwingen; in seiner dumpfen, gutmütigen, verschwommenen Art fürchtete er sie wie den Leibhaftigen. Und er bewunderte sie ungemein und liebte sie so zärtlich, wie ein Mann eine Frau nur lieben kann. Sie machte sich das zunutze und behandelte ihn wie jemanden, dessen Besitz vom Konkursgericht verwaltet wird. Ich glaube, es war wirklich das Beste für ihn.

Jedenfalls hatte sie die ersten drei Jahre keine ruhige Minute. Immer wieder schossen unvorhergesehene Verbindlichkeiten aus dem Boden – und dieser trostlose Dummkopf machte es ihr nicht leichter. Sehen Sie, bei aller Jagdleidenschaft war er außerordentlich schamhaft. Sie mögen es nicht glauben, aber er respektierte die Keuschheit ihrer Vorstellung so sehr, dass der Gedanke, sie könnte erfahren, dass es solche Dinge, wie er sie tat, auf der Welt überhaupt gab, ihm höchst peinlich war, ja ihn geradezu empörte. So verwahrte er sich heftig gegen jegliche Anschuldigung, er hätte sich etwas zuschulden kommen lassen. Er wollte ihr die Jungfräulichkeit der Phantasie erhalten. Das sagte er mir selber im Lauf der langen Gespräche, die wir schließlich miteinander führten – während das Mädchen auf dem Weg nach Brindisi war.

So hatte Leonora natürlich in diesen drei Jahren mancherlei Aufregungen. Und damals haben sie sich richtig gezankt.

Ja, sie zankten sich erbittert. Das klingt fast unglaublich. Eher hätte man gedacht, Leonora wäre einfach stumm vor Abscheu gewesen und er voller tränenreicher Zerknirschung. Doch so war es keineswegs ... Zu Edwards Passionen und der Scham, die er um ihretwillen empfand, kamen noch sehr bestimmte Anschauungen darüber, was er seinem Stande schuldig war – Anschauungen, die unsinnig kostspielig waren. Was ich über seine Schulden sagte, hat hoffentlich nicht den Eindruck erweckt, der arme Edward sei ein wahlloser Lüstling gewesen. Das war er nicht; er war ein empfindsamer Mensch. Das Dienstmädchen im Fall Kilsyte hatte er mit seinen Küssen vor allem trösten wollen. Und wenn sie für seine Liebkosungen empfänglich gewesen wäre, hätte er ihr vermutlich ein kleines Haus in Portsmouth oder Winchester eingerichtet und wäre ihr vier oder fünf Jahre lang treu geblieben. Dazu war er durchaus imstande.

Nein, die beiden einzigen Herzensgeschichten, die ihn Geld kosteten, waren die mit der Mätresse des Großfürsten und jene, um die es sich in dem Erpressungsbrief handelte, den Leonora öffnete. Das war ein recht leidenschaftlicher Roman mit einer ganz anständigen Frau. Sie war die Nachfolgerin der großfürstlichen Geliebten. Die Dame war die Frau eines Offizierskameraden, und Leonora hatte alles gewusst, es war eine wirkliche Leidenschaft gewesen, die mehrere Jahre dauerte. Sie sehen, mit den Liebschaften des armen Edward ging es stetig aufwärts. Sie begannen mit einem Dienstmädchen, gingen zu einer Kurtisane über und von ihr zu einer ganz anständigen Frau, die allerdings schlecht verheiratet war. Denn sie hatte einen niederträchtigen Mann, der Edward mit Briefen und anderen Dingen um einen Betrag von drei- bis vierhundert Pfund im Jahr erpresste – wobei er dem armen Edward mit einem Scheidungsprozess drohte. Und nach dieser Dame kam Maisie Maidan, und nach der armen Maisie nur noch eine Liebschaft, und dann – die große Leidenschaft seines Lebens. Seine Ehe mit Leonora war von seinen Eltern eingefädelt worden, und obwohl er sie stets ungeheuer bewunderte, hatte er ihr eigentlich nie vorgespiegelt, dass er mehr als

Zärtlichkeit für sie empfand, wenn er auch verzweifelt ihre moralische Stütze brauchte …

Aber seine wirklich beängstigenden Verbindlichkeiten hingen vor allem mit der Großzügigkeit zusammen, die er seinem Stande schuldig zu sein glaubte. Wie Leonora sagte, erließ er seinen Pächtern ständig einen Teil der Pacht und gab ihnen obendrein zu verstehen, das gelte ein für alle Mal; er kaufte stets die Trunkenbolde frei, die ihm als Friedensrichter vorgeführt wurden; immer wieder versuchte er Prostituierte in anständigen Stellen unterzubringen – und er war geradezu vernarrt in Kinder. Ich weiß nicht, wie viele Gestrandete er auflas, denen er Arbeit verschaffte – Leonora hat es mir gesagt, aber sie hat bestimmt übertrieben. Die Zahl erscheint mir so unsinnig, dass ich sie gar nicht niederschreiben will. All dies zu tun und fortzuführen sah er als seine Pflicht an – und daneben stiftete er unmögliche Summen für Hospitäler und Pfadfinder, Preise auf Viehausstellungen und zur Unterstützung von Gesellschaften gegen die Vivisektion …

Nun, Leonora sorgte dafür, dass die meisten dieser Dinge nicht fortgesetzt wurden. Sie konnten Branshaw Manor schlecht in diesem Stil weiterführen, nachdem das Geld in die Hände der großfürstlichen Mätresse gewandert war. Sie setzte die Pachtbeträge wieder in ihrer ursprünglichen Höhe fest, trieb die Trunkenbolde aus ihren Häusern und teilte allen Gesellschaften mit, sie hätten mit keinen weiteren Zuschüssen zu rechnen. Die Kinder behandelte sie milder. Sie unterhielt sie fast alle, bis sie eine Lehre antraten oder in einem Haushalt dienen konnten. Sie verstehen, sie selbst war kinderlos.

Sie war kinderlos, und sie gab sich selbst die Schuld daran. Sie stammte von einem mittellosen Zweig der Powys ab, und man hatte sie dem armen Edward aufgezwungen, ohne die Bedingung zu stellen, dass ihre Kinder katholisch erzogen würden. Und das hieß natürlich für Leonora, sie seelisch zu töten. Ich habe Ihnen eine falsche Vorstellung von Leonora gegeben, wenn ich Ihnen nicht gezeigt habe, dass sie eine Frau mit einem unerschütterlichen, kalten Gewissen war, wie alle englischen Katholiken. (Ich kann mir nicht helfen, aber ich mag diese Religion nicht; trotz Leonora fühle ich im tiefsten Herzen immer noch den Schauder vor dem Weib auf scharlachrotem Tier, der mich in der Stille des kleinen alten Versammlungshauses der Freunde in der Arch Street, Philadelphia, durchdrang.) So mache ich für die falsche Behandlung, die Leonora Edward angedeihen ließ, zum guten Teil die besondere englische Ausprägung ihrer Religion verantwortlich. Denn das einzig Richtige in Edwards Fall wäre natürlich gewesen, ihn tiefer und tiefer sinken zu lassen, bis er ein Landstreicher mit den Manieren eines Gentlemans geworden wäre, der seine zufälligen Liebschaften auf der Landstraße hat. Er hätte viel weniger Unheil angerichtet; er wäre selbst auch viel weniger gequält worden. Jedenfalls hätte er bedeutend weniger Gelegenheit zu Verführungen und Gewissensbissen gehabt. Denn Edward war groß in Gewissensbissen.

Leonoras englisch-katholisches Gewissen jedoch, ihre starren Grundsätze, ihre Kälte, sogar ihre Geduld waren, ich kann mir nicht helfen, in diesem besonderen Falle fehl am Platze. Sie stellte sich ganz ernsthaft und naiv vor, die Kirche von Rom missbillige die Ehescheidung; sie glaubte ernsthaft und naiv, ihre Kirche sei eine so ungeheuerliche und törichte Institution, dass sie ihr, Leonora, die unmögliche Aufgabe aufbürde, aus Edward Ashburnham einen treuen Ehemann zu machen. Sie hatte, wie die Engländer sagen würden, das Temperament der Nonkonformisten. In den Vereinigten Staaten von Nordamerika nennen wir es das Neuengland-Gewissen. Denn natürlich ist diese Geisteshaltung den englischen Katholiken aufgezwungen worden. Die Jahrhunderte, die sie durchgestanden haben – Jahrhunderte blinder und bösartiger Unterdrückung, der Verbannung aus allen öffentlichen Diensten, Jahrhunderte, in denen sie kaum etwas anderes als eine kleine belagerte Garnison in feindlichem Gebiet waren, weshalb sie sehr streng leben mussten –, all diese Dinge wirkten zusammen, um dieses Zauberkunststück zustande zu bringen. Und ich nehme an, dass die Papisten in England sogar auch im technischen Sinne Nonkonformisten sind.

Die Papisten auf dem Kontinent sind eine schmutzige, gutmütige und skrupellose Bande. Aber dabei sind sie wenigstens Opportunisten. Sie hätten den lieben armen Edward ganz gut untergebracht. (Verzeihen Sie mir, dass ich von diesen ungeheuerlichen Dingen in so frivoler Weise schreibe.) In Mailand, sagen wir, oder in Paris hätte Leonora ihre Ehe innerhalb von sechs Monaten für zweihundert Dollar, an der richtigen Stelle hinterlegt, lösen lassen können. Und Edward hätte sich weitertreiben lassen, bis er ein Landstreicher von der Sorte geworden wäre, wie ich sie geschildert habe; oder er hätte ein Barmädchen geheiratet, und die hätte ihm so furchtbare Szenen in der Öffentlichkeit gemacht, ihm den Schnurrbart zerrauft und sichtbare Male auf seinem Gesicht zurückgelassen, dass er ihr für den Rest seiner Tage treu geblieben wäre. Das war es, wodurch er errettet werden wollte ...

Denn zu seinen Leidenschaften und seinem Schamgefühl kam noch die Furcht vor Szenen in der Öffentlichkeit, vor Geschrei, vor heftigen Tätlichkeiten; kurz, vor dem Publikum. Ja, das Barfräulein hätte ihn kuriert. Und das Beste wäre gewesen, wenn sie auch noch getrunken hätte. Er hätte dann genug damit zu tun gehabt, sich um sie zu kümmern.

Ich weiß, dass ich hierin recht habe. Ich sehe es an dem Fall Kilsyte. Sehen Sie, das Mädchen, das er damals küsste, war Kindermädchen in der Familie des nonkonformistischen Oberhauptes der Grafschaft – wie immer der Posten benannt werden mag. Und dieser Herr war so entschlossen, Edward, der Vorsitzender des Tory-Ausschusses war, oder wie das heißt, zu ruinieren, dass der liebe arme Märtyrer in Teufels Küche kam. Seinetwegen wurden Anfragen im Unterhaus gestellt; sie versuchten, das Richterkollegium von Hampshire zu degradieren; sie wiesen im Kriegsministerium darauf hin, dass Edward als Offizier des Königs nicht geeignet sei. Ja, er bekam sein Fett ab.

Das Ergebnis haben Sie gehört. Von Liebeleien in den unteren Klassen war er ein für alle Mal geheilt. Und das erschien Leonora wie ein wahrer Segen. Sie fand es weniger empörend, mit Leuten wie Mrs. Maidan in Verbindung zu stehen – denn es ist in gewissem Sinne eine Verbindung – als mit einem kleinen Küchenmädchen.

In einem dunklen Winkel ihres Herzens war Leonora an jenem Abend, als sie in Nauheim eintraf, fast zufrieden ...

Sie hatte die Dinge beinahe ins Reine gebracht während der langen Jahre, die sie sich in kleinen Garnisonen in Chitral und Burma ärmlich durchschlugen – Stationen, wo das Leben billig war, verglichen mit der Lebenshaltung eines großen Herrn der Grafschaft, und wo überdies Liebschaften der einen oder anderen Art normal und wenig kostspielig waren. So dass, als Mrs. Maidan auftauchte – die Maidan-Affäre hätte dort draußen wegen des jugendlichen Alters des Mannes zu Unannehmlichkeiten führen können –, Leonora sich gerade dazu bereitgefunden hatte, nach Hause zurückzukehren. Mit Energie und Knauserei, mit der Vermietung von Branshaw Teleragh und dem Verkauf eines Gemäldes und eines Erinnerungsstückes an Karl I. oder etwas Ähnlichem – und das liebe arme Ding hatte in all diesen Jahren nie ein anständiges Kleid auf dem Leib –, mit alledem glaubte sie die Vermögensverhältnisse ihres armen lieben Ehegemahls wieder auf den Stand gebracht zu haben, bevor die Mätresse des Großfürsten ihm über den Weg gelaufen war. Und Edward hatte ihr natürlich in den finanziellen Dingen ein wenig geholfen. Er war ein Mensch, den alle Welt gernhatte. Er sah so gut aus und war immer bereit, einem mit einem Zigarrenabschneider auszuhelfen und dergleichen mehr. So kam es vor, dass ihm dann und wann ein Finanzmann, dem er begegnete, einen guten, soliden und einträglichen Tipp gab, und Leonora schreckte nie davor zurück, ein wenig ihr Glück im Spiel auszuprobieren – was bei englischen Papisten auch selten ist, ich weiß nicht, warum.

So erwiesen sich fast alle ihre Investitionen als Treffer, und Edward war wirklich in der Lage, Branshaw Manor wieder zu beziehen und von neuem seine Stellung in der

Grafschaft einzunehmen. Leonora hatte Maisie Maidan also beinahe resigniert hingenommen – fast mit einem Seufzer der Erleichterung. Sie hatte das arme Kind wirklich lieb – sie musste jemanden liebhaben. Und sie fühlte, dass sie Maisie trauen konnte – sie konnte sich darauf verlassen, dass sie Edward nicht um mehrere Tausend Pfund in der Woche prellen würde, denn Maisie hatte sich geweigert, auch nur einen lächerlichen Ring von ihm anzunehmen. Zwar umgurrte und umschwärmte Edward das Mädchen in einer Weise, wie sie es bisher noch nicht erlebt hatte, aber auch das war fast eine Erleichterung. Ich glaube, sie hätte es wirklich begrüßt, wenn er der Liebe seines Lebens begegnet wäre. Sie hätte dann ihre Ruhe gehabt.

Und niemand wäre besser dazu geeignet gewesen als die arme kleine Mrs. Maidan; sie war so krank, dass sie kein Verlangen nach kostspieligen Lustpartien haben konnte … Leonora selbst zahlte Maisies Aufenthalt in Nauheim. Sie hatte das Geld dem jungen Gemahl gegeben, denn Maisie hätte es nie angenommen; aber ihr Mann litt Qualen der Angst. Der arme Teufel!

Ich glaube, Leonora war auf der Reise von Indien so glücklich wie noch nie in ihrem Leben. Edward ging völlig in seinem Mädchen auf – er war fast wie ein Vater mit seinem Kinde, trabte mit Decken und Arzneien und sonstigen Dingen von Deck zu Deck. Er benahm sich jedoch sehr vorsichtig, so dass nichts zu den anderen Passagieren durchsickerte. Und Leonora hatte Mrs. Maidan gegenüber fast die Haltung einer Mutter eingenommen. So hatte alles sehr schön ausgesehen – das wohlwollende, vermögende Paar aus besten Kreisen, das an dem armen, dunkeläugigen, sterbenden Kind wie zwei Erlöser handelte. Und gewiss war dieser Haltung Leonoras Mrs. Maidan gegenüber zum Teil der Schlag ins Gesicht zuzuschreiben. Sie schlug ein ungezogenes Kind, das in einem ungünstigen Augenblick Schokolade gestohlen hatte. Es war allerdings ein ungünstiger Augenblick. Denn als Leonora den Erpressungsbrief jenes betrogenen Offizierskameraden gelesen hatte, waren all die alten Schrecknisse wieder über sie hergefallen. Wieder schien sich die Straße endlos vor ihr zu dehnen: Vielleicht, dachte sie, gab es hundert und aberhundert solcher Dinge, die Edward vor ihr geheim hielt; vielleicht hieß es nun wieder Hypotheken aufnehmen, Armbänder verpfänden – Greuel über Greuel: Sie hatte einen qualvollen Nachmittag verbracht. Diesmal drohte ein Scheidungsprozess, und ihr lag nicht weniger als Edward daran zu vermeiden, dass die Sache ruchbar wurde; so sah sie die Notwendigkeit ein, die Zahlungen fortzusetzen. Und sie machte sich deshalb nicht allzu viele Gedanken. Sie würden schon noch dreihundert im Jahr aufbringen. Aber sie hatte Angst, es könnte noch mehr solcher Verpflichtungen geben.

Seit Jahren hatte sie kein Gespräch mehr mit Edward gehabt – keines, das über die Erörterung von Zugverbindungen und Einstellung von Dienstboten hinausging. Und er war genau wie früher. Es war, wie wenn man ein Buch nach einem Jahrzehnt wieder aufschlägt und die Worte unverändert findet. Er führte dieselben Gründe für sein Verschweigen an. Er hatte ihr nichts von dem Fall sagen wollen, um ihr Gemüt nicht mit der Vorstellung zu besudeln, dass es so etwas gab: einen Offizier und Kameraden, der ein Erpresser war – und er hatte den guten Ruf seiner ehemaligen

Flamme schützen wollen. Die Dame hatte bestimmt nichts mit dem Mann zu tun. Er schwor und schwor, sonst habe er auf der Welt nichts zu fürchten. Sie glaubte ihm nicht.

Er hatte es einmal zu oft getrieben – und zum ersten Mal war sie im Unrecht, wie er ihr glaubwürdig beweisen konnte. Denn er begab sich sogleich aufs Postamt und brachte einige Stunden damit zu, ein Telegramm an seinen Anwalt zu chiffrieren, in dem er den dickschädeligen Mann beauftragte, dem Kerl, der ihn mit seinen Erpressungen verfolgte, unverzüglich mit einer Anklage zu drohen. Er fügte später noch hinzu, es sei wirklich ein bisschen zu viel für die arme alte Leonora, dass man ihr wieder einen solchen Schrecken einjagte. Das sei wirklich die letzte seiner noch unbeglichenen Rechnungen, und er sei bereit, das Risiko eines Scheidungsprozesses auf sich zu nehmen, wenn der Erpresser unverschämt werden sollte. Er würde sich stellen – der Öffentlichkeit, der Presse, dem ganzen widerlichen Theater. Das waren seine einfachen Worte …

Er hatte jedoch den Fehler begangen, ihr nicht zu sagen, wohin er ging, so dass Leonora, die gesehen hatte, wie er sich auf sein Zimmer begab, um den Code für sein Telegramm zu holen, und zwei Stunden später Maisie Maidan aus seinem Zimmer kommen sah, glauben musste, Edward habe die zwei Stunden, die sie in stiller Verzweiflung verbrachte, in Maisie Maidans Armen gelegen. Sie fand, das war zu viel.

Dass Maisie Edwards Zimmer betreten hatte, war teils eine Folge ihrer Armut, teils ihres Stolzes, teils reiner Arglosigkeit. Zunächst einmal konnte sie sich keine Zofe leisten; sie versagte es sich so oft wie möglich, die Hotelbediensteten auf Besorgungen zu schicken, weil jeder Pfennig für sie von Wichtigkeit war und weil sie fürchtete, sie müsse sonst am Ende ihres Aufenthalts hohe Trinkgelder zahlen. Edward hatte ihr eines seiner faszinierenden Etuis geliehen, das Scheren in fünfzehn verschiedenen Größen enthielt, und nachdem sie von ihrem Fenster aus beobachtet hatte, wie er zum Postamt ging, hatte sie die Gelegenheit ergriffen, das Etui zurückzubringen. Sie sah keinen Grund, warum sie es nicht hätte tun sollen, wenn sie auch ein etwas schlechtes Gewissen hatte, weil sie die Kopfkissen auf seinem Bett geküsst hatte. Das war ihre Art, ihn zu lieben.

Leonora war sich aber ohne den leisesten Zweifel darüber im Klaren, dass sie durch diesen Vorfall in eine gewisse Abhängigkeit von Florence geraten war. Sie hatte sich vor Florence eine Blöße gegeben, und Florence war nun das einzige Wesen, dem der Gedanke kommen konnte, die Ashburnhams seien nicht einfach ordentliche Leute, die nichts auf dem Kerbholz hatten. Sie entschloss sich sogleich, Florence nicht gerade das Recht auf Vertraulichkeit einzuräumen – womit sie auf eine Art Erpressung eingegangen wäre –, sondern Florence im Auge zu behalten, bis sie ihr beweisen konnte, dass sie auf die arme Maisie nicht im Geringsten eifersüchtig war. Das war also der Grund, weshalb sie Arm in Arm mit meiner Frau in den Speisesaal getreten war und sich so betont an unserem Tisch aufgestellt hatte. Sie ließ uns an jenem Abend wahrhaftig nicht eine Minute allein, außer einmal, als sie zu Mrs. Maidan hinauflief, um sich bei ihr zu entschuldigen und sie zu bitten, sich an diesem Abend möglichst auffällig von Edward in den Kurgarten begleiten zu lassen. Sie sagte selber, als Mrs. Maidan sehr nachdenklich in die Halle herunterkam, in der wir alle saßen: »Nun, Edward, steh auf und nimm Maisie ins Kasino mit. Ich möchte, dass Mrs. Dowell mir von den Familien in Connecticut erzählt, die aus Fordingbridge stammen.« Denn man hatte entdeckt, dass Florence von einer Linie abstammte, die tatsächlich Branshaw Teleragh zwei Jahrhunderte lang besessen hatte, ehe die Ashburnhams dorthin gekommen waren. Und dann blieb sie noch mit mir in der Halle sitzen, als Florence längst zu Bett gegangen war, damit ich Zeuge sei, wie fröhlich sie das Paar empfing. Sie spielte wirklich gut Theater.

Und das ermöglichte es mir, genau den Tag unseres Ausflugs nach M… festzustellen. Denn an jenem Tag starb die arme Mrs. Maidan. Wir fanden sie tot, als wir zurückkehrten – ziemlich entsetzlich, wenn man bedenkt, was das alles bedeutete …

Jedenfalls können Sie an meiner Erleichterung, als Leonora sagte, sie sei eine irische Katholikin, ermessen, wie groß meine Zuneigung zu ihr und ihrem Mann war. Es war eine so innige Zuneigung, dass ich bis auf den heutigen Tag an Edward nicht anders denken kann als mit einem Seufzer. Ich glaube, ohne sie hätte ich nicht weiterleben können. Ich wurde zu müde. Und ich bin auch fest davon überzeugt, dass ich mich, falls mein Verdacht, Leonora sei eifersüchtig auf Florence, von ihr bestätigt worden wäre, wie wahnsinnig auf Florence gestürzt hätte. Eifersucht wäre unheilbar gewesen. Aber Florences alberne Sticheleien gegen die Iren und die Katholiken konnten durch Entschuldigungen aus der Welt geschafft werden. Und das hatte ich in etwa zwei Minuten bewirkt.

Sie blickte mich lange ziemlich starr und seltsam an, während ich mich entschuldigte. Und schließlich brachte ich mich dazu zu sagen: »Akzeptieren Sie die Situation. Ich gestehe, dass ich Ihre Religion nicht liebe. Aber Sie habe ich herzlich lieb. Ich scheue mich nicht, Ihnen zu sagen, dass ich nie einen Menschen gehabt habe, den ich wirklich gernhaben konnte, und wahrscheinlich hat mich nie jemand gerngehabt, wie Sie es, glaube ich, doch tun.«

»Oh, ich habe Sie schon gern«, sagte sie. »So gern, dass ich Ihnen sagen kann, ich wünschte, jeder Mann wäre wie Sie. Aber es gibt andere, an die man denken muss.« Sie dachte wahrhaftig an die arme Maisie. Sie pflückte einen Zweig Kamillenkraut von der brusthohen Mauer vor uns. Eine Weile rieb sie das Kraut zwischen Daumen und Zeigefinger hin und her und warf es dann über die Mauerkappe.

»Oh, ich akzeptiere die Situation«, sagte sie schließlich, »wenn Sie es können.«

VI

Ich weiß noch, dass ich lachte über die Worte »ich akzeptiere die Situation«, die sie, wie mir schien, mit allzu heftigem Ernst wiederholte. Ich sagte etwa Folgendes zu ihr:

»Damit ist eigentlich schon zu viel gesagt. Ich meine, dass ich die Freiheit eines unabhängigen amerikanischen Bürgers geltend machen muss, um über Ihre Glaubensgenossen zu denken, was mir beliebt. Und ich meine auch, Florence muss die Freiheit haben zu denken, was ihr gefällt, und zu sagen, was die Höflichkeit ihr zu sagen erlaubt.«

»Sie sollte sich lieber hüten«, antwortete Leonora, »noch ein einziges Wort gegen mein Volk oder gegen meinen Glauben zu sagen.«

Mir fiel damals auf, dass eine ungewöhnliche, ja bedrohliche Schärfe in ihre Stimme trat. Es war fast, als versuche sie, Florence durch mich wissen zu lassen, dass sie ihr ernstlich Schaden zufügen würde, wenn sie zu weit ginge. Ja, ich weiß noch, wie ich damals dachte, es sei beinahe, als sagte Leonora durch mich zu Florence: »Du magst mich brüskieren, so viel du willst; du magst mir alles nehmen, was ich persönlich besitze, aber wage nicht – angesichts der Situation, die dadurch entstünde –, auch nur ein einziges Wort gegen den Glauben zu sagen, der mich zur Türmatte unter deinen Füßen macht.«

Aber offensichtlich meinte sie es nicht so, jedenfalls glaube ich das. Ordentliche Leute, wie verschiedenen Glaubens sie auch sein mögen, drohen einander nicht. So dass ich in Leonoras Worten nicht mehr las als:

»Es wäre besser, wenn Florence überhaupt nichts über meine Glaubensgenossen sagte, denn an diesem Punkt bin ich sehr empfindlich.«

In diesem Sinne gab ich den Wink an Florence weiter, als sie kurz darauf mit Edward vom Turm herunterkam. Und Sie müssen verstehen, von jenem Augenblick an bis zu der Zeit, da Edward und das Mädchen und Florence allesamt ausgelöscht waren, hatte ich nicht die leiseste Ahnung, nicht den Schatten eines Verdachts, dass da irgendwas nicht stimmte, wie man so sagt. Fünf Minuten lang hegte ich den Verdacht, Leonora könnte eifersüchtig sein; aber es kam nie wieder zu einem Flackern in diesem flammenhaften Wesen. Wie in aller Welt hätte ich also darauf kommen sollen?

Denn diese ganze Zeit über war ich einfach eine männliche Krankenschwester. Und welche Aussichten hatte ich gegen diese drei abgefeimten Spieler, die sich miteinander verbündet hatten, um ihre Hände vor mir zu verbergen? Welche Aussichten? Sie waren drei gegen einen – und sie machten mich glücklich. O Gott, sie machten mich so glücklich, dass ich bezweifle, selbst im Paradies, das alle zeitliche Unbill ausgleichen soll, könnte mir etwas Ähnliches zuteilwerden. Und was hätten sie Besseres tun können, oder was hätten sie tun können, das schlimmer gewesen wäre? Ich weiß nicht.

Vermutlich war ich während all dieser Zeit ein betrogener Ehemann, und Leonora leistete für Edward Kupplerinnendienste. Das war das Kreuz, das sie auf sich nehmen musste auf dem langen Kalvarienberg ihres Lebens.

Sie fragen, wie man sich als betrogener Ehemann fühlt. Du lieber Himmel, ich weiß es nicht. Man fühlt überhaupt nichts. Es ist nicht die Hölle, und es ist gewiss nicht unbedingt der Himmel. So ist es wohl ein Zwischenstadium. Wie nennt man es doch? Die Vorhölle. Nein, ich verspürte überhaupt nichts dabei. Sie sind tot; sie sind vor ihren Richter getreten, der ihnen, wie ich hoffe, den Quell Seines Erbarmens öffnen wird. Es ist nicht meine Sache, darüber nachzudenken. Ich kann nur sagen, wie Leonoras Leute sagen: »*Requiem aeternam dona eis, domine, et lux perpetua luceat eis. In memoriam aeternam erit ...*« Aber was waren sie? Gerechte? Ungerechte? Gott mag es wissen! Ich glaube, dass sie beide nur armselige Würmer waren, die im Schatten eines ewigen Zornes über diese Erde krochen. Es ist wahrhaft fürchterlich ...

Es ist fast zu fürchterlich, das Bild jenes Gerichts, wie es mir zuweilen nachts vor Augen steht. Es ist wahrscheinlich der Nachklang eines Bildes, das ich irgendwo einmal gesehen habe. Auf einer unermesslichen Ebene, die in freier Luft schwebt, meine ich drei Figuren zu sehen, von denen sich zwei in einer ungestümen Umarmung umklammern und eine unerträglich einsam dasteht. Es ist schwarzweiß, mein Bild dieses Gerichts, eine Radierung vielleicht? Nur kann ich eine Radierung nicht von einer fotografischen Wiedergabe unterscheiden. Und die riesige Ebene ist vielleicht die Hand Gottes, die sich über Meilen und Abermeilen ausstreckt mit einem weiten Raum über und unter ihr. Und sie stehen im Angesicht Gottes, und es ist Florence, die allein ist ...

Und wissen Sie, dass ich bei dem Gedanken an diese höchste Einsamkeit das überwältigende Verlangen habe, zu ihr zu eilen und sie zu trösten? Sehen Sie, man kann einen Menschen nicht zwölf Jahre lang wie eine Krankenschwester umhegt haben, ohne den Wunsch zu verspüren, es auch weiterhin zu tun, selbst wenn Sie ihn mit dem Hass einer Viper hassen und selbst in Gottes Hand. Aber in den Nächten, im Angesicht jener Vision des Gerichts, weiß ich mich zurückzuhalten. Denn ich hasse Florence. Ich hasse sie mit einem solchen Hass, dass ich ihr selbst eine Ewigkeit an Einsamkeit nicht ersparen würde. Sie hätte das, was sie tat, nicht zu tun brauchen. Sie war eine Amerikanerin, eine Neuengländerin. Sie verfügte nicht über die heißen Leidenschaften dieser Europäer, sie suchte sich diesen Dummkopf von einem Edward aus – und ich flehe zu Gott, er möge wirklich Frieden gefunden haben, umschlungen von den Armen jenes armen, armen Mädchens! Und zweifellos wird Maisie Maidan ihren jungen Mann wiederfinden, und Leonora wird brennen, klar und rein, ein Nordlicht und einer der Erzengel Gottes. Und ich ... Nun, vielleicht findet sich für mich ein Aufzug, den ich bedienen könnte ... Aber Florence ...

Sie hätte es nicht tun sollen. Sie hätte es nicht tun sollen. Es war zu gemein von ihr. Sie annektierte den armen lieben Edward aus reiner Eitelkeit; sie drängte sich zwischen ihn und Leonora, einzig aus einem blödsinnigen Hang heraus, die Weltverbesserin zu spielen. Wissen Sie, dass sie, während sie Edwards Mätresse war, ständig versuchte, ihn zu seiner Frau zurückzubringen? Sie plapperte Leonora stets etwas von Vergebung vor – behandelte das Thema vom aufgeweckten amerikanischen Standpunkt aus. Und Leonora behandelte sie wie die Hure, die sie war. Einmal sagte sie am frühen Morgen zu Florence:

»Sie kommen geradewegs aus seinem Bett, um mir zu sagen, dort sei der mir gebührende Platz. Ich weiß es, danke schön.«

Aber selbst das konnte Florence nicht zum Schweigen bringen. Sie blieb dabei, es sei ihr Ehrgeiz, diese Welt nach der kurzen Wanderung ihres Lebens ein wenig heller zurückzulassen – und wie dankbar sie von Edward scheiden würde, dem sie, wie sie meinte, zu einer rechten Geistesverfassung verholfen habe, wenn nur Leonora ihm eine Chance geben wollte. Er brauchte, sagte sie, vor allem Zärtlichkeit.

Und Leonora antwortete dann – denn sie ertrug diesen Skandal jahrelang –, Leonora, soviel ich weiß, gab dann etwa zur Antwort:

»Ja, Sie würden ihn aufgeben. Und dann würdet ihr euch weiter heimlich schreiben und in gemieteten Zimmern Ehebruch treiben. Ich kenne euch, wissen Sie. Nein, ich ziehe die Situation so, wie sie ist, vor.«

Die Hälfte der Zeit versuchte Florence, Leonoras Bemerkungen zu überhören. Sie fand sie recht unpassend für eine Dame. Die andere Hälfte der Zeit versuchte sie, Leonora einzureden, ihre Liebe zu Edward sei rein geistiger Natur – wegen ihres Herzens. Einmal sagte sie:

»Wenn Sie das von Maisie Maidan glauben, wie Sie behaupten, warum glauben Sie es nicht von mir?«

Leonora kämmte sich, soviel ich weiß, gerade vor dem Spiegel in ihrem Schlafzimmer die Haare. Und sie sah sich nach Florence um, der sie gewöhnlich keinen Blick gönnte – sie blickte sich kühl und ruhig nach ihr um und sagte:

»Hüten Sie sich, Mrs. Maidans Namen je wieder zu erwähnen. Sie haben sie ermordet. Sie und ich haben sie gemeinsam ermordet. Ich bin ein ebensolches Luder wie Sie. Ich möchte nicht daran erinnert werden.«

Florence plapperte sogleich drauflos, wie sie einen Menschen habe verletzen können, den sie kaum kannte, einen Menschen, den sie, von den besten Absichten beseelt und wie immer bemüht, die Welt ein wenig heller zurückzulassen, vor Edward habe retten wollen. So hatte sie es sich selbst zurechtgelegt. Sie dachte wirklich so ... Und Leonora sagte geduldig:

»Also schön, behaupten Sie getrost, ich hätte sie getötet, aber das ist ein schmerzliches Thema. Man denkt nicht gern daran, dass man einen Menschen umgebracht hat. Verständlicherweise. Ich hätte sie nie aus Indien mitbringen sollen.«

Und so dachte Leonora wirklich darüber. Die Behauptung war freilich ein wenig kühn, aber Leonora war immer groß in kühnen Behauptungen.

Was an dem Tag unseres Ausflugs zur alten Stadt M… geschah, war Folgendes:

Leonora, die selber damals um des armen Kindes willen voller Reue und Mitleid war, hatte sich bei der Rückkehr ins Hotel sogleich in Mrs. Maidans Zimmer begeben, um sie ans Herz zu drücken. Und sie hatte zunächst nur auf dem leeren runden Tisch, auf dem eine rote Samtdecke lag, einen Brief bemerkt, der an sie gerichtet war. Er lautete etwa so:

»Oh, Mrs. Ashburnham, wie konnten Sie das tun? Ich vertraute Ihnen so sehr. Sie sprachen mit mir nie von Edward und mir, aber ich vertraute Ihnen. Wie konnten Sie mich meinem Mann abkaufen? Ich habe soeben gehört, wie Sie es taten – in der Halle sprachen sie darüber, Edward und die amerikanische Dame. Sie bezahlten das Geld, damit ich hierherkam. Oh, wie konnten Sie das tun? Wie konnten Sie nur? Ich gehe sofort zurück zu Bunny …«

Bunny war Mrs. Maidans Mann.

Und Leonora sagte, während sie den Brief weiterlas, habe sie, ohne sich umzusehen, das Gefühl gehabt, das Hotelzimmer sei bereits verlassen, es lägen keine Papiere mehr auf dem Tisch, es hingen keine Kleider mehr an den Haken und es herrsche eine gespannte Stille – eine Stille, sagte sie, als sei etwas im Zimmer, was alle Geräusche verschluckte. Sie musste sich gegen dieses Gefühl wehren, während sie die Nachschrift zu dem Brief las.

»Ich wusste nicht, dass Sie mich als Ehebrecherin haben wollten«, begann die Nachschrift. Das arme Kind war nicht sehr sprachgewandt. »Das war doch nicht recht von Ihnen, ich wollte niemals eine sein. Und ich hörte, wie Edward mich der amerikanischen Dame gegenüber eine arme kleine Ratte nannte. Er nannte mich immer eine kleine Ratte, wenn wir unter uns waren, und ich hatte nichts dagegen. Aber wenn er mich ihr gegenüber so nennt, dann, glaube ich, liebt er mich nicht mehr. Oh, Mrs. Ashburnham, Sie kannten die Welt, und ich war ahnungslos. Ich dachte, es wäre alles in Ordnung, wenn Sie es für richtig hielten, und ich dachte, Sie hätten mich nie mitgenommen, wenn Sie das nicht für richtig gehalten hätten. Sie hätten es nicht tun dürfen, und wir kommen aus demselben Kloster ...«

Leonora sagte, sie habe aufgeschrien, als sie das las.

Und dann sah sie, dass Maisies Koffer alle gepackt waren, und sie begann nach Mrs. Maidan selbst zu suchen – im ganzen Hotel. Der Hoteldirektor sagte, Mrs. Maidan habe ihre Rechnung bezahlt und sei zum Bahnhof gegangen, um das Reisebüro zu bitten, ihr einen Plan für ihre sofortige Rückkehr nach Chitral auszuarbeiten. Er meinte, er habe sie zurückkommen sehen, war aber nicht sicher. Niemand in dem großen Hotel hatte sich sonderlich um das Kind gekümmert, und Maisie war dann wohl einsam durch die Halle gewandert und hatte sich an einen Wandschirm gesetzt, auf dessen anderer Seite sich Edward und Florence befanden. Ich habe weder damals noch später erfahren, was sich zwischen dem teuren Paar abspielte. Ich könnte mir vorstellen, dass Florence sich gerade des armen guten Edward zu bemächtigen versuchte, indem sie ihn mit freundlichen Worten vor den Verheerungen warnte, die er in dem Herzen des Kindes anrichten könnte. So mag sie es angefangen haben. Und Edward wird ihr gefühlvoll versichert haben, es sei nichts daran; Maisie sei eine arme kleine Ratte, deren Überfahrt nach Nauheim seine Frau aus ihrer eigenen Tasche bezahlt habe. Mehr brauchte es wohl nicht, um den Stein ins Rollen zu bringen.

Denn dieser Stein wurde sehr wirkungsvoll ins Rollen gebracht. Leonora, von Panik ergriffen und das Herz voller Reue, suchte alle öffentlichen Räume des Hotels ab – den Speisesaal, das Gesellschaftszimmer, das Schreibzimmer, den Wintergarten. Gott mag wissen, wozu man einen Wintergarten brauchte in einem Hotel, das nur von Mai bis Oktober geöffnet war. Aber es gab einen. Und dann rannte Leonora – ja, sie rannte die Treppe hinauf –, um nachzusehen, ob Maisie nicht in ihr Zimmer zurückgekehrt war. Sie war entschlossen, das Kind sogleich von diesem grässlichen Ort zu entfernen. Mit einem Mal empfand sie das alles als ein namenloses Unrecht. Ich will nicht sagen, sie sei nicht mit Bedacht vorgegangen. Leonora blieb Leonora. Aber die kalte Gerechtigkeit forderte, dass sie sich dieses Kindes, das aus demselben Kloster kam wie sie, wie eine Mutter annahm. So legte sie es sich zurecht. Sie würde Edward Florence überlassen – und mir – und all ihre Zeit der Aufgabe widmen, das Kind mit Liebe zu umgeben, bis sie es zu ihrem armen jungen Mann zurückschicken konnte. Es war natürlich zu spät. Sie hatte zunächst nicht daran gedacht, sich in Maisies Zimmer umzusehen. Jetzt fiel ihr Blick, gleich als sie eintrat, auf zwei kleine Füße in hochhackigen Schuhen, die hinter dem Bett hervorstakten. Bei der Anstrengung, die Riemen in einem großen Koffer anzuziehen, hatte Maisie der Tod ereilt – so grotesk, dass ihr kleiner Körper nach

nach vorn in den Koffer fiel, der über ihr zuschnappte wie die Kiefer eines riesigen Krokodils. Den Schlüssel hielt sie noch in der Hand. Ihr dunkles Haar, das dem Haar einer Japanerin glich, hatte sich gelöst und bedeckte ihren Körper und ihr Gesicht.

Leonora hob sie auf – sie war leicht wie eine Feder – und legte sie aufs Bett, mit ihrem Haar um sie herum. Sie lächelte, als hätte sie soeben ein Tor im Hockeyspiel geschlagen. Sie verstehen, sie hatte sich nicht das Leben genommen. Ihr Herz war einfach stehengeblieben. Ich sah sie, die langen Wimpern auf den Wangen, das Lächeln auf den Lippen, die Blumen rundherum. Der Stiel einer weißen Lilie lag in ihrer Hand, und die Blütendolde ruhte an ihrer Schulter. In dem Sonnenlicht der Trauerkerzen, die rings um sie herum brannten, sah sie aus wie eine Braut; und die weißen Hauben der beiden Nonnen, die mit verborgenen Gesichtern zu ihren Füßen knieten, hätten zwei Schwäne sein können, die sie forttragen sollten in das Land der Liebe oder wo immer sonst hin. Leonora zeigte sie mir. Keiner der beiden anderen durfte sie sehen. Sie verstehen, sie wollte die Gefühle des guten, armen Edward schonen. Er hatte den Anblick einer Leiche noch nie ertragen. Und da sie ihm nie einen Hinweis gab, dass Maisie ihr geschrieben hatte, hielt er ihren Tod für die natürlichste Sache der Welt. Er kam bald darüber hinweg. Ja, es war die einzige seiner Liebesgeschichten, über die er nie besondere Reue empfand.

Zweiter Teil

1

Der Tod von Mrs. Maidan fiel auf den 4. August 1904. Und dann geschah nichts, bis zum 4. August 1913. Seltsam, diese Koinzidenz der Daten; aber ich weiß nicht, ob das eine jener finsteren, wie halb scherzhaften und ganz und gar erbarmungslosen Machenschaften einer grausamen Vorsehung war, die wir Koinzidenz nennen. Denn es hätte ebenso gut Florences abergläubisches Gemüt sein können, das sie wie eine Hypnotisierte zu gewissen Handlungen trieb. Fest steht jedoch, dass sich der 4. August stets als ein bedeutsames Datum für sie erwies. Erstens war sie am 4. August geboren. Dann brach sie an diesem Datum im Jahr 1899 mit ihrem Onkel und in Gesellschaft eines jungen Mannes namens Jimmy zu der Reise um die Welt auf. Aber das war kein reiner Zufall. Ihr gütiger alter Onkel mit dem vermeintlich angegriffenen Herzen wollte ihr auf seine feinsinnige Art mit dieser Reise ein Geburtstagsgeschenk machen, um ihre Mündigkeit zu feiern. Ferner ließ sie sich am 4. August 1900 auf etwas ein, das gewiss ihr ganzes Leben bestimmte – wie auch das meine. Sie hatte kein Glück. Sie machte sich damit an jenem Morgen wahrscheinlich ein Geburtstagsgeschenk …

Am 4. August 1901 heiratete sie mich und schiffte sich bei heftigem Sturm nach Europa ein – dem Sturm, der ihr Herz angriff. Und zweifellos machte sie sich auch damals ein Geburtstagsgeschenk – das Geburtstagsgeschenk meines elenden Lebens. Mir fällt ein, ich habe Ihnen nie etwas von meiner Hochzeit erzählt. Das war so: Wie ich wohl schon sagte, begegnete ich Florence zum ersten Mal bei den Stuyvesants in der 14th Street. Und seit diesem Augenblick war ich mit der ganzen Beharrlichkeit einer möglicherweise schwachen Natur entschlossen, sie, wenn nicht zu der Meinen zu machen, so doch wenigstens zu heiraten. Ich hatte keinen Beruf – ich hatte keinerlei geschäftliche Pflichten. Ich schlug einfach meine Zelte in einem miserablen Hotel dort unten in Stamford auf und verbrachte meine Tage in dem Haus und auf der Veranda der Misses Hurlbird. Die Misses Hurlbird nahmen in einer seltsam eigensinnigen Weise an meiner Gegenwart Anstoß. Doch dank der heimischen Gepflogenheiten, was diese Angelegenheiten anging, waren ihnen die Hände gebunden.

Florence hatte ihr eigenes Wohnzimmer. Sie konnte dort einladen, wen sie wollte, und ich begab mich einfach in dieses Zimmer. Ich war so schüchtern, wie man sich nur denken kann, aber in dieser Sache benahm ich mich wie ein Huhn, das entschlossen ist, vor einem Auto über die Straße zu kommen. Ich trat in Florences hübsches kleines, altmodisches Zimmer, nahm meinen Hut ab und setzte mich.

Florence hatte natürlich noch andere Freunde – stämmige junge Neuengländer, die den Tag über in New York arbeiteten und nur die Abende in ihren Heimatorten verbrachten. Und an den Abenden gingen sie mit ebenso viel

Entschlossenheit wie ich zu Florence hinein. Und ich muss gestehen, sie wurden von den Misses Hurlbird mit derselben Abneigung empfangen, wie sie mir beschieden war.

Sonderbare alte Wesen waren diese beiden. Es war fast so, als gehörten sie zu einer alten Familie, die unter einem Fluch stand – sie waren so damenhaft, so wohlgesittet, und sie seufzten so viel. Manchmal sah ich Tränen in ihren Augen. Ich bezweifle, dass mein Werben um Florence anfangs große Fortschritte machte. Vielleicht weil es sich fast ausschließlich tagsüber abspielte, an heißen Nachmittagen, an denen die Staubwolken wie Nebelschwaden bis zu den Wipfeln der dünnbelaubten Ulmen hinaufreichten. Die Nacht, glaube ich, ist eher geeignet für die süßen Heldentaten der Liebe, nicht die Julinachmittage in Connecticut, wenn Nähe jeder Art ein abscheulicher Gedanke ist. Aber, obwohl ich Florence nie auch nur einen Kuss gab, ließ sie mich doch im Laufe von nur vierzehn Tagen sehr leicht ihre schlichten Wünsche erraten. Und diese Wünsche konnte ich erfüllen …

Sie wollte einen wohlhabenden Gentleman heiraten; sie wollte ein Haus in Europa. Ihr Mann sollte einen englischen Akzent haben, ein Einkommen aus Grundbesitz von fünfzigtausend Dollar im Jahr und keinen Ehrgeiz, dieses Einkommen zu vergrößern. Und – so deutete sie leise an – es sollte nicht viel Leidenschaft dabei im Spiele sein. Amerikaner, wissen Sie, können solche Verbindungen ins Auge fassen, ohne mit der Wimper zu zucken.

Sie gab mir diese Hinweise im Rahmen eines Schwalls von glänzendem Geplauder – ein wenig davon ließ sie in Bemerkungen über eine Ansicht des Rialto in Venedig einfließen, und während sie lebhaft Schloss Balmoral beschrieb, sagte sie, der ideale Ehemann für sie wäre der, der ihr ermöglichte, am englischen Hof empfangen zu werden. Sie hatte offenbar zwei Monate in Großbritannien verbracht – sieben Wochen auf einer Rundreise von Stratford nach Strathpeffer und eine als *paying guest* in einer alten englischen Familie in der Nähe von Ledbury, einer verarmten, aber noch immer ansehnlichen Familie namens Bagshawe. Eigentlich sollten sie noch zwei weitere Monate in diesem warmen Schoß der Familie zubringen, aber ungünstige Ereignisse, anscheinend im Geschäft ihres Onkels, hatten die ziemlich hastige Rückkehr nach Stamford notwendig gemacht. Der junge Mann namens Jimmy war in Europa geblieben, um sein Wissen über diesen Kontinent zu vervollständigen. Das tat er allerdings: Er war uns später noch von größtem Nutzen.

Doch das Wesentliche war, wie sich dabei herausstellte – es war nicht misszuverstehen –, dass Florence kühl und ruhig entschlossen war, keinen Mann auch nur eines Blickes zu würdigen, der ihr nicht ein Haus in Europa bieten konnte. Das hatte ihr kurzer Einblick in das häusliche Leben Englands bewirkt. Sie gedachte, nach ihrer Hochzeit ein Jahr in Paris zu verbringen, und dann sollte ihr Mann Grundbesitz in der Umgebung von Fordingbridge erwerben, von welchem Ort die Hurlbirds im Jahre 1688 aufgebrochen waren. Aufgrund dieser Tatsache wollte sie sodann ihren Platz in der englischen Gesellschaft der Grafschaft einnehmen. Das war abgemacht.

Ich fühlte mich mächtig ermuntert, als ich diese Einzelheiten erwog, denn ich konnte mir nicht vorstellen, dass sich unter ihren Bekannten in Stamford ein Bursche fand, der diesen Anforderungen genügte. Die meisten von ihnen waren nicht so wohlhabend wie ich, und die es waren, gehörten nicht zu dem Typ, der, selbst für eine dauernde Gemeinschaft mit Florence, auf die Reize der Wallstreet verzichtet hätte. Aber es kam zu nichts Entscheidendem im Verlauf des Juli. Am 1. August hat Florence dann anscheinend ihren Tanten erklärt, sie gedenke mich zu heiraten.

Mir hatte sie nichts davon gesagt, aber was die Tanten betraf, bestand kein Zweifel, denn an jenem Nachmittag fing Miss Florence Hurlbird senior mich auf meinem Weg zu Florences Zimmer ab und führte mich aufgeregt in den Salon. Es war ein absonderliches Gespräch in diesem altmodischen, im Kolonialstil eingerichteten Zimmer mit den spindelbeinigen Möbeln, den Schattenrissen, den Miniaturen, dem Porträt von General Braddock und dem Lavendelduft. Sehen Sie, die beiden armen Jüngferchen litten Qualen – und sie konnten nichts rundheraus sagen. Sie rangen fast mit den Händen und fragten mich, ob ich so etwas wie verschiedene Temperamente bedacht hätte. Ich versichere Ihnen, sie waren selbst um mich fast zärtlich besorgt, als wäre Florence ein gar zu glänzendes Wesen für meine soliden und ernsthaften Eigenschaften.

Denn sie hatten solide und ernsthafte Eigenschaften in mir entdeckt. Vielleicht weil ich einmal die Bemerkung fallenließ, General Braddock sei mir lieber als General Washington. Denn die Hurlbirds hatten im Unabhängigkeitskrieg zu den Verlierern gehalten und waren aus diesem Grund erheblich verarmt und sehr wirksam unterdrückt worden. Die Misses Hurlbird konnten das nie vergessen.

Dennoch schauderten sie bei dem Gedanken an ein Leben in Europa für mich und Florence. Sie stimmten beide ein

Wehgeschrei an, als sie hörten, ich hoffte, ihrer Nichte das bieten zu können. Und das vielleicht deshalb, weil sie Europa für einen Sündenpfuhl hielten, wo befremdlich lockere Sitten herrschten. Sie glaubten, das Mutterland sei ebenso erastianisch wie alle anderen Länder. Und sie dehnten ihre Proteste zu einer für sie außerordentlichen Länge aus.

Sie gingen beinahe so weit zu sagen, die Ehe sei ein Sakrament. Aber weder Miss Florence noch Miss Emily konnten sich ganz dazu überwinden, das Wort auszusprechen. Und sie brachten es beinahe über sich zu sagen, Florences Vorleben sei durch allerhand Romanzen gekennzeichnet – oder dergleichen.

Ich weiß noch, ich machte der Unterhaltung ein Ende, indem ich sagte:

»Das ist mir gleichgültig. Auch wenn Florence eine Bank ausgeraubt hätte, würde ich sie heiraten und mit nach Europa nehmen.«

Da stieß Miss Emily einen Jammerlaut aus und fiel in Ohnmacht. Aber Miss Florence warf sich mir, unbekümmert um den Zustand ihrer Schwester, an den Hals und rief aus:

»Tun Sie es nicht, John! Tun Sie es nicht. Sie sind ein guter junger Mann«, und sie fügte hinzu, während ich aus dem Zimmer lief, um Florence ihrer Tante Emily zu Hilfe zu schicken:

»Wir sollten Ihnen eigentlich noch mehr sagen. Aber sie ist das Kind unserer lieben Schwester.«

Florence, erinnere ich mich noch, empfing mich mit kreidebleichem Gesicht und rief:

»Haben diese alten Katzen etwas gegen mich gesagt?«

Aber ich versicherte ihr, sie hätten nichts gesagt, und schickte sie eiligst in das Zimmer ihrer rätselhaft bekümmerten Verwandten. Ich hatte jenen Ausruf von Florence bis zum heutigen Tag ganz vergessen. Sie behandelte mich so gut – mit so viel Takt –, dass ich ihn, wenn ich je später daran dachte, ihrer innigen Liebe für mich zugutehielt.

Und als ich sie an jenem Abend zu einer Kutschfahrt abholen wollte, war sie verschwunden. Ich verlor keinen Augenblick. Ich fuhr nach New York und belegte Kabinen auf der ›Pocahontas‹, die am 4. desselben Monats in See stechen sollte; und wieder in Stamford, fand ich innerhalb eines Tages heraus, dass man Florence nach Rye Station gebracht hatte. Und dort entdeckte ich, dass sie den Wagen nach Waterbury genommen hatte. Sie war natürlich zu ihrem Onkel gefahren. Der alte Mann empfing mich mit steinernem, verschlossenem Gesicht. Ich durfte Florence nicht sehen; sie war krank; sie blieb auf ihrem Zimmer. Und aus einem Wort, das er fallenließ – ein seltsames Bibelwort, das ich vergessen habe –, entnahm ich, dass die ganze Familie gewillt war, sie nie zu verheiraten.

Ich verschaffte mir sogleich den Namen des nächsten Geistlichen und eine Strickleiter – Sie haben keine Ahnung, wie primitiv diese Dinge damals in den Vereinigten Staaten gehandhabt wurden. Freilich mag es auch heute noch so zugehen. Und am 4. August stand ich um ein Uhr nachts in Florences Schlafzimmer. Ich war so besessen von meinem Vorhaben, dass mir nie in den Sinn gekommen wäre, es sei vielleicht ungehörig, um ein Uhr nachts in Florences Schlafzimmer zu erscheinen. Ich wollte sie nur wecken. Sie schlief jedoch nicht. Sie erwartete mich, ihre Verwandten hatten sie soeben verlassen. Sie empfing mich mit einer so warmen Umarmung ... Nun, es war das erste Mal, dass ich von einer Frau umarmt wurde – und es war das letzte Mal, dass ich in der Umarmung einer Frau etwas von Wärme verspürte.

Ich vermute, ich war selber schuld an dem, was folgte. Jedenfalls hatte ich es so eilig, die Hochzeit hinter mich zu bringen, und hatte solche Angst, ihre Verwandten könnten mich hier finden, dass ich ihre Avancen mit einer gewissen Geistesabwesenheit aufnahm. In einer knappen halben Minute war ich wieder aus dem Zimmer und die Leiter hinuntergeklettert. Sie ließ mich unverantwortlich lange dort unten warten – es wurde jedenfalls drei Uhr, ehe wir den Geistlichen weckten. Und ich glaube, Florence bewies mit diesem Wartenlassen das einzige Mal, dass sie ein Gewissen hatte, soweit es sich um mich handelte – es sei denn, auch der Augenblick, in dem sie in meinen Armen lag, wäre ein Zeichen des Gewissens gewesen. Ich glaube, wenn ich damals feurig gewesen wäre, hätte sie mir das sittsame Weib vorgespielt oder mich abgewiesen. Weil ich mich aber wie ein Gentleman aus Philadelphia benahm, ließ sie mich, vermute ich, die Rolle einer männlichen Krankenschwester spielen. Vielleicht dachte sie, es mache mir nichts aus.

Danach hatte sie, soviel ich sehe, keine Gewissensbisse mehr. Ihr war nur noch darum zu tun, ihre Pläne auszuführen. Denn kurz nachdem ich die Leiter herabkam, rief sie mich an das obere Ende dieses lächerlichen Geräts, an dem ich wie ein Hampelmann leise hinauf- und hinunterkletterte. Ich war ganz gefasst. Mit einer gewissen Strenge sagte sie zu mir:

»Ist es abgemacht, dass wir heute Nachmittag um vier

Uhr fahren? Es ist also nicht gelogen, dass du Schiffsplätze bestellt hast?«

Mir leuchtete ein, dass sie möglichst schnell aus der Nähe ihrer offensichtlich verrückten Verwandten verschwinden wollte, und ich verzieh ihr deshalb gern den Gedanken, ich wäre zu einer solchen Lüge fähig. So machte ich ihr klar, es sei meine feste Absicht, mit der ›Pocahontas‹ zu reisen. Dann sagte sie – es war eine mondhelle Nacht, und sie flüsterte mir ins Ohr, während ich auf der Leiter stand. Die Hügel um Waterbury lagen in tiefer Stille da. Nahezu kühl sagte sie:

»Ich wollte es nur wissen, damit ich meine Koffer packe.« Und sie fügte hinzu: »Ich könnte krank werden, weißt du. Ich glaube, mir geht es mit dem Herzen ein wenig wie Onkel Hurlbird. Das ist manchmal erblich.« Ich flüsterte, die ›Pocahontas‹ sei ein außerordentlich seetüchtiges Schiff.

Jetzt frage ich mich, was Florence durch den Kopf ging, während sie mich zwei Stunden am Fuß der Leiter warten ließ. Ich gäbe etwas darum, das zu wissen. Vielleicht hatte sie bis dahin noch keinen fertigen Plan im Kopf. Jedenfalls hat sie ihr Herz vorher nie erwähnt. Vielleicht war sie erst bei dem neuerlichen Anblick ihres Onkels Hurlbird auf die Idee gekommen. Gewiss hatte ihr Tante Emily, die mit ihr nach Waterbury gekommen war, stundenlang eingeschärft, jede heftige Auseinandersetzung würde den alten Herrn töten. Das rief ihr vielleicht all die Vorsichtsmaßnahmen gegen Aufregungen ins Gedächtnis, mit denen man den armen einfältigen Alten während seiner Weltreise umgeben hatte. So mag sie auf den Gedanken gekommen sein. Dennoch glaube ich, dass sie auch Gewissensbisse meinetwegen hatte.

Leonora erzählte mir, Florence habe ihr das gesagt – denn Leonora kannte die ganze Geschichte und ging einmal so weit, Florence zu fragen, wie sie nur etwas so Schändliches habe tun können. Florence entschuldigte sich mit einer überwältigenden Leidenschaft. Nun, ich sage immer, eine überwältigende Leidenschaft ist eine gute Entschuldigung für Gefühle. Man kann sich ihrer nicht erwehren. Und sie ist eine gute Entschuldigung für kurzentschlossene Handlungen – sie hätte mit dem Kerl durchbrennen können, bevor oder nachdem sie mich heiratete. Und wenn sie nicht genug Geld gehabt hätten, um davon zu leben, hätten sie sich die Kehlen durchschneiden oder ihre Familie ausplündern können, aber Florence stellte ja so hohe Ansprüche, dass es ihr schlecht gepasst hätte, einen Angestellten in einem Textilgeschäft zum Ehemann zu haben, was der alte Hurlbird zweifellos aus dem Kerl gemacht hätte. Er hasste ihn. Nein, ich glaube nicht, dass es viele Entschuldigungen für Florence gibt.

Gott mag es wissen. Sie war ein Angsthase, und sie war eine Phantastin, und ich nehme an, dass sie sich zu jener Zeit wirklich etwas aus dem Esel machte. Er machte sich sicherlich nichts aus ihr. Armes Ding ... Jedenfalls, nachdem ich ihr versichert hatte, die ›Pocahontas‹ sei ein seetüchtiges Schiff, sagte sie nur:

»Du wirst mich ein bisschen umsorgen müssen – so wie Onkel Hurlbird umsorgt wird. Ich werde dir noch sagen, was zu tun ist.« Und dann kletterte sie über den Fenstersims, als klettere sie an Bord eines Schiffes. Vermutlich hatte sie das ihre hinter sich verbrannt!

Gewiss gab es genug, was mir die Augen hätte öffnen

können. Als wir um acht Uhr in das Anwesen der Hurlbirds zurückkehrten, waren sie vollkommen erschöpft. Florence legte ein hartes, triumphierendes Benehmen an den Tag. Wir waren morgens gegen vier Uhr getraut worden und hatten dann in den Wäldern über der Stadt gesessen und zugehört, wie eine Spottdrossel einen alten Kater nachmachte. Ich nehme an, dass Florence ihre Verehelichung mit mir nicht besonders aufregend fand. Mir war auch nichts Anregenderes eingefallen, als ihr, mit einigen Variationen, zu wiederholen, ich sei glücklich. Ich glaube, ich war zu benommen. Nun, die Hurlbirds waren auch zu benommen, um viel zu sagen. Wir frühstückten zusammen, und dann ging Florence hinauf, um zu packen. Der alte Hurlbird nahm die Gelegenheit wahr, mir im Stil einer amerikanischen Rede einen glühenden Vortrag über die Gefahren zu halten, die heranwachsenden jungen Amerikanerinnen im europäischen Dschungel auflauerten. Er sagte, in Paris lägen überall Schlangen im Gras, er habe mit ihnen bittere Erfahrungen gemacht. Er schloss, wie sie es immer tun, die lieben armen Alten, mit dem Wunsch, alle amerikanischen Frauen würden eines Tages geschlechtslos – wenn er es auch nicht so ausdrückte.

Nun, wir erreichten das Schiff um ein Uhr dreißig; es stürmte. Das half Florence beträchtlich. Denn wir waren noch keine zehn Minuten über Sandy Hook hinaus, als Florence in ihre Kabine ging und ihr Herz ihr zu schaffen machte. Eine erregte Stewardess kam zu mir heraufgerannt, und ich rannte hinunter. Ich erhielt Anweisungen, wie ich meine Frau zu behandeln hätte. Das meiste kam von ihr, wenn es auch der Schiffsarzt war, der mir diskret zu verstehen gab, dass ich von Beweisen meiner Zärtlichkeit lieber Abstand nehmen sollte. Ich war gern dazu bereit.

Ich war natürlich voller Gewissensbisse. Mir ging auf, dass ihr Herz der Grund war für den geheimnisvollen Wunsch der Hurlbirds, ihr Jüngstes und Liebstes nicht heiraten zu lassen. Natürlich waren sie zu zartfühlend, dieses Motiv in Worte zu fassen. Sie waren Neuengländer vom alten Schlag. Es wäre ihnen peinlich gewesen, andeuten zu müssen, ein Ehemann dürfe seine Frau nicht auf den Nacken küssen. Sie hätten nicht gerne angedeutet, dass er überhaupt so etwas tun könnte. Ich frage mich zwar, wie Florence den Arzt dazu brachte, sich der Verschwörung anzuschließen – die vielen Ärzte. Natürlich quietschte ihr Herz ein wenig – die Lunge lag bei ihr gleich wie bei ihrem Onkel Hurlbird. Und in seiner Gesellschaft hatte sie sicher viel Spezialistengerede über das Herz mit angehört. Jedenfalls wickelten sie und die Ärzte mich ganz hübsch ein – und natürlich auch Jimmy, dieser trübsinnige Bursche; was in aller Welt fand sie nur an ihm? Er war bedrückt, schweigsam, mürrisch, hatte kein Talent zum Maler. Er war sehr bleich und dunkelhaarig und rasierte sich nie richtig. Er holte uns in Le Havre ab und war uns auch während der nächsten zwei Jahre, in denen er in unserer Wohnung in Paris hauste, weiterhin nützlich, ob wir anwesend waren oder nicht. Er studierte Malerei an der Julian oder einem dieser Orte …

Dieser Kerl hatte seine Hände immer in den Taschen eines seiner abscheulichen amerikanischen Mäntel mit den ausladenden Schultern und den weiten Hüften, und seine dunklen Augen blickten stets unheilverkündend drein. Er war, nebenbei bemerkt, zu dick. Ja, da war ich ein ganz anderer Mann ...

Und ich will meinen, Florence hätte mir den Vorzug gegeben. Ich schließe das aus gewissen Anzeichen. Vielleicht war das rätselhafte Lächeln, mit dem sie mich über die Schulter anzusehen pflegte, wenn sie ins Badehaus ging, so etwas wie eine Einladung. Ich habe es schon erwähnt. Es war, als ob sie sagte: »Ich gehe jetzt hier hinein. Und dann stehe ich nackt und weiß und straff da, und du bist doch ein Mann ...« Vielleicht war es das ... Nein, sie kann diesen Kerl nicht lange geliebt haben. Er sah wie gelblicher Glaserkitt aus. Zur Zeit ihres ersten Fehltritts soll er schlank und dunkel und sehr graziös gewesen sein. Aber beim Herumlungern in Paris mit ihrem Taschengeld und dem Wechsel, den der alte Hurlbird ihm ausgesetzt hatte, um ihn von Amerika fernzuhalten, hatte er einen Bauch bekommen wie ein Mann von vierzig und litt obendrein an Verdauungsstörungen.

Mein Gott, wie sie mich in Trab hielten! In Wirklichkeit waren es diese beiden, die miteinander die Regeln absprachen, nach denen wir lebten. Ich habe Ihnen schon einiges davon erzählt – wie ich während der ganzen elf Jahre lang Gespräche über Liebe, Armut, Verbrechen und so weiter führen musste. Aber wenn ich überblicke, was ich geschrieben habe, dann sehe ich, dass ich Sie unwillkürlich irregeführt habe, als ich sagte, ich hätte Florence nie aus den Augen gelassen. Doch hatte ich selber diesen Eindruck bis jetzt. Wenn ich es mir aber so recht überlege, war sie die längste Zeit unsichtbar für mich.

Wissen Sie, dieser Kerl schärfte mir ein, Florence brauche vor allem Schlaf und Alleinsein. Ich dürfe nie ohne anzuklopfen in ihr Zimmer treten, sonst könne ihr armes kleines Herz in sein Verderben davonflattern. Er sagte dies in seinem düster krächzenden Ton, und seine schwarzen Augen erinnerten mich an eine Krähe, so dass ich die arme Florence zehnmal am Tage sterben sah – ein kleiner, blasser, zerbrechlicher Leichnam. Nun, mir wäre eher in den Sinn gekommen, eine Kirche zu plündern, als ohne ihre Erlaubnis in ihr Zimmer zu treten. Ja, ich hätte eher ein solches Verbrechen begangen. Bestimmt, ich hätte es getan, wenn ich geglaubt hätte, der Zustand ihres Herzens fordere diesen Frevel.

Um zehn Uhr abends schloss sich also die Tür hinter Florence, die sanft, und als widerstrebten sie ihr, die Ermahnungen dieses Burschen bestätigt hatte, und sie wünschte mir gute Nacht, als wäre sie eine Italienerin des Cinquecento, die ihrem Liebsten Lebewohl sagt. Und um zehn Uhr am nächsten Morgen kam sie aus der Tür ihres Zimmers so frisch wie Venus, wenn sie sich von einem der Lager erhebt, von denen die griechischen Sagen erzählen.

Ihre Zimmertür wurde verschlossen, weil sie sich vor Einbrechern fürchtete. Aber angeblich war eine elektrische Vorrichtung mit einer Schnur an ihrem schmalen Handgelenk befestigt. Sie brauchte nur auf einen Knopf zu drücken, um das ganze Haus zu wecken. Und ich wurde mit einer Axt ausgerüstet – einer Axt! –, gütiger Gott, mit der ich ihre Tür einschlagen sollte, falls sie auf mein Klopfen hin nicht antwortete, nachdem ich mehrere Male ganz laut geklopft hätte. Es war sehr fein ausgetüftelt, wie Sie sehen.

Nicht so fein hatten sie die letzten Konsequenzen bedacht – dass wir nämlich an Europa gekettet blieben. Denn der junge Mann schärfte mir so gründlich ein, Florence würde sterben, wenn sie den Kanal überquerte – er prägte es mir so fest ins Gedächtnis, dass ich, als Florence später nach Fordingbridge wollte, ihr kurz und bündig das Wort abschnitt mit einem knappen Nein. Damit war sie gefangen. Sie erschrak. Ich wurde hierin sogar von allen Ärzten unterstützt. Ich habe offenbar endlose Gespräche mit einem Arzt nach dem andern geführt, kühlen, gelassenen Männern, die in einem sachlichen Ton fragten, ob es irgendeinen Grund für unsere Reise nach England gebe – irgendeinen triftigen Grund. Und da ich keinen triftigen Grund sah, fällten sie das Urteil: »Dann lieber nicht.« Gewiss meinten sie es ehrlich, wie die Dinge nun einmal lagen. Sie dachten wahrscheinlich, die bloße Vorstellung eines Dampfers könnte Florence auf die Nerven gehen.

Das genügte ihnen, das und der billige Wunsch, unser Geld auf dem Kontinent festzuhalten.

Es muss die arme Florence beträchtlich erschüttert haben, denn sehen Sie, die große Sehnsucht – die einzige Sehnsucht ihres im Übrigen kalten Herzens – war, nach Fordingbridge zu kommen und die Landherrin im Haus ihrer Vorfahren zu spielen. Aber Jimmy machte ihr einen Strich durch die Rechnung. Er schlug ihr sozusagen die Tore des Kanals vor der Nase zu; auch an dem heitersten Tag, unter blauestem Himmel, wenn die Klippen Englands wie Perlmutt in voller Sicht nach Calais herüberschimmerten, hätte ich sie, nicht einmal um ihr Leben zu retten, den Laufsteg eines Dampfers betreten lassen. Ich sage Ihnen, sie saß fest.

Sie saß ganz schön fest, denn sie konnte nicht auf einmal verkünden, sie sei kuriert, weil das dem verschlossenen Schlafzimmer ein Ende gemacht hätte. Und als sie Jimmy leid war – das war im Jahre 1903 –, hatte sie Edward Ashburnham gewonnen. Ja, sie saß scheußlich in der Falle, denn Edward hätte sie nach Fordingbridge bringen können, und wenn er ihr auch nicht Branshaw Manor geben konnte, da dieser Sitz ihrer Vorfahren seiner Frau überschrieben war, so hätte sie wenigstens dort oder in der Umgebung ganz prächtig die Königin spielen können mit unserem Geld und der Unterstützung der Ashburnhams. Ihr Onkel vermachte ihr, sobald ihm klarwurde, dass sie sich endgültig an mich gebunden hatte – und ich sandte ihm nur die glühendsten Berichte über ihre Tugend und Treue –, einen sehr ansehnlichen Teil seines Vermögens, für das er keine Verwendung hatte. Ich glaube, wir hatten damals zusammen fünfundsiebzigtausend Dollar im Jahr, wenn ich auch nie genau wusste, wie viel von ihrem Geld in Jimmys Taschen wanderte. Jedenfalls hätten wir in Fordingbridge glänzen können. Ich bekam nie heraus, wie sie und Edward Jimmy loswurden. Ich vermute, Edward schlug diesem feisten, schändlichen Schmarotzer die sechs goldenen Vorderzähne ein, während ich eines Morgens ausgegangen war, um in der Rue de la Paix Blumen zu kaufen und Florence und die Wohnung den beiden Männern anvertraut hatte. Und es geschah ihm recht, kann ich nur sagen. Er war ein Erpresser der finstersten Sorte; ich hoffe, Florence bekommt ihn nicht auch noch in der anderen Welt zur Gesellschaft.

So wahr Gott mein Richter ist, ich glaube nicht, dass ich die beiden getrennt hätte, wenn ich überzeugt gewesen wäre, dass sie sich wirklich leidenschaftlich liebten. Ich weiß nicht, wie die öffentliche Moral hierüber denkt, und natürlich kann kein Mensch sicher sagen, was er in einem bestimmten Fall getan hätte. Aber ich glaube aufrichtig, ich hätte sie zusammengeführt und die anständigsten Mittel und Wege dazu gesucht. Ich glaube, ich hätte ihnen Geld gegeben, damit sie leben konnten, und hätte mich irgendwie getröstet. Damals hätte ich noch ein junges Ding wie Maisie Maidan oder das arme Mädchen finden können, und ich wäre zur Ruhe gekommen. Denn Ruhe hatte ich mit Florence nie, und ich glaube kaum, dass ich nach ein oder zwei Jahren noch etwas wie Liebe für sie empfand. Sie wurde für mich zu einem seltenen und zerbrechlichen Gegenstand, einer Bürde, aber einer sehr zarten. Ja, es war, als hätte man mich damit betraut, ein dünnschaliges Junghenneneni auf meiner flachen Hand von Äquatorialafrika nach Hoboken zu tragen. Wirklich, sie wurde für mich zu einer Art Wetteinsatz – ein Preis für die Leistungen eines Athleten, eine Petersilienkrone, Symbol seiner Keuschheit, Nüchternheit, Enthaltsamkeit und eines unbeugsamen Willens. Mir scheint, als Frau bedeutete sie mir gar nichts mehr. Ich war nicht einmal mehr stolz auf die Art, wie sie sich kleidete.

Aber ihre Leidenschaft für Jimmy war wohl kaum eine Leidenschaft, und, wie verrückt es auch klingen mag, sie fürchtete um ihr Leben. Ja, sie fürchtete sich vor mir. Ich will Ihnen erzählen, wie es dazu kam.

Ich hatte früher einen schwarzen Diener namens Julius, der für mich sorgte und mir aufwartete, der mich liebte wie seinen Augapfel. Als wir nun Waterbury verließen, um an Bord der ›Pocahontas‹ zu gehen, vertraute mir Florence eine ganz besondere und sehr kostbare Ledertasche an. Sie erklärte mir, ihr Leben könnte von der Tasche abhängen, denn sie enthielt ihre Medikamente gegen Herzanfälle. Und da ich nie sehr geschickt war im Tragen, vertraute ich die Tasche wiederum Julius an, der ein grauhaariger Kerl von etwa sechzig war und dabei sehr malerisch aussah: Er machte einen so großen Eindruck auf Florence, dass sie ihn als ein väterliches Wesen betrachtete und absolut nicht dulden wollte, dass ich ihn mit nach Paris nahm. Er wäre ihr zur Last gefallen.

Julius war nun so überwältigt von dem Schmerz, zurückgelassen zu werden, dass er unbedingt hingehen und die kostbare Tasche fallen lassen musste. Ich sah rot, ich sah purpur. Ich stürzte mich auf Julius. Das geschah auf der Fähre, ich schlug ihm ein Auge blau, ich drohte, ihn zu erwürgen. Und da ein Neger, der sich nicht zur Wehr setzt und klägliche Laute ausstößt, ein klägliches Schauspiel bieten kann, und da es Florences erstes Abenteuer im Ehestand war, bekam sie einen netten Eindruck von meinem Charakter. Es befestigte in ihr den verzweifelten Entschluss, vor mir zu verheimlichen, dass sie nicht war, was sie ›eine unberührte Frau‹ genannt hätte. Denn das war in Wirklichkeit der Hauptgrund für ihre phantasievollen Machenschaften. Sie hatte Angst, ich würde sie ermorden …

So täuschte sie bei der ersten Gelegenheit an Bord ihren Herzanfall vor. Vielleicht darf man sie nicht allzu sehr tadeln. Sie müssen bedenken, sie kam aus Neuengland, und Neuengland idealisierte damals die Schwarzen viel mehr als heute. Wäre sie aus einer nur etwas weiter südlich gelegenen Stadt wie Philadelphia und einer altmodischen Familie gekommen, dann hätte sie eingesehen, dass es keine so schlimme Kränkung war, den alten Julius zu verprügeln, wie die ihres Vetters Reggie Hurlbird, der zu seinem Diener sagte – was ich ihn zu seinem englischen Butler habe sagen hören –, er werde ihm den Hosenboden versohlen. Übrigens hatte die Medizintasche in ihren Augen keine so ungeheure Bedeutung wie in den meinen, die in ihr das Sinnbild des Lebens einer angebeteten, seit einem Tage mir angetrauten Frau sahen. Für sie war es einfach eine nützliche Lüge.

Nun, da haben Sie also die Situation, so deutlich, wie ich sie Ihnen nur schildern kann – der Ehemann ein unwissender Narr, die Frau ein kaltes, sinnliches Geschöpf voll törichter Ängste –, denn ich war ein solcher Narr, dass ich nicht erkannte, was sie war und was nicht – und der erpresserische Liebhaber. Und dann tauchte der andere Liebhaber auf.

Nun, Edward Ashburnham war ein begehrenswerter Mann. Habe ich Ihnen einen Begriff davon gegeben, was für ein prächtiger Kerl er war – der anständige Soldat, der hervorragende Gutsherr, der außerordentlich redliche, anständig handelnde, anständig denkende Mensch im öffentlichen Leben? Davon habe ich Ihnen wohl keine rechte Vorstellung gegeben. Die Wahrheit ist, dass ich selbst nichts davon wusste, bis das arme Mädchen auftauchte – das arme Mädchen, das ebenso rechtschaffen, so prächtig und so aufrecht war wie er. Ich schwöre Ihnen, sie war es. Ich meine, ich müsste es wissen. Denn das war es ja wohl, weshalb ich ihn so gern hatte – so unendlich gern. Wenn ich jetzt darüber nachdenke, fallen mir tausend kleine Freundlichkeiten und Aufmerksamkeiten gegen seine Untergebenen ein, sogar auf dem Kontinent. Sehen Sie, ich weiß von zwei Familien, schmutzigen, durchaus nicht malerischen hessischen Armen, die dieser Mann mit unendlicher Geduld aus dem Dreck zog; er besorgte sich Polizeiberichte über sie, half ihnen wieder auf die Beine oder beförderte sie in mein geduldiges Heimatland. Und er tat es ganz unauffällig, schon ein Kind, das er auf der Straße weinen sah, brachte ihn in Bewegung. Dann plagte er sich mit Wörterbüchern in dieser ungeläufigen Sprache. Nein, er konnte es nicht ertragen, ein Kind weinen zu sehen. Vielleicht konnte er auch den Anblick einer Frau nicht ertragen, ohne sie mit seinen körperlichen Reizen zu trösten.

Doch obwohl ich ihn so ungemein mochte, war ich doch geneigt, all diese Dinge für selbstverständlich zu halten. Sie waren der Grund, warum ich mich wohl fühlte mit ihm und ihm gut war; sie flößten mir Vertrauen zu ihm ein. Aber vermutlich glaubte ich, dies gehöre zum Charakter jedes englischen Gentlemans. Eines Tages ging es ihm nach, dass der Oberkellner im Excelsior geweint hatte – der Kerl mit dem grauen Gesicht und dem grauen Backenbart. Und dann brachte er den größten Teil der Woche mit Briefschreiben und Besuchen bei dem britischen Konsul zu, um die Frau des Alten samt seinem Töchterchen aus London zurückzubringen. Sie war mit einem schweizerischen Küchenjungen durchgebrannt. Wenn sie nicht innerhalb einer Woche nach Hause gekommen wäre, hätte er sich selbst nach London begeben, um sie zu holen. So war er.

So war Edward Ashburnham, und ich dachte, das gehöre nur zu den Pflichten seines Ranges und Standes. Vielleicht war es auch nicht mehr als das – aber ich bete zu Gott, er möge mich die meinen ebenso erfüllen lassen. Und wäre nicht das arme Mädchen gewesen, dann wäre mir das alles wohl nie recht bewusst geworden, wie sehr mein Gefühl mich auch bestimmte. Sie war so begeistert von ihm, dass ich, obwohl ich die Gepflogenheiten des englischen Lebens selbst jetzt noch nicht verstehe, genug daraus entnehmen kann. Sie begleitete die Ashburnhams während unseres letzten Aufenthaltes in Nauheim.

Nancy Rufford war ihr Name; sie war das einzige Kind von Leonoras einziger Freundin, und Leonora war ihr Vormund, wenn das der richtige Ausdruck ist. Sie hatte seit ihrem dreizehnten Jahr bei den Ashburnhams gelebt, nachdem ihre Mutter angeblich wegen der Brutalität ihres Vaters Selbstmord begangen hatte. Ja, es ist eine erfreuliche Geschichte …

Edward nannte sie immer ›das Mädchen‹, und die Zuneigung, die er für sie empfand und sie für ihn, war reizend anzusehen. Leonora hätte sie geradezu die Füße geküsst – die beiden waren für sie der beste Mann und die beste Frau auf Erden und im Himmel. Ich glaube, sie wäre nie auf einen bösen Gedanken gekommen – das arme Kind …

Nun, jedenfalls sang sie mir stundenlang ein Loblied auf Edward vor. Aber wie ich schon bemerkte, sagte es mir wenig. Es kam heraus, dass er den D. S. O. erhalten hatte. Seine Leute, hieß es, gingen für ihn durchs Feuer; eine Truppe wie die seine gebe es nicht noch einmal. Und er hatte die Medaille der Königlichen Gesellschaft für Menschlichkeit an einer Spange. Offenbar war er zweimal vom Deck eines Truppentransporters gesprungen, um ›Tommies‹, wie das Mädchen sie nannte, zu retten, die im Roten Meer und anderswo über Bord gegangen waren. Zweimal hatte man ihn für das V. C. vorgeschlagen, was immer das sein mag, und obwohl ihm aus irgendwelchen Gründen des Reglements dieser anscheinend sehr begehrte Orden nicht verliehen worden war, hatte er doch einen besonderen Platz in der Umgebung seines Souveräns bei dessen Krönung. Vielleicht war es auch ein Posten bei den Beefeaters, den königlichen Leibgardisten. Sie machte aus ihm eine Kreuzung zwischen Lohengrin und dem Chevalier Bayard, dem Ritter ohne Furcht und Tadel. Vielleicht war er es. Aber er war zu schweigsam, als dass diese Seite seines Wesens recht zur Geltung gekommen wäre. Ich weiß noch, wie er, als ich ihn fragte, was der D. S. O. sei, brummte:

»Das ist so ein Ding, das man Krämern gibt, die in Kriegszeiten die Truppe anständig mit verdorbenem Kaffee versorgt haben« – oder so ähnlich. Er konnte mich damit nicht recht überzeugen, und so wandte ich mich schließlich direkt an Leonora. Ich fragte sie rundheraus – meine Frage mit einer Bemerkung einleitend, wie ich sie Ihnen gegenüber schon gemacht habe, nämlich welche Schwierigkeiten man habe, etwas über einen Menschen zu erfahren, wenn die Freundschaft mit ihnen sich in englischen Formen abspielt –, ich fragte sie, ob ihr Gemahl wirklich so ein prächtiger Kerl sei, zumindest auf der Ebene seiner öffentlichen Dienste. Sie sah mich mit einem leicht beunruhigten Ausdruck an – fast mit einem Ausdruck der Bestürzung, wenn Leonora je hätte bestürzt sein können.

»Wussten Sie das denn nicht?«, fragte sie. »Wenn ich es bedenke, gibt es weit und breit keinen prächtigeren Menschen, wohin Sie auch sehen – auf dieser Ebene.« Und sie fügte hinzu, nachdem sie mich, wie mir vorkam, lange nachdenklich angesehen hatte:

»Um meinem Manne gerecht zu werden, muss ich sagen, dass es keinen besseren Menschen auf Erden geben könnte. Es wäre nicht Raum genug – auf dieser Ebene.«

»Nun«, sagte ich, »dann muss er also wirklich Lohengrin und der Cid in einer Person sein, denn es gibt keine anderen Ebenen, die zählen.«

Abermals blickte sie mich lange an.

»Ist das wirklich Ihre Meinung, dass es keine anderen Ebenen gibt, die zählen?«, fragte sie langsam.

»Nun«, antwortete ich vergnügt, »Sie werden doch nicht behaupten wollen, er sei kein guter Ehemann oder kein guter Beschützer Ihres Mündels?«

Sie sprach darauf sehr langsam, wie jemand, der auf die Geräusche in einer Seemuschel lauscht, die er sich ans Ohr hält, und – ist es zu fassen? – sie sagte mir später, ihr sei bei meinen Worten zum ersten Mal eine dunkle Ahnung von der Tragödie aufgestiegen, die so bald folgen sollte – obwohl das Mädchen schon seit ungefähr acht Jahren bei ihnen lebte:

»Oh, ich denke nicht daran zu sagen, er sei nicht der beste Ehemann oder er habe das Kind nicht sehr gern.«

Und ich entgegnete daraufhin in etwa:

»Nun, Leonora, ein Mann sieht in diesen Dingen klarer als sogar eine Ehefrau. Und lassen Sie mich Ihnen versichern, während all der Jahre, die ich ihn kenne, hat Edward in Ihrer Abwesenheit auch nicht die geringste Notiz von einer anderen Frau genommen – nicht mit dem leisesten Augenzwinkern. Ich hätte es bemerkt. Und er spricht von Ihnen, als wären Sie ein Engel Gottes.«

»Oh«, sie wich nicht aus, Leonora wich nie aus, dessen

können Sie gewiss sein, »ich bin vollkommen überzeugt, dass er immer sehr nett von mir spricht.«

Wahrlich, sie muss Erfahrung in solchen Szenen gehabt haben – man beglückwünschte sie wohl ständig zu der Treue und Verehrung ihres Gemahls. Denn die halbe Welt – alle Welt, die Edward und Leonora kannte – glaubte, seine Überführung in der Kilsyte-Affäre sei eine Rechtsbeugung gewesen – eine Verschwörung falscher Zeugen, die von nonkonformistischen Gegnern zusammengebracht worden waren. Aber denken Sie nur, was für ein Dummkopf ich war ...

II

Lassen Sie mich nachdenken, wo wir stehengeblieben waren. Ach ja ... diese Unterhaltung fand am 4. August 1913 statt. Ich weiß noch, ich sagte zu ihr, an diesem Tag vor genau neun Jahren hätte ich ihre Bekanntschaft gemacht, so dass es ganz angebracht sei, gleichsam eine Geburtstagsrede, wenn ich auf diese Weise meinem Freund Edward eine Reverenz erweise. Ich könne ihr ganz im Vertrauen sagen, ich hätte mich, obwohl wir vier während dieser ganzen Zeit an allen möglichen Orten zusammen gewesen seien, von meiner Seite über keinen von ihnen im Geringsten zu beklagen. Und ich fügte hinzu, dies sei eine recht ungewöhnliche Bilanz bei Leuten, die so viel Zeit miteinander verbringen. Sie dürfen nicht denken, wir hätten uns nur in Nauheim getroffen. Das hätte Florence nicht gepasst. Wenn ich meine Tagebücher durchblättere, sehe ich, dass Edward am 4. September Florence und mich nach Paris begleitete, wo wir ihn bis zum

21. jenes Monats bei uns beherbergten. Er machte uns einen weiteren kurzen Besuch im Dezember desselben Jahres – es war das erste Jahr unserer Bekanntschaft. Es muss während dieses Besuchs gewesen sein, dass er Jimmy die Schneidezähne einschlug. Gewiss hatte Florence ihn zu diesem Zweck hergebeten. 1905 war er dreimal in Paris, einmal mit Leonora, die ein paar neue Kleider brauchte. 1906 verbrachten wir nahezu sechs Wochen zusammen in Mentone, und auf seinem Rückweg nach London blieb Edward eine Weile bei uns in Paris. So standen die Dinge. Tatsache ist, dass der arme Teufel in Florence an eine Tatarin geraten war, mit der verglichen Leonora ein Säugling war. Es muss die Hölle für ihn gewesen sein. Leonora wollte ihn halten, um – wie soll ich sagen? – um ihrer Kirche willen, um zu zeigen, dass katholische Frauen ihre Männer nicht verlieren. Wir wollen es im Augenblick dabei belassen. Vielleicht schreibe ich später mehr über ihre Beweggründe. Aber Florence klammerte sich an den Besitzer des Hauses ihrer Vorfahren. Ohne Zweifel war auch er ein sehr leidenschaftlicher Liebhaber. Aber ich bin überzeugt, dass er Florence schon nach drei Jahren einer sogar gelegentlich unterbrochenen Gemeinschaft satthatte – und das Leben, zu dem sie ihn zwang …

Wenn Leonora in einem Brief auch nur erwähnte, sie hätten eine Frau zu Gast, oder wenn sie bloß den Namen einer Frau in einem Brief an mich nannte, dann ging ein verzweifeltes Telegramm in Geheimschrift an den armen Teufel in Branshaw, in welchem Florence ihm bei Androhung der Strafe unverzüglicher und grauenhafter Enthüllung befahl, zu kommen und sie seiner Treue zu versichern. Ich bin überzeugt, er hätte Florence ziehen lassen und die Gefahr einer

Bloßstellung auf sich genommen. Aber da bekam er es mit Leonora zu tun. Und Leonora versicherte ihm, wenn mir auch nur das Geringste von der wirklichen Situation zu Ohren käme, würde sie die fürchterlichste Rache an ihm nehmen, die sich nur denken ließe. Er hatte es nicht leicht. Florence verlangte mit der Zeit immer mehr Aufmerksamkeit von ihm. Von früh bis spät verlangte sie, dass er sie küsste; und nur indem er ihr klarmachte, eine geschiedene Dame könne niemals eine gesellschaftliche Stellung in der Grafschaft Hampshire einnehmen, gelang es ihm zu verhüten, dass sie mit ihm durchbrannte. Ach ja, er hatte es schwer mit ihr.

Denn Florence, die mit der Zeit die Dinge gelassener zu betrachten begann und von ihrer gewohnten Schwatzhaftigkeit befallen wurde, geriet in eine Verfassung, in der es ihr fast notwendig zu sein schien, mir alles zu gestehen – nichts Geringeres als das, ich bitte Sie! Sie meinte, ihre Situation mir gegenüber sei geradezu unhaltbar geworden.

Sie schlug vor, mir alles zu sagen, meine Einwilligung in die Scheidung zu erwirken, mit Edward nach Kalifornien zu gehen und sich dort niederzulassen … Ich glaube nicht, dass es ihr damit wirklich ernst war. Es wäre die Preisgabe all ihrer Hoffnung auf Branshaw Manor gewesen. Übrigens hatte sie die fixe Idee, Leonora, die kerngesund war, leide an Schwindsucht. Immer wieder bat sie Leonora in meiner Gegenwart, einen Arzt aufzusuchen. Aber dennoch scheint Edward an ihre Entschlossenheit, mit ihm durchzubrennen, geglaubt zu haben. Er wäre nicht gegangen; er hing zu sehr an seiner Frau. Aber wenn Florence ihn dazu gebracht hätte, so hätte das bedeutet, dass ich alles erfuhr und dass er sich damit Leonoras Rache aussetzte. Und sie hätte ihm auf zehn oder zwölf verschiedene Weisen die Hölle heißmachen können. Ja, sie versicherte mir, sie hätte sie alle angewandt. Sie war entschlossen, meine Gefühle zu schonen. Und sie wusste damals sehr wohl, dass sie ihm die Hölle am heißesten machen konnte, wenn sie sich weigerte, ihn je wiederzusehen.

Ich glaube, ich habe es nun deutlich genug dargestellt. Lassen Sie mich auf den 4. August 1913 zurückkommen, den letzten Tag meiner völligen Ahnungslosigkeit – und, ich versichere Ihnen, meiner vollkommenen Glückseligkeit. Denn die Ankunft dieses lieben Mädchens trug noch dazu bei.

An jenem 4. August saß ich in der Halle mit einem ziemlich unangenehmen Engländer namens Bagshawe, der am Abend nach dem Essen eingetroffen war. Leonora war gerade zu Bett gegangen, und ich wartete noch auf Florence und Edward und das Mädchen, die ein Konzert im Kasino besuchten. Sie waren nicht alle zusammen gegangen. Florence, erinnere ich mich, hatte zunächst gesagt, sie wolle bei Leonora und mir bleiben, und Edward und das Mädchen waren allein aufgebrochen. Und dann hatte Leonora vollkommen ruhig zu Florence gesagt:

»Es wäre mir lieb, wenn Sie die beiden begleiten könnten. Ich finde, das Mädchen sollte bei solchen Gelegenheiten mit Edward nicht ohne Begleitung einer Dame sein. Ich glaube, es ist an der Zeit.« So war ihnen Florence leichtfüßig gefolgt. Wegen irgendeiner Cousine war sie ganz in Schwarz. Amerikaner nehmen es mit solchen Dingen sehr genau.

Wir hatten bis gegen zehn Uhr zusammen in der Halle gesessen, und dann war Leonora zu Bett gegangen. Der Tag war sehr heiß gewesen, aber in der Halle war es kühl. Der Mann namens Bagshawe hatte auf der anderen Seite der Halle die *Times* gelesen, aber er kam mit irgendeiner belanglosen Frage herüber, die der Auftakt zu einer Bekanntschaft sein sollte. Ich glaube, er erkundigte sich nach der Kurtaxe und ob man sich davor drücken könnte. So einer war das.

Er war leicht zu durchschauen, dieser Mann mit seiner übertrieben militärischen Figur, den hervorquellenden Augen, die meinen Blick mieden, und einer blässlichen Gesichtsfarbe, die auf geheime Laster schließen ließ und auf das unangenehme Verlangen, Bekanntschaften zu machen, koste es, was es wolle … Eine widerliche Kröte. Er erzählte mir gleich, er komme von Ludlow Manor in der Nähe von Ledbury. Der Name hatte einen von ferne vertrauten Klang für mich, wenn ich ihn auch nicht in meinem Gedächtnis unterbringen konnte. Dann fing er an, von einem Geschäft mit Hopfen zu erzählen, von kalifornischem Hopfen, von Los Angeles, wo er gewesen war. Er suchte nach einem Thema, womit er meine Zuneigung gewinnen konnte.

Und dann sah ich in dem hellen Straßenlicht plötzlich Florence daherrennen. So war es – mit einem Gesicht, weißer als Papier, kam Florence angelaufen, ihre Hand auf den schwarzen Stoff über ihrem Herzen gedrückt. Ich sage Ihnen, mein eigenes Herz setzte aus; ich sage, ich konnte mich nicht rühren. Sie stürzte durch die Drehtür herein. Ihr Blick überflog den Raum mit den Korbstühlen, Bambustischen und Zeitungen. Sie sah mich und öffnete die Lippen. Sie sah den Mann, der mit mir redete. Sie schlug die Hände vors Gesicht, als wollte sie sich die Augen ausreißen. Und schon war sie nicht mehr da.

Ich vermochte nicht, mich zu bewegen, ich konnte keinen Finger rühren. Und dann sagte der Mann:

»Bei Jupiter! Florry Hurlbird.« Mit einem öligen, unangenehmen Ton, der ein Lachen sein sollte, wandte er sich mir zu. Er wollte sich wirklich bei mir einschmeicheln. »Wissen Sie, wer das ist?«, fragte er. »Das letzte Mal, als ich das Mädel sah, kam sie um fünf Uhr morgens aus dem Schlafzimmer eines jungen Mannes namens Jimmy. In meinem Hause in Ledbury. Sie haben gesehen, dass sie mich wiedererkannte.« Er war aufgestanden und blickte auf mich herab. Ich weiß nicht, wie ich aussah. Jedenfalls stieß er einen gurgelnden Laut hervor und stotterte dann:

»Oh, ich verstehe ...« Das waren die letzten Worte, die ich je von Mr. Bagshawe hörte. Geraume Zeit später raffte ich mich auf und ging aus der Halle zu Florences Zimmer hinauf. Sie hatte die Tür nicht abgeschlossen – es war das erste Mal in unserem Eheleben. Sie lag recht manierlich – anders als Mrs. Maidan – auf ihrem Bett ausgestreckt. Sie hielt ein Medizinfläschchen, das eigentlich Amylnitrit enthalten sollte, in ihrer rechten Hand. Das war am 4. August des Jahres 1913.

Dritter Teil

I

Seltsamerweise ist das Einzige, was mir von dem weiteren Abend in Erinnerung geblieben ist, dass Leonora sagte: »Natürlich könnten Sie sie heiraten«, und als ich fragte, wen, antwortete sie:

»Das Mädchen.«

Das ist für mich etwas sehr Erstaunliches – erstaunlich, weil es ein Licht auf die Möglichkeiten des menschlichen Herzens wirft. Denn nie hatte ich willentlich die leiseste Absicht gehegt, das Mädchen zu heiraten; ich hatte nicht einmal die leiseste Ahnung gehabt, dass ich mir etwas aus ihm machte. Ich hatte offenbar seltsame Reden geführt, wie man es tut, wenn man aus einer Narkose erwacht. Es ist, als hätte man eine doppelte Persönlichkeit, als wisse die eine nichts von der anderen. Ich hatte an nichts gedacht; und ich hatte etwas so Verblüffendes gesagt.

Ich weiß nicht, ob eine Analyse meines eigenen Seelenlebens für diese Geschichte von Belang ist. Ich möchte sagen, sie ist es nicht, jedenfalls meine ich, ich habe genug durchblicken lassen. Aber diese seltsame Bemerkung von mir hatte einen starken Einfluss auf das, was sich später ereignete. Leonora hätte wahrscheinlich nie mit mir über

Florences Beziehung zu Edward gesprochen, wenn ich nicht zwei Stunden nach dem Tode meiner Frau gesagt hätte:

»Jetzt kann ich das Mädchen heiraten.«

Sie schloss daraus, ich hätte das durchlitten, was auch sie durchlitten hatte, oder wenigstens geduldet, was sie geduldet hatte. So dass sie vor einem Monat, ungefähr eine Woche nach der Beerdigung des armen Edward, in dem natürlichsten Ton der Welt zu mir sagen konnte – ich hatte über die Dauer meines Aufenthaltes in Branshaw gesprochen –, mit ihrer klaren, nachdenklichen Stimme zu mir sagen konnte:

»Ach, bleiben Sie doch für immer hier, wenn Sie können.« Und dann fügte sie hinzu: »Ich könnte mir keinen besseren Bruder, keinen besseren Ratgeber und keine bessere Stütze denken als Sie. Sie sind der einzige Trost, den ich auf der Welt habe. Und ist es nicht seltsam, wenn man bedenkt, dass Sie, wäre Ihre Frau nicht die Mätresse meines Mannes gewesen, überhaupt nie hierhergekommen wären?«

So erfuhr ich die Neuigkeit – hart wie ein Schlag ins Gesicht. Ich sagte nichts, und ich glaube nicht, dass ich etwas empfand, es sei denn im geheimnisvollen und unbewussten Selbst, das den meisten Menschen im Verborgenen innewohnt. Vielleicht werde ich eines Tages, wenn ich bewusstlos bin oder schlafwandle, zum Grab des armen Edward gehen und darauf spucken. Es wäre ungefähr das Unwahrscheinlichste, was ich tun könnte; so liegen die Dinge.

Nein, ich erinnere mich an keinerlei Gemütsbewegungen, sondern nur an das deutliche Empfinden, das man zuweilen hat, wenn man hört, dass Mrs. Soundso mit einem gewissen Herrn *au mieux* ist. Es machte mir in meiner Wissbegier die Dinge plötzlich klarer. Als ich später dazu kam, über all dies nachzudenken, war mir, als hätten sich in jenem Augenblick des stürmischen Novemberabends ein Dutzend ungeklärter Dinge plötzlich zurechtgerückt. Aber ich machte mir damals keine weiteren Gedanken darüber. Das weiß ich noch. Ich lehnte mich nur – etwas steif – in meinem Sessel zurück. Daran erinnere ich mich. Es dämmerte.

Branshaw Manor liegt in einer kleinen Mulde mit Rasenflächen ringsherum und Fichtenwäldern oben am Rand der Senke. Der mächtige Wind, der durch den Wald heranbrauste, heulte über uns hinweg. Aber wenn man aus dem Fenster blickte, war alles vollkommen ruhig und grau. Nichts regte sich außer ein paar Kaninchen am äußersten Ende des Rasens. Wir saßen in Leonoras kleinem Schreibzimmer und warteten auf den Tee. Ich saß, wie ich schon sagte, in einem Sessel, Leonora stand am Fenster und drehte nervös die hölzerne Eichel, die an der Schnur der Jalousie hing. Sie blickte über den Rasen und sagte, wenn ich mich richtig erinnere:

»Edward ist kaum zehn Tage tot, und schon sind die Kaninchen auf dem Rasen.«

Soviel ich weiß, fügen Kaninchen dem kurzen Rasen in England viel Schaden zu. Und dann wandte sie sich mir zu und sagte ohne jede Beschönigung, denn ich erinnere mich noch genau ihrer Worte:

»Ich finde, es war töricht von Florence, sich das Leben zu nehmen.«

Ich kann Ihnen das außerordentliche Gefühl der Ruhe, das wir anscheinend beide in jenem Augenblick empfanden, gar nicht beschreiben. Es war nicht so, als warteten wir auf die Ankunft eines Zuges, es war nicht so, als warteten wir auf eine Mahlzeit – es gab einfach nichts, worauf wir hätten warten sollen. Nichts.

Es herrschte tiefste Stille bis auf das ferne, immer wieder aussetzende Sausen des Windes. Ein graues Licht füllte das kleine braune Zimmer. Mir war, als gäbe es sonst nichts mehr auf der Welt.

Ich fühlte, Leonora war bereit, mich ganz ins Vertrauen zu ziehen. Es war, als ob – oder nein, es war wahrhaft so, Leonora mit ihrem seltsamen englischen Anstandsgefühl hatte beschlossen, eine volle Woche nach der Beerdigung Edwards verstreichen zu lassen, ehe sie sprach. Und in dem unbestimmten Bedürfnis, ihr einen Begriff von dem Ausmaß der Eröffnungen zu geben, zu dem sie bereit sein müsste, sagte ich langsam – und auch an diese Worte erinnere ich mich genau:

»Hat Florence Selbstmord begangen? Das wusste ich nicht.«

Ich versuchte nur, wissen Sie, ihr zu verstehen zu geben, sie müsse, wenn sie schon spräche, viel weiter ausholen, als sie zunächst für nötig gehalten hätte.

So erfuhr ich zum ersten Mal, dass Florence Selbstmord begangen hatte. Der Gedanke war mir nie gekommen. Sie mögen denken, ich sei gar zu arglos gewesen; Sie werden mich vielleicht sogar für schwachsinnig halten. Aber bedenken Sie meine Lage.

Bei so viel Lärm und Geschrei, bei dem Auflauf, den es da gab, bei der professionellen Verschwiegenheit von Leuten wie dem Hotelbesitzer und der traditionellen Zurückhaltung von ›ordentlichen Leuten‹ wie den Ashburnhams – unter solchen Umständen ist es immer ein kleiner materieller Gegenstand, der den Blick auf sich lenkt und die Einbildungskraft fesselt. Ich wurde durch nichts auf den Gedanken an einen Selbstmord gebracht, und der Anblick der Amylnitritflasche in Florences Hand hatte mir sogleich den Gedanken eingegeben, ihr Herz müsse versagt haben. Amylnitrit, wissen Sie, ist eine Arznei, die man verabreicht, um bei Angina Pectoris Erleichterung zu verschaffen.

So wie ich Florence gesehen hatte, als sie mit weißem Gesicht und ihre Hand auf dem Herzen dahergerannt war, so, wie ich sie unmittelbar darauf auf ihrem Bett liegend fand, mit ihren Fingern in so gewohnter Weise die kleine braune Flasche umklammernd, war es nur natürlich, dass mir dieser Gedanke kam. Ich glaubte, sie sei, wie es zuweilen vorkam, ohne ihre Medizin ausgegangen, und als sie im Park eine Herzattacke kommen fühlte, sei sie ins Hotel gestürzt, um das Amylnitrit zu nehmen und sich so schnell wie möglich Erleichterung zu verschaffen. Und ebenso unvermeidlich musste ich glauben, ihr Herz habe die Überanstrengung durch das schnelle Laufen nicht ausgehalten und sei ihr in der Brust zersprungen. Wie konnte ich wissen, dass die kleine braune Flasche all die Jahre unseres Ehelebens hindurch nicht Amylnitrit, sondern Zyankali enthalten hatte?

Ja, nicht einmal Edward Ashburnham, der nach allem vertrauter mit ihr war als ich, hatte eine Ahnung, wie es sich in Wahrheit verhielt. Er glaubte einfach, sie sei einem Herzschlag erlegen. Wahrhaftig, mir scheint, die einzigen Personen, die erfuhren, dass Florence sich das Leben genommen hatte, waren Leonora, der Großherzog, der Polizeipräsident und der Hotelbesitzer. Ich erwähne die letzteren drei, weil meine Erinnerung an jene Nacht mit dem rötlichen Schimmer der elektrischen Lampen im Salon des Hotels verschwimmt. Die Gesichter dieser drei tauchten wie schwebende Kugeln in meinem Bewusstsein auf. Einmal war es das bärtige, monarchisch huldvolle Gesicht des Großherzogs; ein andermal die scharfgeschnittenen, braunen, kavallerieschnurrbärtigen Züge des Polizeipräsidenten; dann wieder die rundliche, polierte und in einem hohen Kragen steckende Ausdruckslosigkeit, die Monsieur Schontz darstellte, den Eigentümer des Hotels. Zuweilen war ein Kopf allein da, zuweilen tauchte die Helmspitze des Beamten dicht neben dem gesunden Kahlkopf des Fürsten auf; dann wieder drängten sich Monsieur Schontz' geölte Locken zwischen beide. Die sanfte, vorzüglich geschulte Stimme des Souveräns sagte:

»Ja, ja, ja!«, und jedes Wort fiel wie ein Talgkügelchen von seinen Lippen; das gedämpfte Gekrächz des Beamten hörte sich mit seinem »Zu Befehl, Durchlaucht« wie eine Salve von fünf Revolverschüssen an; die Stimme von Monsieur Schontz murmelte ununterbrochen wie die eines schmuddeligen Priesters, der im Winkel eines Eisenbahnabteils sein Brevier liest. So wirkte es auf mich.

Sie schienen keine Notiz von mir zu nehmen; ich glaube, ich wurde von ihnen nicht einmal angesprochen. Aber solange der eine oder andere oder alle drei da waren, standen sie um mich herum, als hätte ich, da ich der rechtmäßige Eigentümer des Leichnams war, auch das Recht, bei ihren Beratungen zugegen zu sein. Dann gingen sie alle davon, und ich blieb lange Zeit allein.

Ich dachte an nichts, absolut nichts. Ich begriff nichts; ich hatte keine Kraft mehr. Ich fühlte keinen Schmerz, kein

Bedürfnis, etwas zu tun, keine Neigung, nach oben zu gehen und mich über den Körper meiner Frau zu werfen. Ich sah bloß den rötlichen Schimmer, die Rohrtische, die Palmen, die kugeligen Zündholzhalter, die eingekerbten Aschenbecher. Und dann kam Leonora zu mir, und anscheinend habe ich mich mit jener sonderbaren Bemerkung an sie gewandt:

»Jetzt kann ich das Mädchen heiraten.«

Aber ich habe Ihnen wahrhaftig meine gänzliche Erinnerung an jenen Abend mitgeteilt, die zugleich auch die gänzliche Erinnerung an die folgenden drei oder vier Tage ist. Ich war einfach in einem Zustand der Starre. Sie brachten mich zu Bett, und dort blieb ich; sie brachten mir meinen Anzug, und ich kleidete mich an; sie führten mich an ein offenes Grab, und ich blieb daneben stehen. Hätten sie mich an den Rand eines Flusses geführt oder unter einen Eisenbahnzug geworfen, dann wäre ich in der gleichen Gemütsverfassung ertrunken oder zermalmt worden. Ich war ein wandelnder Leichnam.

So war mir damals zumute.

Was wirklich geschehen war, war dies. Ich reimte es mir später zusammen. Ich habe schon erzählt, Sie werden sich erinnern, wie Edward Ashburnham und das Mädchen an jenem Abend zu einem Konzert ins Kasino gegangen waren und Leonora fast unmittelbar nach ihrem Aufbruch Florence gebeten hatte, ihnen nachzugehen und die Anstandsdame zu spielen. Florence war, wie Sie sich wohl auch noch erinnern, ganz in Schwarz, da sie wegen einer verstorbenen Cousine, Joan Hurlbird, Trauer trug. Die Nacht war sehr finster, und das Mädchen in seinem cremefarbenen Musselinkleid muss unter den hohen Bäumen des dunklen Parks geschimmert haben wie ein phosphoreszierender Fisch in einem Schrank. Man hätte sich kein besseres Leuchtfeuer denken können.

Und offenbar war Edward Ashburnham mit dem Mädchen nicht die gerade Allee entlanggegangen, die zum Kasino führt, sondern unter die dunklen Bäume des Parks. Edward Ashburnham erzählte mir das alles in seinem letzten Gefühlsausbruch. Ich habe Ihnen schon gesagt, dass er bei dieser Gelegenheit verflucht gesprächig wurde. Ich fragte ihn nicht aus. Ich hatte gar keinen Grund dazu. Damals brachte ich ihn noch nicht im Geringsten in Zusammenhang mit meiner Frau. Aber der Bursche redete wie ein billiger Romanschreiber. – Oder, genau genommen, wie ein sehr guter Romanschreiber, wenn es nämlich die Aufgabe eines Romanschreibers ist, einem etwas anschaulich vor Augen zu führen. Und ich sage Ihnen, ich habe die Sache vor Augen, als handelte es sich um einen Traum, der mich nie mehr losließe. Nicht weit vom Kasino setzten er und das Mädchen sich in der Dunkelheit auf eine öffentliche Bank. Die Lichter jener Stätte des Vernügens müssen zwischen den Baumstämmen hindurch bis zu ihnen herübergeschienen haben. Edward sagte, er habe ganz deutlich das Gesicht des Mädchens sehen können – das geliebte Gesicht mit der hohen Stirn, dem sonderbaren Mund, den gequälten Augenbrauen und dem offenen Blick. Und Florence, die sich von hinten an sie heranschlich, müssen sich die beiden wie Schattenrisse dargeboten haben. Denn ich nehme an, dass Florence sich von hinten über das gemähte Gras bis zu dem Baum an sie heranschlich, der, wie ich mich deutlich erinnere, unmittelbar hinter der öffentlichen Bank steht. Das war kein großes Kunststück für eine von instinktiver Eifersucht getriebene Frau. Das Kasinoorchester spielte, wie sich Edward erinnerte, den Rákóczi-Marsch, und obwohl die Musik in dieser Entfernung nicht laut genug war, um Edward Ashburnhams Stimme zu übertönen, war sie doch so vernehmlich, dass sie unter den Geräuschen der Nacht das leise Rascheln und Knistern von Florences Füßen oder ihrem Kleid verwischte, während sie über das kurzgemähte Gras herankam. Und es muss die unglückselige Frau wie ein Schlag ins Gesicht getroffen haben, mit voller Wucht. Es muss schrecklich für sie gewesen sein. Schrecklich! Nun, ich glaube, sie hatte es wohl verdient.

Jedenfalls, da haben Sie das Bild: die riesigen hohen Bäume, Ulmen zum größten Teil, deren ragende Stämme und Laubgefieder sich in der dunstigen Schwärze verloren, welche die Bäume nachts um sich zu sammeln scheinen; die Silhouette jener beiden auf der Bank, der Lichtschein vom Kasino, die Frau ganz in Schwarz, die furchtsam hinter dem Baumstamm hervorspähte. Es ist ein lupenreines Melodram; aber ich kann es nicht ändern.

Und dann muss es Edward Ashburnham überkommen haben. Er versicherte mir – und ich sehe keinen Grund, weshalb ich ihm nicht glauben sollte –, er habe bis zu diesem Augenblick nicht die geringste Ahnung gehabt, was das Mädchen ihm bedeutete. Er sagte, er habe sie stets wie eine Tochter betrachtet. Natürlich liebte er sie, aber mit einer sehr tiefen, sehr zarten und sehr ruhigen Liebe. Er habe sie vermisst, wenn sie in ihre Klosterschule abreiste; er habe sich gefreut, wenn sie wiederkam. Aber was darüber hinausging, war ihm gänzlich unbewusst geblieben. Wäre er sich dessen bewusst gewesen, so versicherte er mir, er wäre davor geflohen wie vor einem Fluch. Er empfand es als das Schlimmste, was er Leonora antun konnte. Aber der Punkt, auf den es ankam, war seine völlige Ahnungslosigkeit. Er war mit ihr in den dunklen Park gegangen, ohne dass sein Puls schneller schlug, ohne ein Verlangen nach vertraulichem Alleinsein mit ihr. Er hatte mit ihr über Poloponys und Tennisschläger sprechen wollen; über das Temperament der Ehrwürdigen Mutter im Kloster, das sie verlassen hatte, und über das Kleid, das sie für eine Gesellschaft nach ihrer Heimkehr brauchte, ob es weiß oder blau sein sollte. Es war ihm nicht in den Sinn gekommen, sie könnten über etwas sprechen, worüber sie nicht auch sonst gesprochen hatten; es war ihm nicht einmal der Gedanke gekommen, die Unberührbarkeit, die sie umgab, sei nicht unverletzbar. Und dann plötzlich dies.

Er war sehr bedacht darauf, mich davon zu überzeugen, dass seine Erklärung kein körperliches Verlangen verriet. Nichts, wozu er des nächtlichen Dunkels und der Nähe bedurft hätte. Nein, er sprach offenbar von ihrem Einfluss auf die moralische Seite seines Lebens. Er sagte, er habe nicht die leiseste Regung verspürt, sie zu umarmen oder auch nur ihre Hand zu berühren. Er schwor, er habe ihre Hand nicht berührt. Er sagte, sie habe am einen Ende, er am anderen Ende der Bank gesessen, er leicht zu ihr hingebeugt und sie geradeaus in die Lichter des Kasinos blickend, so dass ihr Gesicht von den Lampen dort hell erleuchtet war. Von ihrem Gesichtsausdruck wusste er nur zu sagen, er sei ›sonderbar‹ gewesen.

Ein andermal jedoch äußerte er, er habe das Gefühl gehabt, dass sie sich freute. Es lässt sich leicht vorstellen, dass sie sich freute, da sie zu jener Zeit noch nicht ahnen konnte, was dies wirklich bedeutete. Offen gesagt, sie betete Edward Ashburnham an. Er war für sie, nach allem, was sie damals sagte, ein Vorbild der Menschlichkeit, der Held, der Sportsmann, der Vater seiner Grafschaft, der Gesetzgeber. So dass es für sie eine reine Freude gewesen sein muss, auf einmal so vertraulich und überwältigend gepriesen zu werden, wie überwältigend es auch immer gewesen sein mochte. Ihr muss zumute gewesen sein, als habe ein Gott ihr Tun gelobt oder ein König ihre Treue. Sie saß einfach da und hörte still und lächelnd zu.

Und ihr war, als sei all die Bitternis ihrer Kindheit, die Furcht vor ihrem tobenden Vater, das Gezeter ihrer scharfzüngigen Mutter, plötzlich wiedergutgemacht. Endlich wurde sie dafür entschädigt. Denn natürlich, wenn man es sich überlegt, kann einer Frau der plötzliche Ausbruch der Leidenschaft bei einem Mann, in dem sie eine Mischung aus einem Pastor und einem Vater sieht, sehr wohl als ein reines Lob für gutes Benehmen erscheinen. Ich meine, sie empfand es keineswegs als einen Versuch, sie für sich zu gewinnen. In den Augen des Mädchens wenigstens hatte er festen Anker bei seiner Leonora geworfen. Sie hatte nicht die geringste Ahnung von irgendwelchen Treulosigkeiten. Ihr gegenüber hatte er von seiner Frau stets voller Verehrung und mit tiefer Zärtlichkeit gesprochen, so dass sie in der Vorstellung lebte, er betrachte Leonora als absolut unfehlbare und beglückende Frau. In ihren Augen war dies eine der gesegneten Ehen, von denen ihre Kirche mit Ehrfurcht spricht.

So dachte sie natürlich, als er ihr sagte, sie sei ihm der liebste Mensch auf der Welt, er meine das mit Ausnahme Leonoras, und sie war einfach froh. Es war, als äußerte ein Vater sich beifällig über seine heiratsfähige Tochter … Und als Edward gewahr wurde, was er tat, zügelte er sogleich seine Zunge. Sie war einfach froh, und sie blieb es.

Ich vermute, dies war das Ungeheuerlichste und Verruchteste, was Edward Ashburnham je in seinem Leben tat. Und doch stehe ich all diesen Menschen so nahe, dass ich keinen von ihnen für verrucht halten kann. Es ist mir unmöglich, Edward Ashburnham anders zu sehen denn als einen redlichen, aufrechten und ehrenwerten Mann. Das ist trotz allem mein bleibendes Bild von ihm. Ich versuche zuweilen, mir manches, was er getan hat, vor Augen zu führen, um dieses Bild wegzuschieben, so wie man versuchen könnte, ein großes Pendel zur Seite zu schieben. Aber immer wieder kommt sie zurück – die Erinnerung an seine zahllosen Handlungen der Güte, an seine Tüchtigkeit, seine ungehässige Redeweise. Er war ein so prächtiger Kerl.

So fühle ich mich gezwungen, ihn in dieser Sache wie in so vielen anderen zu entschuldigen. Es ist, daran zweifle ich nicht, etwas ganz Ungeheuerliches, ein junges Mädchen verführen zu wollen, das soeben aus dem Kloster gekommen ist. Aber Edward dachte gewiss gar nicht daran, sie zu verführen. Ich glaube, er liebte sie einfach. Er sagte, so sei es gekommen, und ich glaube es ihm, ich glaube auch, dass sie die einzige Frau war, die er wahrhaft geliebt hat. Er sagte, so sei es gewesen; und er hat genug getan, um es zu beweisen. Auch Leonora sagte, es sei so gewesen, und Leonora kannte ihn bis auf den Grund seines Herzens.

Ich bin in diesen Dingen zu einem rechten Zyniker geworden; ich meine, es ist unmöglich, an die Dauer der Liebe zu glauben, sei es die eines Mannes oder einer Frau. Oder jedenfalls ist es unmöglich, an die Dauer einer frühen Leidenschaft zu glauben. So wie ich es sehe, zumindest was den Mann betrifft, ist eine Liebschaft, die Liebe zu einer bestimmten Frau, ein Zuwachs an Erfahrung. Mit jeder neuen Frau, zu der sich ein Mann hingezogen fühlt, erweitert sich sein Horizont oder, wenn Sie so wollen, gewinnt er Neuland. Der Schwung einer Augenbraue, der Klang einer Stimme, eine merkwürdige, charakteristische Geste – all diese Dinge, und es sind diese Dinge, die die Leidenschaft der Liebe wecken –, all diese Dinge sind wie Gegenstände am Horizont einer Landschaft, die einen Mann reizen, den Horizont zu überschreiten, auf weitere Erkundung auszugehen. Er will gleichsam hinter jene Augenbrauen mit dem eigentümlichen Schwung vordringen, als verlangte es ihn, die Welt mit den Augen zu sehen, die von ihnen überschattet werden. Er möchte hören, wie diese Stimme in allen möglichen Modulationen, bei den verschiedenartigsten Themen klingt; er möchte diese charakteristischen Gesten gegen jeden möglichen Hintergrund sehen. Über die Frage des Geschlechtstriebs weiß ich sehr wenig, und ich glaube nicht, dass er in einer wirklich großen Leidenschaft eine wesentliche Rolle spielt. Er kann ja durch solche Nichtigkeiten erregt werden – durch einen Schuhriemen, der sich gelöst hat, durch einen im Vorübergehen aufgefangenen Blick –, dass man ihn wohl getrost außer Betracht lassen darf. Ich will nicht sagen, eine große Leidenschaft sei denkbar ohne das Verlangen nach Erfüllung. Mir scheint, das ist eine Binsenwahrheit und bedarf keiner weiteren Erklärung. Es ist etwas, das man mit all seinem Wohl und Wehe als etwas Selbstverständliches hinnehmen muss, wie man in einem Roman oder einer Biographie als selbstverständlich annimmt, dass die Personen mit einiger Regelmäßigkeit ihre Mahlzeiten einnehmen. Aber das wahre Ungestüm des Verlangens, die wahre Glut einer Leidenschaft, die lange währt und die Seele eines Mannes verdorren lässt, entspringt der verzehrenden Sehnsucht, eins zu werden mit der Frau, die er liebt. Er möchte mit denselben Augen sehen, mit demselben Tastsinn berühren, mit denselben Ohren hören, möchte sein Ich verlieren und von ihr eingehüllt und getragen werden. Denn was man auch immer über die Beziehung der Geschlechter sagen mag, es gibt keinen Mann, der eine Frau liebt und nicht zu ihr kommt mit dem Wunsch, neuen Mut zu schöpfen und seiner Nöte entledigt zu werden. Und das vor allem wird seinem Verlangen nach ihr die Spannkraft verleihen. Wir sind alle so furchtsam, wir sind alle so allein, wir alle brauchen so nötig die Bestätigung unseres Wertes durch den anderen, um leben zu können!

So wird ein Mann, wenn eine solche Leidenschaft Frucht trägt, für eine Weile haben, wonach ihn verlangt. Er wird in ihr einen inneren Halt, Ermutigung, Erlösung von dem Gefühl der Einsamkeit, die Bestätigung seines eigenen Wertes finden. Aber diese Dinge schwinden dahin; sie schwinden unvermeidlich dahin, wie der Schatten auf einer Sonnenuhr schwindet. Es ist traurig, aber so ist es. Die Seiten des Buches werden alltäglich; um die schöne Straßenecke ist man zu oft gebogen. Ja, das ist das Allertraurigste.

Und doch glaube ich, für jeden Mann kommt schließlich eine Frau – doch nein, das ist falsch ausgedrückt. Für jeden Mann kommt einmal im Leben der Augenblick, da die Frau, die dann ihr Siegel auf seine Vorstellung drückt, es für immer einprägt. Er wird nicht mehr über die Horizonte hinauswandern; er wird nicht wieder seinen Ranzen schultern; er wird sich von jenen Bildern abwenden. Er wird aus dem Spiel ausscheiden.

Auf Edward und das arme Mädchen jedenfalls traf es zu. Es war buchstäblich so. Es war buchstäblich so, dass seine Liebschaften – mit der Mätresse des Großfürsten, mit Mrs. Basil, mit der kleinen Mrs. Maidan, mit Florence, mit wem Sie wollen –, dass diese Liebschaften nur ein leichtes Vorspiel waren im Vergleich zu dem Wettrennen mit dem Tod um Nancy. Ich bin dessen gewiss. Ich will nicht so amerikanisch sein zu behaupten, jede wahre Liebe fordere ein Opfer. Das tut sie nicht. Aber ich glaube, eine Liebe wird tiefer und beständiger, wenn einer dafür ein Opfer gebracht hat. Und im Fall der anderen Frauen brach Edward bloß in ein Gehege ein und schnappte sie sich weg, so wie er den Poloball unter der Nase des Barons Lelöffel wegschnappte. Ich will damit nicht sagen, er habe sich nicht weidlich geplagt, um die anderen Frauen zu erobern. Aber um Nancys willen hat er sich zu Tode geschunden – um sie in Frieden zu lassen.

Und als er an jenem Abend mit ihr sprach, beging er keine Niederträchtigkeit, davon bin ich überzeugt. Es war, als hätte seine Leidenschaft für sie vorher nicht existiert; als hätten die Worte, die er sprach, ohne zu wissen, dass er sie sprach, die Leidenschaft erst erzeugt. Ehe er sprach, gab es sie nicht; danach war sie das Wesentliche in seinem Leben. Nun, ich muss auf meine Geschichte zurückkommen.

Und meine Geschichte handelte von Florence – von Florence, die jene Worte in ihrem Versteck hinter dem Baum hörte. Das ist natürlich nur Mutmaßung, aber ich glaube, die Mutmaßung ist ziemlich berechtigt. Sie wissen, was geschehen war: dass jene beiden ausgingen, dass sie ihnen fast unmittelbar darauf im Dunkeln nachging und ein wenig später mit bleichem Gesicht, ihre Hand auf das Kleid über ihrem Herzen gepresst, ins Hotel gestürzt kam. Es kann nicht nur Bagshawes wegen gewesen sein. Ihr Gesicht war schon qualverzerrt, ehe ihr Blick auf mich oder auf ihn an meiner Seite fiel. Aber ich möchte behaupten, dass Bagshawe den Ausschlag für ihren Selbstmord gab. Leonora sagte, das Fläschchen, das scheinbar Amylnitrit, in Wirklichkeit jedoch Zyankali enthielt, habe Florence seit vielen Jahren bei sich gehabt, und sie sei entschlossen gewesen, davon Gebrauch zu machen, wenn ich je entdecken sollte, welcher Natur ihre Beziehung zu diesem Jimmy war. Sie sehen, die stärkste Triebfeder ihres Charakters muss Eitelkeit gewesen sein. Ich sehe nichts, was dagegen spricht; ich glaube, Eitelkeit ist das, was die meisten von uns aufrecht hält, wenn wir uns in dieser Welt überhaupt aufrecht halten.

Wenn es sich nur um die Beziehung Edwards zu dem Mädchen gehandelt hätte, dann, meine ich, hätte Florence den Dingen die Stirn geboten. Sie hätte ihm ohne Zweifel eine Szene gemacht, ihm gedroht, an sein Ehrgefühl appelliert, ihn an seine Versprechungen gemahnt. Aber Mr. Bagshawe und die Tatsache, dass es der 4. August war, das war offenbar zu viel für ihr abergläubisches Gemüt. Es gab zwei Dinge, die sie wollte. Sie wollte eine große Dame sein und in Branshaw Teleragh residieren. Und sie wollte sich meine Achtung erhalten.

Sie wollte sich, heißt das, meine Achtung erhalten, solange sie mit mir zusammenlebte. Wäre Edward Ashburnham zu überreden gewesen, mit ihr durchzubrennen, so hätte sie das schleunigst aufgegeben. Vielleicht hätte sie auch von mir eine neue Achtung vor der Größe ihrer Leidenschaft gefordert, nach der Devise: »Alles um Liebe!«, und: »Wenn ich nur ihn habe ...« Das hätte Florence ganz ähnlich gesehen.

In allen ehelichen Verbindungen gibt es, glaube ich, einen konstanten Faktor – den Wunsch, die Person, mit der man lebt, über irgendeinen wunden Punkt im eigenen Charakter oder im eigenen Lebenswandel hinwegzutäuschen. Denn es ist unerträglich, ständig mit einem Menschen zusammen zu sein, der die eigenen kleinen Gemeinheiten durchschaut. Das ist wahrhaft tödlich – und das ist auch der Grund, weshalb so viele Ehen unglücklich werden.

Ich, zum Beispiel, bin ein ziemlich gefräßiger Mensch; ich schätze eine gute Küche, mir läuft schon das Wasser im Munde zusammen, wenn ich von gewissen Speisen nur höre. Hätte Florence je dieses Geheimnis entdeckt, ihr Mitwissen wäre mir so unerträglich geworden, dass ich all die anderen Entbehrungen, die sie mir auferlegte, niemals ausgehalten hätte. Ich muss sagen, Florence ist nie dahintergekommen.

Jedenfalls hat sie nie darauf angespielt; sie interessierte sich wohl nie genug für mich.

Und die geheime Schwäche von Florence war ebendiese frühere Eskapade mit dem Kerl namens Jimmy. Hätte ich davon gewusst, es wäre ihr unerträglich gewesen. Lassen Sie mich, da dies aller Wahrscheinlichkeit nach das letzte Mal ist, dass ich ihren Namen erwähne, ein wenig bei dem Wandel verweilen, der in ihr vor sich gegangen war. Es hätte ihr nichts ausgemacht, wenn ich dahintergekommen wäre, dass sie Edward Ashburnhams Mätresse war. Es wäre ihr sogar lieb gewesen. Ja, die Hauptsorge der armen Leonora in jenen Tagen war es, Florence davon abzuhalten, mir mit dieser Tatsache auf die eine oder andere theatralische Weise aufzuwarten. Mal überkam sie die Laune, zu mir zu stürzen, sich vor mir auf die Knie zu werfen und einen sorgfältig einstudierten, schrecklich rührseligen Erguss über ihre Leidenschaft zu deklamieren. Das sollte zeigen, dass sie einer der großen erotischen Frauen glich, von denen uns die Geschichte berichtet. Ein anderes Mal überkam sie der Wunsch, verächtlich vor mich hinzutreten und mir zu erklären, ich sei alles andere als ein Mann, und es sei geschehen, was habe geschehen müssen, wenn ein echter Mann des Weges kam. Sie wollte mir das in kühlen, ausgewogenen und sarkastischen Sätzen mitteilen. Das traf zu, wenn sie Lust hatte, wie die Heldin einer französischen Komödie aufzutreten. Denn sie spielte ja immer Theater.

Was ich aber nicht erfahren sollte, war die Tatsache ihrer ersten Eskapade mit diesem Kerl, dem Jimmy. Sie hatte schließlich eingesehen, was für ein niedriger Straßenlümmel dieser Kerl war. Wissen Sie, wie es ist, wenn einen im späteren Leben die Erinnerung an eine kleine Dummheit – gewöhnlich ein waschechtes Stückchen Gefühlsseligkeit aus unseren jungen Jahren – schaudern lässt? Nun, ein solcher Schauder war es, der Florence bei dem Gedanken überkam, dass sie sich einem so niedrigen Kerl hingegeben hatte. Ich meine, es brauchte sie deswegen nicht zu schaudern. Es war das Werk ihres törichten alten Onkels; er hätte die beiden nie zusammen auf seine Weltreise mitnehmen und sich die längste Zeit in seine Kabine einschließen dürfen. Jedenfalls bin ich überzeugt, der Anblick Mr. Bagshawes und der Gedanke, Mr. Bagshawe – denn sie wusste, was für eine widerliche Kröte er war –, der Gedanke, Mr. Bagshawe würde mir sicherlich offenbaren, er habe sie dabei erwischt, wie sie am 4. August 1900 um fünf Uhr morgens aus Jimmys Schlafzimmer kam, hat den Ausschlag für ihren Selbstmord gegeben. Und zweifellos war auch das Datum zu viel für ihr abergläubisches Gemüt. Sie war am 4. August geboren; am 4. August war sie zu der Reise um die Welt aufgebrochen; am 4. August war sie die Mätresse eines niederen Subjekts geworden. An demselben Datum hatte sie mich geheiratet; an diesem 4. hatte sie die Liebe Edwards verloren, und Bagshawe war wie ein finsteres Omen aufgetaucht – ein Grinsen auf dem Gesicht des Schicksals. Das gab ihr den Rest. Sie rannte hinauf, legte sich in dekorativer Positur auf das Bett – sie war eine süße, hübsche Frau mit glatten rosa und weißen Wangen, langem Haar und Augenwimpern, die wie ein niedlicher Vorhang auf ihre Wangen fielen. Sie trank das Fläschchen Zyankali, und da lag sie. – Oh, außerordentlich liebreizend und schlank lag sie da – und sah mit verwirrtem Blick zu der elektrischen Birne auf, die von der Decke herabhing, oder vielleicht durch sie hindurch in die Sterne darüber. Wer weiß? Mit Florence war es nun jedenfalls vorbei.

Sie haben keine Vorstellung davon, wie gründlich es für mich vorbei war mit Florence. Von jenem Tag an bis heute habe ich ihr keine weiteren Gedanken gewidmet; ich habe ihr nicht einmal einen Seufzer geschenkt. Zwar habe ich, wenn es nötig war, mit Leonora über sie zu sprechen, oder auch zum Zweck dieser Aufzeichnungen versucht, mir klarzuwerden über sie, habe über sie nachgedacht, wie man über eine algebraische Aufgabe nachdenkt. Aber es war immer eine Sache des Studiums, nicht des Gedenkens. Sie hörte einfach auf zu existieren, so wie die Zeitung von gestern.

Ich war so unendlich müde. Und ich möchte glauben, die Woche oder die zehn Tage völliger Erloschenheit – eigentlich einer inneren Starre – waren nur die Ruhe, die meine erschöpfte Natur forderte nach der zwölf Jahre langen Unterdrückung all meiner Instinkte, nach den zwölf Jahren, in denen ich den dressierten Pudel gespielt hatte. Denn weiter war ich nichts gewesen. Ich vermute, es kam von dem Schock, den verschiedenen Schocks. Aber ich will meine Gefühle jener Zeit nicht etwas so Konkretem wie einem Schock zuschreiben. Es war ein so stilles Gefühl. Es war, als wäre ein unendlich schwerer – ein unerträglich schwerer Rucksack, der mit Riemen an meinen Schultern hing, von mir abgefallen, und die Schultern, in die die Riemen eingeschnitten hatten, wären taub und ohne Gefühl geblieben. Ich sage Ihnen, ich empfand keine Trauer. Um was sollte ich trauern? Wahrscheinlich hatte meine Seele, mein zweites Selbst, schon längst erkannt, dass Florence eine papierene Figur war – dass sie ein wirkliches Wesen mit einem Herzen, mit Gefühlen, mit Sympathien und Gemütsbewegungen nur repräsentierte, wie eine Banknote ein gewisses Quantum Gold repräsentiert. Ich weiß noch, wie dieses Gefühl in mir an die Oberfläche kam, im Augenblick, da mir jener Bagshawe erzählte, er habe sie aus dem Schlafzimmer dieses Kerls kommen sehen. Sie wurde mir auf einmal ganz unwirklich; sie war nur ein Haufen Reiseführergeschwätz, ein Haufen Modebilder. Es ist sogar möglich, dass ich, wenn mich dieses Gefühl nicht ergriffen hätte, früher zu ihr hinaufgelaufen wäre und hätte verhindern können, dass sie die Blausäure trank. Aber ich brachte es einfach nicht fertig; es wäre wie die Jagd nach einem Papierfetzen gewesen – eine Beschäftigung, die eines erwachsenen Mannes unwürdig ist.

Und so, wie es begann, blieb es. Ich kümmerte mich nicht darum, ob sie aus jenem Schlafzimmer gekommen war oder nicht. Es interessierte mich einfach nicht. Florence spielte keine Rolle mehr.

Sie werden vermutlich einwenden, ich sei in Nancy Rufford verliebt gewesen, weshalb meine Gleichgültigkeit mich diskreditiert. Nun, ich versuche nicht, dem Verruf zu entgehen. Ich liebte Nancy Rufford, wie ich die Erinnerung an das arme Kind liebe, still und auf meine amerikanische Weise sehr zärtlich. Es war mir nie in den Sinn gekommen, bis ich Leonora sagen hörte, ich könnte sie nun heiraten. Aber von jenem Augenblick an, als Schlimmeres eintrat als der Tod, habe ich wohl kaum an etwas anderes gedacht. Ich will nicht sagen, ich hätte nach ihr geseufzt und mich gesehnt; ich wollte sie einfach heiraten, so wie manche Leute nach Carcassonne fahren wollen.

Verstehen Sie dieses Gefühl – das Gefühl, man müsse gewisse Dinge aus dem Weg räumen, gewisse recht nebensächliche Hindernisse bereinigen, ehe man sich zu dem Ort aufmachen kann, der einem zeit seines Lebens wie eine Traumstadt vorgeschwebt hat? Ich legte meinem fortgeschrittenen Alter kein großes Gewicht bei. Ich war fünfundvierzig, und sie, das arme Ding, war kaum zweiundzwanzig Jahre alt. Aber sie war älter als ihre Jahre und stiller. Sie schien eine seltsame Anlage zur Heiligen zu haben, als müsse sie unvermeidlich in einem Kloster enden, das Gesicht von einer weißen Haube umrahmt. Aber sie hatte mir oft gesagt, sie fühle sich nicht berufen; er war einfach nicht da – der Wunsch, den Schleier zu nehmen. Nun, ich vermute, ich selbst war eine Art Kloster; es schien ganz in der Ordnung, wenn sie mir ihre Gelübde ablegte.

Nein, in dem Altersunterschied sah ich keinerlei Hindernis. Das tut wohl kein Mann, und ich war ziemlich zuversichtlich, ich könnte nach einigen Vorbereitungen ein junges Mädchen glücklich machen. Ich konnte sie verwöhnen, wie selten ein junges Mädchen verwöhnt worden war; und ich konnte mich persönlich nicht abstoßend finden. Kein Mensch kann das; oder wenn er je dahin kommt, dann ist es vorbei mit ihm. Aber sobald ich aus der Starre erwachte, begriff ich, worin das Problem für mich bestand: Was ich tun musste, um mich darauf vorzubereiten, in Berührung mit ihr zu kommen, war nichts anderes, als wieder in Berührung mit dem Leben zu kommen. Zwölf Jahre lang hatte man mich in einer verdünnten Atmosphäre gefangen gehalten; was ich nun brauchte, war, ein wenig mit dem wirklichen Leben zu kämpfen, mich mit Geschäftsleuten herumzuschlagen, durch größere Städte zu reisen, etwas Rauhes, etwas Männliches. Ich wollte nicht als eine Art alter Jungfer um Nancy Ruffords Hand anhalten. Das war der Grund, weshalb ich schon vierzehn Tage nach Florences Selbstmord in die Vereinigten Staaten aufbrach.

II

Unmittelbar nach Florences Tod begann Leonora, Nancy Rufford und Edward Zügel anzulegen. Sie hatte geahnt, was unter den Bäumen in der Nähe des Kasinos vorgefallen war. Sie blieben noch ungefähr drei Wochen, nachdem ich gegangen war, in Bad Nauheim, und Leonora hat mir gesagt, dies sei die qualvollste Zeit ihres Lebens gewesen. Es kam ihr vor wie ein langes, schweigendes Duell mit unsichtbaren Waffen, sagte sie. Und es wurde noch erschwert durch die völlige Unschuld des Mädchens. Denn Nancy versuchte immerfort, allein mit Edward auszugehen – wie sie es ihr Leben lang getan hatte, wenn sie in den Ferien zu Hause war. Sie wollte nur wieder etwas Freundliches von ihm hören.

Sie sehen, die Lage war außerordentlich kompliziert. Sie war so kompliziert, wie sie auf so heikler Ebene nur sein konnte. Eine Schwierigkeit lag darin, dass Edward und Leonora nie miteinander sprachen, außer wenn andere Leute zugegen waren. Ferner war, wie ich schon sagte, das Benehmen der beiden ganz einwandfrei. Die vollkommene Arglosigkeit des Mädchens bot eine weitere Schwierigkeit, eine andere ergab sich daraus, dass Edward und Leonora das Mädchen wirklich als ihre Tochter betrachteten. Vielmehr müsste man richtiger sagen, sie betrachteten es als Leonoras Tochter. Und Nancy war ein sonderbares Mädchen; es ist sehr schwer, sie Ihnen zu schildern.

Sie war groß und auffallend schlank; sie hatte einen gequälten Mund, angstvolle Augen und einen außerordentlichen Sinn für Humor. Man könnte sagen, sie war zuweilen höchst grotesk und zuweilen erstaunlich schön. Sie hatte das vollste schwarze Haar, dem ich je begegnet bin; ich fragte mich oft, wie sie die Last zu tragen vermochte. Sie hatte die einundzwanzig gerade überschritten, und manchmal sah sie so alt aus wie die Berge, manchmal kaum älter als sechzehn. Sie konnte über das Leben der Heiligen sprechen und im nächsten Augenblick mit dem jungen Bernhardiner über den Rasen purzeln. Sie konnte hinter der Meute herreiten wie eine Mänade und stundenlang vollkommen stillsitzen und Taschentuch um Taschentuch in Essig tauchen, wenn Leonora ihre Kopfschmerzen hatte. Sie war, kurz gesagt, ein Wunder an Geduld und konnte herrlich temperamentvoll sein. Ich erinnere mich an einen ihrer Briefe, den sie mir schrieb, als sie ungefähr sechzehn war, darin hieß es etwa:

»An Fronleichnam« – es kann auch ein anderes Heiligenfest gewesen sein – »spielte unsere Schule Hockey gegen Roehampton. Und da wir sahen, dass unsere Seite verlor, es stand bei Halbzeit drei zu eins gegen uns, zogen wir uns in die Kapelle zurück und beteten für den Sieg. Wir gewannen mit fünf Toren zu drei.« Und ich weiß noch, wie sie dann eine Art Saturnalien beschrieb. Als die siegreiche Fünfzehn oder Elf beim Abendessen ins Refektorium kam, sprang offenbar die ganze Schule auf die Tische und jubelte und zerbrach die Stühle auf dem Boden und zerschlug das Geschirr – so ging es eine Weile, bis die Ehrwürdige Mutter mit ihrer Handglocke klingelte. Das ist natürlich die katholische Tradition – Saturnalien, die jäh enden können wie ein Peitschenknall. Ich mag ja diese Tradition nicht, aber ich muss zugeben, dass sie Nancy einen Sinn für Aufrichtigkeit gab – jedenfalls hatte Nancy diesen Sinn –, wie ich ihn stärker ausgeprägt nie erlebt habe. Es war etwas wie ein

Messer, das aus ihren Augen blitzte und in ihrer Stimme klang, dann und wann. Ich hatte ehrlich Angst davor. Ich glaube, ich fürchtete mich fast, in einer Welt zu leben, in der es einen so feinen Maßstab geben konnte. Ich weiß noch, wie ich ihr einmal, als sie fünfzehn oder sechzehn war, bei ihrer Rückkehr ins Kloster ein paar englische Goldstücke als Taschengeld gab. Sie dankte mir besonders herzlich und sagte, es käme ihr äußerst gelegen. Ich fragte sie, warum, und sie erklärte es mir. Es gab eine Regel in der Schule, nach der Schüler nicht sprechen durften, wenn sie von der Kapelle durch den Garten ins Refektorium gingen. Und da ihr diese Regel idiotisch und willkürlich erschien, durchbrach sie sie mit Absicht Tag für Tag. Abends wurden die Kinder gefragt, ob sie im Lauf des Tages irgendeine Missetat begangen hätten, und jeden Abend gestand Nancy, sie habe diese besondere Vorschrift durchbrochen. Es kostete sie jedes Mal Sixpence, die Buße, die für diese Übertretung festgesetzt worden war. Nur um es zu wissen, fragte ich sie, warum sie es immer gestand, und sie antwortete mit diesen Worten:

»Nun ja, die Mädchen vom Heiligen Jesuskind sind immer für ihre Wahrhaftigkeit bekannt gewesen. Es ist eine grässliche Plage, aber ich muss es tun.«

Gewiss hat die Misere ihrer Kindheit, die vor dieser Mischung aus Saturnalien und Disziplin lag, etwas zu der Absonderlichkeit ihres Wesens beigetragen. Ihr Vater, Major in einem jener Regimenter, die man, glaube ich, Highlanders nennt, war ein Berserker. Er trank nicht, aber er hatte ein unbezähmbares Temperament, und das Erste, woran sich Nancy in ihrem Leben erinnern konnte, war, dass sie ihn mit geballter Faust auf ihre Mutter einschlagen sah, so dass sie seitwärts neben dem Frühstückstisch niedersank und dort regungslos liegen blieb. Die Mutter war zweifellos eine aufreizende Frau, auch die Rekruten dieses Regiments waren offenbar recht aufreizend, so dass es in diesem Haus ständig Geschrei und Unfrieden gab. Mrs. Rufford war Leonoras liebste Freundin, und Leonora konnte schon schneidend genug werden. Aber das war wohl nichts gegen Mrs. Rufford. Der Major kam schon gereizt und fluchend zum Mittagessen, nachdem er sich beim vormittäglichen Exerzieren mit seinen sturen Kerlen in glühender Sonne abgerackert hatte. Und dann machte Mrs. Rufford eine bissige Bemerkung, und der Höllenlärm brach los. Einmal, als Nancy ungefähr zwölf war, hatte sie versucht, zwischen die beiden zu treten. Dabei hatte ihr Vater ihr einen so fürchterlichen Schlag gegen die Stirn versetzt, dass sie drei Tage bewusstlos blieb. Nichtsdestoweniger schien sie ihren Vater der Mutter vorzuziehen. Sie erinnerte sich an rauhe Liebkosungen von ihm. Ein- oder zweimal, als sie noch sehr klein war, hatte er sie angezogen, ungeschickt und ungeduldig, aber sehr zärtlich. Es war fast unmöglich, einen Dienstboten für längere Zeit im Hause zu halten, und Mrs. Rufford war anscheinend zuweilen tagelang unzurechnungsfähig. Ich vermute, sie trank. Jedenfalls hatte sie eine so scharfe Zunge, dass selbst Nancy Angst hatte vor ihr – sie machte sich über alle Zärtlichkeiten lustig, sie spottete über jede Gefühlsäußerung. Nancy muss ein sehr gefühlvolles Kind gewesen sein …

Dann war Nancy eines Tages, als sie von einem Ritt nach Fort Williams zurückkam, mit ihrer Gouvernante, die kreidebleich war, plötzlich in jene Klosterschule im Süden gesandt worden. Sie hatte geglaubt, sie würde erst in zwei

Monaten dorthin geschickt. Ihre Mutter verschwand damals aus ihrem Leben. Vierzehn Tage später kam Leonora in das Kloster und sagte ihr, ihre Mutter sei tot. Vielleicht war sie es. Jedenfalls hörte ich erst ganz zum Schluss, was aus Mrs. Rufford geworden war. Leonora sprach nie von ihr.

Und dann ging Major Rufford nach Indien, von wo er sehr selten und nur für kurze Besuche heimkehrte; und Nancy lebte sich langsam auf Branshaw Teleragh ein. Ich glaube, sie war von da an bis zum Ende sehr glücklich. Da gab es Hunde und Pferde und alte Diener und Wälder. Und da waren Edward und Leonora, die sie liebten.

Ich hatte sie während all dieser Zeit gekannt – das heißt, sie kam zu den Ashburnhams nach Nauheim immer während der letzten vierzehn Tage ihres Aufenthalts dort, und ich sah sie heranwachsen. Sie war sehr vergnügt mit mir. Sie küsste mich morgens und abends, bis sie ungefähr achtzehn war. Und sie hüpfte umher und holte mir Sachen und lachte über meine Geschichten aus Philadelphia. Aber unter ihrer Fröhlichkeit müssen Schrecken gelauert haben. Ich erinnere mich, wie wir eines Tages, als sie gerade achtzehn geworden war, während eines der Besuche ihres Vaters in Europa im Park saßen, in der Nähe des rostigen Brunnens. Leonora litt wieder unter ihren Kopfschmerzen, und wir warteten darauf, dass Florence und Edward aus dem Bad kämen. Sie können sich gar nicht vorstellen, wie schön Nancy an jenem Morgen war.

Wir sprachen darüber, ob man Lotterielose kaufen sollte – über die moralische Seite davon. Sie war ganz in Weiß und so groß und zerbrechlich; und sie hatte eben erst ihr Haar aufgesteckt, so dass die Haltung ihres Nackens diesen zauberhaften Anflug von Jugend und Ungewohntheit hatte. Auf ihrer Kehle spielte der Widerschein einer kleinen Wasserlache, die der Gewitterregen der letzten Nacht zurückgelassen hatte, und ihr weißer Sonnenschirm tauchte ihre Gesichtszüge in einen weichen, leuchtenden Schatten. Ihr dunkles Haar war gerade eben unter ihrem weißen, breitrandigen durchbrochenen Basthut zu sehen; ihr Hals war sehr lang und neigte sich vor, und ihre Augenbrauen, die ein wenig hochgezogen waren, weil sie über irgendetwas Altmodisches in meiner Ausdrucksweise lachen musste, hatten ihre gespannten Züge verloren. Und auf ihren Wangen lag ein Hauch von Farbe, und ein Licht schien in ihren tiefblauen Augen. Zu denken, dass dieses lebendige weiße Wesen, dieses heiligmäßige und schwanenhafte Geschöpf – zu denken …

Wahrlich, sie war wie das Segel eines Schiffes, so weiß und so entschieden in ihren Bewegungen. Und zu denken, dass sie nie wieder … Ja, sie wird nie wieder irgendetwas tun. Ich kann es nicht fassen.

Jedenfalls schwatzten wir über die Moral des Lotteriespiels. Und dann klangen plötzlich von den Arkaden hinter uns die Obertöne der unverkennbaren Stimme ihres Vaters zu uns herüber; es war, als erdröhnte ein kleines Nebelhorn mit einer Rohrpfeife im Innern. Ich drehte mich um und suchte ihn mit den Augen. Er schritt, ein großer blonder, steif aufrechter Mann von ungefähr fünfzig Jahren, mit einem italienischen Baron vorüber, der viel mit Belgisch-Kongo zu tun hatte. Sie hatten sich anscheinend über die angemessene Behandlung von Eingeborenen unterhalten, denn ich hörte ihn sagen:

»Ach, die verdammte Menschlichkeit!«

Als ich Nancy wieder ansah, waren ihre Augen geschlossen, und ihr Gesicht war blasser als ihr Kleid, auf dem wenigstens ein rötlicher Widerschein vom Kiesplatz lag. Es war erschreckend, sie so mit geschlossenen Augen zu sehen.

»Oh«, rief sie, und ihre Hand, die sich wie tastend ausstreckte, blieb für einen Augenblick auf meinem Arm liegen. »Sprechen Sie nie darüber. Versprechen Sie mir, meinem Vater nie etwas davon zu sagen. Es bringt die schrecklichen Träume zurück ...« Und als sie die Augen wieder öffnete, blickte sie direkt in die meinen. »Die gesegneten Heiligen«, sagte sie, »man sollte denken, sie ersparten einem solche Dinge. Ich glaube nicht, dass man sie verdient hat, auch bei allen Sünden der Welt nicht.« Es heißt, man habe dem armen Mädchen immer erlaubt, nachts Licht brennen zu lassen, auch in ihrem Schlafzimmer ... Und doch könnte ein junges Mädchen nicht schelmischer und liebevoller mit einem angebeteten Vater spielen, als sie es tat. Sie hielt ihn immer an beiden Rockaufschlägen fest, fragte ihn aus, wie er seine Zeit verbracht habe, küsste ihn auf den Kopf. Ach ja, wenn je ein Menschenkind wohlerzogen war, dann sie.

Der arme unglückliche Mann wand sich vor ihr – aber sie hätte nicht mehr tun können, damit er sich wohl fühlte. Vielleicht hatte man sie im Kloster darin unterwiesen. Nur dieser eigentümliche Ton, der in seiner Stimme aufkam, wenn er jemanden anherrschte oder kategorisch wurde, konnte sie aus der Fassung bringen – und das wurde nur dann sichtbar, wenn es unerwartet kam. Der Grund war, dass die bösen Träume, die die gesegneten Heiligen sie um ihrer Sünden willen träumen ließen, sich immer mit dem

Gedröhn der väterlichen Stimme ankündigten. Diese Töne waren ihm stets vorausgeeilt, wenn er zu den schrecklichen Mittagsmahlzeiten ihrer Kindheit erschien.

Ich habe schon früher in diesem Kapitel davon berichtet, dass Leonora sagte, nach meiner Abreise sei es ihr während ihres restlichen Aufenthaltes in Bad Nauheim vorgekommen, als fechte sie mit unsichtbaren Waffen einen langen Kampf gegen stumme Gegner aus. Nancy, wie ich schon sagte, versuchte immerfort, mit Edward allein auszugehen. Das war seit Jahren ihre Gewohnheit gewesen. Und Leonora hielt es für ihre Pflicht, dem ein Ende zu machen. Es war sehr schwierig. Nancy war gewohnt, dass man ihr den Willen ließ, und seit Jahren pflegte sie mit Edward auszugehen, auf Rattenjagd, Kaninchenjagd, zum Lachsfang unten bei Fordingbridge, zu Bezirksinspektionen, die Edward oblagen, oder zu Besuchen bei den Pächtern. Und in Nauheim waren sie und Edward abends immer allein zum Kasino gegangen – jedenfalls immer, wenn Florence nicht seine Begleitung forderte. Wie offensichtlich unschuldig das Verhältnis der beiden war, zeigte sich schon darin, dass sich sogar in Florence nie eine Spur von Eifersucht geregt hatte. Leonora hatte die Gewohnheit angenommen, um zehn Uhr zu Bett zu gehen.

Ich weiß nicht, wie sie es anstellte, aber während der ganzen Zeit, die sie noch in Nauheim blieben, gelang es ihr, die beiden nie miteinander allein zu lassen, außer am helllichten Tag und an sehr belebten Orten. Hätte ein Protestant das getan, wäre ohne Zweifel Befangenheit in dem Mädchen erwacht. Aber Katholiken, die immer stille Vorbehalte und komische Geheimwinkel haben, werden mit diesen Dingen besser fertig. Und zwei Dinge machten die Sache wohl leichter – Florences Tod und die Tatsache, dass Edward sichtlich kränkelte. Er sah wirklich krank aus; seine Schultern begannen nach vorne zu sinken, unter seinen Augen hingen Säcke, und er hatte Augenblicke seltsamer Abwesenheit.

Und Leonora sagte, sie habe ihn beobachtet, wie eine gierige Katze eine ahnungslose Taube auf der Straße beobachtet. In dieser schweigenden Wachsamkeit erwies sie sich, meine ich, abermals als Katholikin – als zu jenem Volk gehörig, das uns fernliegende Gedanken hegen und sie für sich behalten kann. Und von den Gedanken, die ihr durch den Kopf gingen, drangen einige sogar bis zu Edward, ohne dass ein Wort gesprochen wurde. Anfangs meinte sie, es seien vielleicht Gewissensbisse oder Kummer über Florences Tod, die ihn bedrückten. Aber sie beobachtete und beobachtete und ließ vor dem Mädchen scheinbar zufällige Bemerkungen über Florence fallen, und sie sah, er empfand keinen Kummer und keine Gewissensbisse. Er hätte es nicht für möglich gehalten, dass Florence sich das Leben nähme, ohne ihm zumindest eine Tirade zu schreiben. Da es keine gab, war er überzeugt, es sei ein Herzanfall gewesen. Denn Florence hatte ihm über diesen Punkt nie die Augen geöffnet. Sie glaubte, dadurch romantischer zu wirken.

Nein, Edward hatte keine Gewissensbisse. Er konnte sich sagen, dass er Florence bis zwei Stunden vor ihrem Tode stets mit der galanten Aufmerksamkeit begegnet war, die sie wünschte. Leonora schloss das aus seinem Blick und aus der Art, wie er seine Schultern straffte, als sie vor ihm im Sarg lag – hieraus und aus tausend anderen kleinen Dingen. Zuweilen fing sie mit dem Mädchen plötzlich ein Gespräch über Florence an, und er wurde nicht im Geringsten unruhig; er hörte nicht einmal zu, sondern saß nur da und starrte mit blutunterlaufenen Augen auf das Tischtuch. Er trank damals ziemlich viel – trank sich jeden Abend einen Rausch an, lange nachdem die andern zu Bett gegangen waren.

Denn Leonora ließ das Mädchen um zehn Uhr zu Bett gehen, so unsinnig das Nancy auch erscheinen mochte. Sie verstand, dass sie vermeiden musste, an öffentlichen Plätzen wie dem Kasino gesehen zu werden, solange sie Florences wegen in einer Art Halbtrauer waren, aber sie konnte nicht einsehen, warum sie ihren Onkel nicht auf seinem abendlichen Bummel durch den Park begleiten sollte. Ich weiß nicht, was Leonora zum Vorwand nahm – ich könnte mir vorstellen, etwas wie ein nächtliches Gebet für Florences Seele, das sie sich und dem Mädchen auferlegte. Und dann eines Abends, ungefähr vierzehn Tage später, als das Mädchen, das bei regelmäßigen Andachtsübungen immer störrisch wurde, von neuem ungestüm um die Erlaubnis bat, mit Edward spazieren zu gehen, und Leonora wirklich mit ihrer Weisheit am Ende war, gab sich Edward selbst in ihre Hand. Er stand gerade vom Abendessen auf und hatte sein Gesicht schon abgekehrt.

Aber er wandte seinen schweren Kopf und die blutunterlaufenen Augen seiner Frau zu und sah sie unmittelbar an.

»Doktor von Hauptmann«, sagte er, »hat mir verordnet, gleich nach Tisch zu Bett zu gehen. Meinem Herzen geht es schlechter.«

Noch eine lange Minute sah er Leonora so an – mit tiefer Verachtung. Und Leonora verstand – er gab ihr mit diesen Worten den Vorwand, den sie brauchte, um ihn von dem

Mädchen fernzuhalten; und sein Blick warf ihr vor, dass sie ihn verdächtigte, er wolle versuchen, Nancy zu verführen.

Schweigend ging er in sein Zimmer hinauf und blieb lange dort sitzen, las im anglikanischen Gebetbuch, bis Nancy sicher im Bett war. Und gegen halb elf Uhr hörte sie, wie seine Schritte auf dem Weg nach unten an ihrer Tür vorüberkamen. Zweieinhalb Stunden später kehrten sie schwerfällig stolpernd zurück.

Bis zum letzten Abend ihres Aufenthalts in Bad Nauheim ging sie über diese neue Lage mit sich zu Rate. Dann plötzlich handelte sie. Denn in genau derselben Weise blickte sie nach dem Abendessen zu ihm hinüber und sagte:

»Teddy, meinst du nicht, du könntest für einen Abend die Anordnung deines Arztes übergehen und Nancy ins Kasino begleiten? Dem armen Kind ist sein Besuch so verdorben worden.«

Er erwiderte ihren Blick eine lange, abwägende Minute lang.

»Ja, natürlich«, sagte er schließlich. Nancy sprang von ihrem Stuhl auf und küsste ihn.

Nie im Leben, sagte Leonora, hätten zwei Worte sie so zu erleichtern vermocht. Denn sie sah, Edward war nah daran zusammenzubrechen, nicht vor Begehren, sondern unter dem hartnäckigen Entschluss, sich im Zaum zu halten. Sie konnte in ihrer Wachsamkeit ein wenig nachlassen.

Nichtsdestoweniger saß sie in der Dunkelheit hinter ihren halbgeschlossenen Fensterläden und blickte über die Straße und die Bäume in die Nacht hinaus, bis sie sehr spät Nancys helle Stimme nahen hörte. Sie sagte: »Du hast wie ein alter Strolch ausgesehen mit deiner falschen Nase.«

Im Kursaal war irgendein lokales Fest gefeiert worden. Und Edward antwortete in seiner gewohnten brummigen Gemütlichkeit:

»Und du, du sahst aus wie Mutter Sideacher.«

Das Mädchen kam beschwingten Schrittes daher, eine Silhouette unter einer Gaslaterne, und Edward schlenderte als zweite Silhouette an ihrer Seite. Sie plauderten, wie sie immer miteinander geplaudert hatten, seit das Mädchen siebzehn war, im selben Ton, mit denselben Witzen, über ein altes Bettelweib, das sie in Branshaw immer belustigt hatte. Ein wenig später öffnete das Mädchen Leonoras Tür, während sie Edward noch einen Kuss auf die Stirn gab, wie sie es jeden Abend getan hatte.

»Wir haben uns herrlich amüsiert«, sagte sie. »Es geht ihm so viel besser. Auf dem Heimweg ist er über dreißig Meter mit mir um die Wette gerannt. Warum sitzt du denn ganz im Dunkeln?«

Leonora hörte, wie Edward in seinem Zimmer auf und ab ging, aber bei dem Geplauder des Mädchens konnte sie nicht feststellen, ob er wieder ausging oder nicht. Und sehr viel später – denn sie sagte sich, wenn er wieder tränke, müsse etwas dagegen unternommen werden – öffnete sie zum ersten Mal und sehr leise die nie geöffnete Tür zwischen ihren Zimmern. Sie wollte sehen, ob er wieder ausgegangen war. Edward kniete vor seinem Bett, das Gesicht in der Steppdecke verborgen. Seine ausgestreckten Hände hielten ein kleines Bild der Heiligen Jungfrau – ein geschmackloses purpurrotes und preußischblaues Ding, welches das Mädchen ihm geschenkt hatte, als es zum ersten Mal aus dem Kloster heimgekommen war. Sie sah, wie seine Schultern sich dreimal krampfhaft hoben, und hörte ihn heftig schluchzen, ehe sie die Tür wieder schließen konnte. Er war kein Katholik; aber so hatte es ihn gepackt.

In dieser Nacht fiel Leonora zum ersten Mal in einen Schlaf, aus dem sie nicht ein einziges Mal aufschreckte.

III

Und dann brach Leonora völlig zusammen – es geschah an dem Tag ihrer Ankunft in Branshaw Teleragh. Es ist das Verhängnis unseres elenden Geistes – es ist die Geißel eines bitteren, aber wahrscheinlich gerechten Geschicks, dass kein Kummer alleine kommt. Nein, jeder große Kummer, auch wenn er selber verflogen ist, lässt eine Kette von Ängsten, von Unglück und Verzweiflung zurück. Denn im Grunde war Leonora erleichtert. Sie fühlte, sie konnte Edward trauen bei dem Mädchen, und sie wusste, auf Nancy war absoluter Verlass. Und wie dann ihre Wachsamkeit nachließ, verlor ihr Verstand jeden Halt. Das ist vielleicht das Trostloseste an der ganzen Geschichte. Denn es ist trostlos, mit ansehen zu müssen, wie ein klarer Verstand ins Wanken gerät; und Leonora geriet ins Wanken.

Sie müssen verstehen, Leonora liebte Edward mit einer Leidenschaft, die dennoch einem peinvollen Hass glich. Und sie hatte mit ihm Jahr für Jahr zusammengelebt, ohne ein einziges zärtliches Wort an ihn zu richten. Ich weiß nicht, wie sie das fertigbrachte. Sie hatten sich kaum kennengelernt, als sie mit ihm verheiratet wurde. Sie war eine von sieben Töchtern aus einem kahlen, unordentlichen irischen

Gutshaus und aus dem Kloster, von dem ich so oft gesprochen habe, dorthin zurückgekehrt. Sie hatte es nur für ein Jahr verlassen und war nun gerade neunzehn Jahre alt. Es ist unmöglich, sich ihre Ahnungslosigkeit vorzustellen. Man kann fast sagen, sie hatte nie mit einem anderen Mann als mit dem Priester gesprochen. Aus dem Kloster kommend, hatte sie sich geradeswegs wieder hinter die hohen Mauern des Gutshauses begeben, das fast klösterlicher als jedes Kloster war. Da waren die sieben Mädchen, da war die abgespannte Mutter, da war der sorgenvolle Vater, auf den die Pächter dreimal im Laufe jenes Jahres hinter einer Hecke hervor ihre Flinten abgefeuert hatten. Die Frauen wurden von den Pächtern im Ganzen höher geachtet. Einmal in der Woche fuhr jedes der Mädchen, da es sieben waren, mit der Mutter in dem alten Korbwagen aus, der von einem sehr dicken, sehr schwerfälligen Pony gezogen wurde. Gelegentlich machten sie einen Besuch, aber selbst das geschah so selten, dass Leonora, wie sie mir versicherte, in dem Jahr nach ihrer Heimkunft aus dem Kloster nur dreimal das Haus anderer Leute betrat. Während der übrigen Zeit liefen die sieben Schwestern in dem vernachlässigten Garten zwischen den ungestutzten Spalieren umher. Oder sie spielten Tennis oder ein anderes Ballspiel in einem Winkel der hohen Mauer, die den Garten umgab – ein Winkel, in dem die Obstbäume längst abgestorben waren. Sie malten mit Wasserfarben, sie stickten, sie schrieben Verse in ihr Album ab. Einmal in der Woche gingen sie zur Messe, einmal in der Woche zur Beichte, begleitet von einer alten Gouvernante. Sie waren glücklich, da sie kein anderes Leben kannten.

Es kam ihnen wie eine unerhörte Verschwendung vor, als

eines Tages ein Fotograf aus der Kreisstadt geholt wurde, um sie alle sieben zu fotografieren, wie sie im Schatten eines alten Apfelbaumes standen, dessen rötlicher Stamm mit grauen Flechten bedeckt war.

Aber es war keine Verschwendung.

Drei Wochen zuvor hatte Oberst Powys an Oberst Ashburnham geschrieben:

»Harry, könnte dein Edward nicht eine meiner Töchter heiraten? Es wäre ein Gottessegen für mich, denn ich bin am Ende meiner Kraft, und wenn erst eines der Mädchen aus dem Haus geht, werden die übrigen schon folgen.«

Er berichtete weiter, alle seine Töchter seien rank und schlank, wohlgewachsen und vollkommen unberührt, und er erinnerte Oberst Ashburnham daran, wie sie einander am Abend vor ihrer eigenen Hochzeit – denn sie waren am selben Tag, wenn auch in verschiedenen Kirchen getraut worden, da der eine Katholik und der andere Anglikaner war –, wie sie einander am Abend vor ihrer Hochzeit versprochen hatten, wenn es so weit sei, einen ihrer Söhne mit einer ihrer Töchter zu verheiraten. Mrs. Ashburnham war eine geborene Powys und blieb Mrs. Powys' liebste Freundin. Sie waren, wie es englischen Soldaten so geht, weit in der Welt herumgetrieben worden und sich selten begegnet, aber ihre Frauen hatten immer im Briefwechsel miteinander gestanden. Sie schrieben über Kleinigkeiten, wie die ersten Zähnchen Edwards und der jüngeren Töchter oder die beste Art, eine Laufmasche im Strumpf zu stopfen. Und wenn sie sich auch selten trafen, so doch häufig genug, um einander frisch im Gedächtnis zu bewahren, wie sie allmählich ergrauten, allmählich ein wenig steif in den

Gelenken wurden, aber noch immer reich an Gesprächsstoff und mit einem Schatz an Erinnerungen. Dann, als seine Töchter in das Alter kamen, da sie das Kloster verlassen mussten, in dem sie während der Jahre seines aktiven Dienstes regelrecht interniert waren, nahm Oberst Powys, da es nötig wurde, ihnen ein Heim zu schaffen, seinen Abschied von der Armee. Wie es der Zufall wollte, hatten die Ashburnhams keines der Powys-Mädchen je zu Gesicht bekommen, obgleich, wenn sich die vier Eltern in London trafen, Edward Ashburnham jedes Mal dabei gewesen war. Er war damals zweiundzwanzig und, glaube ich, innerlich ebenso unberührt wie Leonora. Es mutet sonderbar an, dass ein Junge sich seine jungfräuliche Verstandeskraft in dieser Welt unberührt bewahren kann.

Das war zum Teil der Umsicht seiner Mutter zu verdanken, zum Teil der Tatsache, dass das Internat in Winchester, das er besuchte, einen besonders sauberen Ton hatte, zum Teil auch Edwards eigenem ausgesprochenem Abscheu vor allen wüsten Reden und unanständigen Geschichten. In Sandhurst hatte er sich einfach von all diesen Dingen ferngehalten. Er begeisterte sich für das Soldatenleben, für Mathematik, für Feldmesskunde, für Politik und, dank einer Absonderlichkeit seines Gemüts, für Literatur. Schon mit zweiundzwanzig konnte er Stunden über einem Roman von Walter Scott oder den Chroniken von Jean Froissart zubringen.

Mrs. Ashburnham fand, sie sei glücklich zu preisen, und fast jede Woche schrieb sie Mrs. Powys lang und breit von ihren Mutterfreuden.

Dann bemerkte sie eines Tages, als sie mit ihrem Sohn,

nachdem sie bei Lords gewesen waren, einen Spaziergang durch die Bond Street machte, wie Edward plötzlich seinen Kopf umwandte, um einem gutgekleideten Mädchen, das an ihnen vorübergegangen war, einen zweiten Blick hinterherzuschicken. Auch darüber schrieb sie Mrs. Powys und brachte ihre Besorgnis zum Ausdruck. Es war eine reine Reflexbewegung Edwards gewesen. Er war damals durch den Druck, unter den sein Pauker ihn gesetzt hatte, so weltabgewandt, dass er bestimmt nicht gewusst hatte, was er tat. Dieser Brief von Mrs. Ashburnham an Mrs. Powys hatte den Brief von Oberst Powys an Oberst Ashburnham zur Folge – einen halb humorigen, halb sehnsüchtigen Brief. Mrs. Ashburnham veranlasste daraufhin ihren Mann, mit einem noch lustigeren Brief zu antworten – etwa des Inhalts, Oberst Powys möge ihnen einen Begriff von der Ware geben, die er anzubieten habe. Das war der Anlass zu der Fotografie. Ich habe sie gesehen: die sieben Mädchen, alle in weißen Kleidern, alle einander sehr ähnlich in ihren Gesichtszügen – alle, außer Leonora, etwas kräftig ums Kinn und ein wenig töricht um die Augen. Gewiss hätte auch Leonora ein wenig zu kräftig und ein bisschen töricht ausgesehen, denn es war keine gute Fotografie. Aber der schwarze Schatten eines Zweiges schnitt ihr quer übers Gesicht, das beinahe unsichtbar ist.

Für Oberst und Mrs. Powys folgte eine höchst zermürbende Zeit. Mrs. Ashburnham hatte geschrieben, nichts könne, offen gestanden, ihre mütterlichen Sorgen mehr beschwichtigen, als wenn ihr Sohn eine der Powys-Töchter zur Frau nähme, sofern er nur Neigung dazu zeigte. Denn, fügte sie hinzu, für Edward käme nur eine Liebesheirat in

Betracht. Aber die armen Eltern Powys saßen so sehr in der Klemme, dass schon das Zusammenbringen des jungen Paars für sie ein verzweifeltes Wagnis darstellte.

Allein die Ausgaben für die Reise eines der Mädchen von Irland nach Branshaw waren erschreckend für sie; und welche ihrer Töchter sie auch aussuchten, es konnte gerade das Mädchen sein, das bei Edward keinen Anklang fand. Andererseits war auch beängstigend, was man bei einem Besuch der Ashburnhams allein für das Essen und zusätzliche Bettwäsche aufwenden musste. Es bedeutete mit mathematischer Folgerichtigkeit, dass sie später ebenso viele Mahlzeiten wieder einsparen mussten. Dennoch gingen sie das Wagnis ein, und alle drei Ashburnhams kamen zu einem Besuch in das einsame Gutshaus. Sie konnten Edward dort Gelegenheit zu rauher Jagd und rauhem Fischfang und wirbelnde Weiblichkeit bieten; aber ich vermute, die Mädchen machten in Wahrheit mehr Eindruck auf Mrs. Ashburnham als auf Edward. Sie erschienen ihr so wohlerzogen und so zuverlässig. Wirklich, sie waren so wohlerzogen, dass Edward, offenbar ein bisschen zaghaft, sie eher wie Jungen als Mädchen behandelte. Und dann hatte Mrs. Ashburnham eines Abends mit ihrem Jungen eine gewisse Unterredung, wie es englische Mütter mit englischen Söhnen zu tun pflegen. Es scheint eine unrühmliche Vorgehensweise gewesen zu sein, obwohl ich nicht weiß, was dabei eigentlich geschah. Am nächsten Morgen hielt Oberst Ashburnham jedenfalls für seinen Sohn um die Hand Leonoras an. Das rief einige Bestürzung bei den Eltern Powys hervor, da Leonora die drittälteste Tochter war und Edward die älteste hätte heiraten sollen. Mrs. Powys mit ihrem strengen Schicklichkeitsgefühl hätte am liebsten den Antrag abgelehnt. Aber der Oberst, ihr Gemahl, gab ihr zu bedenken, dass der Besuch sie sechzig Pfund an Miete für einen zusätzlichen Diener und Pferd und Wagen sowie für die Anschaffung von Betten, Bettwäsche und neuen Tischtüchern gekostet hatte. Dabei musste doch wenigstens eine Heirat herauskommen. Auf diese Weise wurden Edward und Leonora Mann und Frau.

Ich weiß nicht, ob es nötig ist, im Einzelnen zu untersuchen, wie es allmählich zum völligen Zerwürfnis zwischen ihnen kam. Vielleicht ja. Aber es gibt viele Dinge, über die ich mir nicht ganz klarwerden, nach denen ich Leonora nicht gut fragen kann und über die Edward mir nichts gesagt hat. Ich weiß nicht, ob auf Seiten Edwards je von Liebe die Rede gewesen sein konnte. Er betrachtete sie gewiss als die begehrenswerteste unter den Schwestern. Er behauptete sogar steif und fest, er habe sie oder keine von ihnen haben wollen. Und ohne Zweifel hielt er ihr vor der Hochzeit schöne Reden aus den Büchern, die er gelesen hatte. Aber sofern er überhaupt später seine Gefühle noch richtig beschreiben konnte, scheint er das Mädchen, da er auf keinen Widerstand stieß, gelassen und ohne beschleunigten Puls genommen zu haben. Es war jedoch alles schon so lange her, dass es für ihn am Ende seines traurigen Lebens nur noch eine verschwommene, nebelhafte Geschichte war. Er empfand für Leonora die größte Bewunderung.

Ja, er empfand für sie die allergrößte Bewunderung. Er bewunderte ihre Wahrhaftigkeit, ihr reines Gemüt und ihren guten Wuchs, ihre Tüchtigkeit, ihre helle Haut, ihr goldenes Haar, ihre Gläubigkeit, ihr Pflichtgefühl. Es war eine Befriedigung, sie immer bei sich zu haben. Aber sie hatte für ihn nicht eine Spur von Anziehungskraft. Ich glaube wirklich, er liebte sie nicht, weil sie nie traurig war; richtig wohl fühlte er sich im Leben nur, wenn er jemanden trösten konnte, der dunkel und geheimnisvoll traurig war. Das brauchte er bei Leonora nie zu tun. Vielleicht war sie am Anfang auch zu gehorsam. Ich will nicht sagen, sie sei unterwürfig gewesen, sie habe sich in ihrem Urteil dem seinen gefügt. Das tat sie bestimmt nicht. Aber sie war ihm wie eine geduldige mittelalterliche Jungfrau übergeben worden; sie hatte ihr ganzes Leben hindurch gelernt, die erste Pflicht einer Frau sei zu gehorchen. Und das tat sie.

Wenigstens in ihr wandelte sich die Bewunderung seiner Eigenschaften sehr bald in innigste Liebe. Auch wenn sein Puls niemals höher schlug, sie wurde, wie ich höre, was man ›ein anderer Mensch‹ nennt, sobald er sich ihr nur von der anderen Seite einer Tanzfläche aus näherte. Ihre Blicke folgten ihm voller Vertrauen, voller Bewunderung, voller Dankbarkeit und Liebe. Er war auch in einem höheren Sinn ihr Hirte und Führer – und er führte sie in etwas ein, was für ein Mädchen, das soeben aus dem Kloster kam, fast der Himmel gewesen sein muss. Ich habe nicht die leiseste Ahnung, wie sich das Leben einer englischen Offiziersfrau abspielt. Jedenfalls gab es Feste und Unterhaltungen und nette Männer, die ihr die richtige Art Bewunderung zollten, und nette Frauen, die sie behandelten, als wäre sie ein Baby. Und ihr Beichtvater sprach sich lobend über ihren Lebenswandel aus, und Edward erlaubte ihr, den Mädchen des Klosters, aus dem sie kam, kleine Feste zu geben, und die Ehrwürdige Mutter war ihm gewogen. In den ersten fünf oder sechs Jahren hätte es kein glücklicheres Mädchen geben können. Denn erst nach dieser Zeitspanne begannen Wolken heraufzuziehen, wie man sagt. Sie war damals ungefähr dreiundzwanzig, und ihre zielbewusste Tüchtigkeit ließ möglicherweise in ihr den Wunsch nach Herrschaft erwachsen. Sie merkte, dass Edward von einer extravaganten Großzügigkeit war. Seine Eltern starben gerade um jene Zeit, und Edward widmete sich, obwohl sie übereingekommen waren, dass er Soldat bleiben sollte, mit Unterstützung seines Verwalters mit großer Aufmerksamkeit der Bewirtschaftung von Branshaw. Aldershot lag nicht sehr weit entfernt, und sie verbrachten jeden Urlaub auf dem Gut.

Und plötzlich muss sie entdeckt haben, dass seine Großzügigkeit fast phantastische Formen hatte. Er stiftete viel zu große Summen für alles, was mit seiner Offiziersmesse zusammenhing; er setzte den Dienern seines Vaters, den alten wie den neuen, viel zu üppige Pensionen aus. Sie hatten ein großes Einkommen, aber von Zeit zu Zeit befanden sie sich in Schwierigkeiten. Er begann davon zu sprechen, dass er auf den einen oder anderen Hof eine Hypothek aufnehmen wolle, wenn es auch nie wirklich dazu kam.

Sie versuchte zaghaft, ihm darüber Vorhaltungen zu machen. Ihr Vater, den sie dann und wann sah, sagte, Edward sei seinen Pächtern gegenüber viel zu großzügig. Die Frauen seiner Offizierskameraden beklagten sich im Geheimen bei ihr. Seine großen Spenden machten es ihren Männern unmöglich, mit ihm Schritt zu halten. Ironischerweise kam es zu dem ersten wirklichen Verdruss zwischen ihnen, weil er wünschte, in Branshaw eine römisch-katholische Kapelle zu bauen. Er wollte es Leonora zu Ehren tun und machte einen sehr kostspieligen Plan. Leonora aber wollte die Kapelle nicht; sie konnte sehr gut, wann immer es ihr beliebte, von Branshaw in die nächste katholische Kirche fahren. Es gab keine katholischen Pächter und keine katholischen Dienstboten außer einer alten Kinderfrau, die immer mit ihr fahren konnte. Sie hatte so viele Priester um sich, wie sie nur wollte – und sogar die Priester wollten keine prunkvolle Kapelle in jener Gegend, wo sie nur wie ein aufreizendes Ärgernis gewirkt hätte. Sie waren uneingeschränkt bereit, für Leonora und ihre alte Kinderfrau in einem ausgeräumten Vorwerk die Messe zu lesen, wenn sie in Branshaw waren. Aber Edward war in dieser Sache so eigensinnig wie ein Keiler.

Er war ehrlich betrübt über den Mangel an Gefühl bei seiner Frau – über ihre Weigerung, eine öffentliche Ehrung von diesem Ausmaß von ihm anzunehmen. Ihr schien in seinen Augen jedwede Phantasie abzugehen – sie kam ihm kalt und hart vor. Ich weiß nicht, welche Rolle die Priester in der Tragödie spielten, die aus alledem wurde; gewiss meinten sie es gut, aber sie begingen einen Irrtum. Doch wer hätte sich damals nicht in Edward geirrt? Ich glaube, er war sogar verletzt, dass Leonoras Beichtvater sich nicht ernsthaft bemühte, ihn zu bekehren. Es gab eine Zeit, da wäre er bereit gewesen, ein inbrünstiger Katholik zu werden.

Ich weiß nicht, warum sie die Gelegenheit nicht beim Schopfe fassten; aber sie haben eine absonderliche Art von Weisheit, diese Leute, eine absonderliche Art von Takt. Vielleicht dachten sie, Edwards allzu frühe Konversion würde andere protestantische Anwärter von der Ehe mit katholischen Mädchen abschrecken. Vielleicht sahen sie tiefer in Edward hinein, als er es selber tat, und fürchteten, er würde keinen sehr verlässlichen Konvertiten abgeben. Jedenfalls überließen sie – und Leonora – ihn sehr viel sich selbst. Es schmerzte ihn nicht wenig. Er hat mir gesagt, wenn Leonora seine Bestrebungen damals ernst genommen hätte, wäre alles anders verlaufen. Aber das ist wohl Unsinn.

Jedenfalls hatten sie über die Frage der Kapelle ihren ersten und wirklich verheerenden Streit. Edward ging es zu jener Zeit nicht gut; er fühlte sich überlastet mit Regimentsangelegenheiten – ihm unterstand damals die Offiziersmesse. Und auch Leonora ging es nicht gut – sie begann zu fürchten, ihre Ehe werde unfruchtbar bleiben. Und dann kam ihr Vater von Glasmoyle zu Besuch herüber.

Das waren, soviel ich weiß, recht sorgenvolle Jahre für Irland. Oberst Powys war jedenfalls auf Pächter nicht gut zu sprechen – seine eigenen Pächter hatten wieder mit Schrotbüchsen auf ihn geschossen. Und nach seinen Gesprächen mit Edwards Gutsverwalter war er überzeugt, Edward bewirtschaftete seine Ländereien mit einer geradezu wahnwitzigen Großzügigkeit gegenüber seinen Pächtern. Übrigens waren jene Jahre – die neunziger – sehr schwer für die Landwirtschaft. Weizen brachte nur ein paar Shilling pro Hundertgewicht; der Fleischpreis lag so niedrig, dass Viehzucht sich kaum mehr lohnte; ganze englische Grafschaften wurden ruiniert. Und Edward gestattete seinen Pächtern sehr hohe Abzüge.

Um beiden Gerechtigkeit widerfahren zu lassen – Leonora hatte inzwischen eingesehen, dass sie damals unrecht gehabt hatte und dass Edward eine viel weitsichtigere Politik verfolgte, indem er seinen wirklich sehr guten Pächtern über die schlechten Zeiten hinweghalf. Freilich kam sein Geld nicht einzig aus der Landwirtschaft; ein beträchtlicher Teil seines Vermögens steckte in Eisenbahnen. Aber der alte Oberst Powys hatte nun einmal die fixe Idee, und wenn er Edward gegenüber auch niemals auf das Thema zu sprechen kam, so predigte er doch Leonora unentwegt darüber, wann immer er Gelegenheit dazu hatte.

Sein Lieblingsgedanke war, Edward sollte alle seine Pächter davonjagen und sich eine Schar von Bauern aus Schottland kommen lassen. Das hatte man in Essex getan. Er war der Überzeugung, Edward renne Hals über Kopf in seinen Ruin.

Das bekümmerte Leonora sehr – es bekümmerte sie furchtbar; nächtelang lag sie wach; sie bekam einen ängstlichen Zug um den Mund. Und das bekümmerte wiederum Edward. Ich will nicht sagen, Leonora hätte tatsächlich mit Edward über seine Pächter gesprochen – aber er merkte, dass irgendjemand, wahrscheinlich ihr Vater, mit ihr über die Sache gesprochen hatte. Er merkte es, da sein Verwalter zur Frühstückszeit hereinzuschauen und über die kleinen Vorkommnisse zu berichten pflegte. Und da gab es einen Bauern namens Mumford, der die letzten drei Jahre nur die halbe Pacht bezahlt hatte. Eines Morgens berichtete der Gutsverwalter, Mumford könne dieses Jahr überhaupt keine Pacht zahlen. Edward dachte eine Weile nach und sagte dann:

»Nun gut, er ist ein alter Mann, und sie sind seit mehr als zweihundert Jahren unsere Pächter. Erlassen Sie ihm die Pacht ganz.«

Und da entfuhr Leonora – Sie dürfen nicht vergessen, dass sie damals Grund genug hatte, nervös und unglücklich zu sein – ein Laut, der einem Stöhnen sehr ähnlich war. Das brachte Edward auf, der mehr als ahnte, was in ihr vorging – es erregte seinen Zorn. Er sagte mit Schärfe:

»Du möchtest doch wohl nicht, dass ich Leute hinaussetze, die seit Jahrhunderten Geld für uns verdienen – Leute, denen gegenüber wir Verantwortung haben –, und statt ihrer einen Haufen schottischer Bauern kommen lasse?«

Er sah sie mit einem Blick an, sagte Leonora, in dem reiner Hass lag, und verließ dann hastig den Frühstückstisch. Leonora wusste, dass dies wahrscheinlich umso schlimmer war, als er sich vor einem Dritten zu dieser zornigen Geste hatte hinreißen lassen. Es war das erste und letzte Mal, dass er sich zu einem solchen Zornesausbruch hinreißen ließ. Der Verwalter, ein bescheidener und ruhiger Mann, dessen Familie ebenfalls seit mehr als einem Jahrhundert bei den Ashburnhams war, nahm es auf sich, ihr zu erklären, dass Edward seiner Meinung nach mit seinen Pächtern einen ganz richtigen Kurs verfolge. Er ginge vielleicht zuweilen in seiner Großmut zu weit, aber harte Zeiten seien nun einmal harte Zeiten, und jeder würde die Schraube zu spüren bekommen, Gutsherr wie Pächter. Das Wichtigste sei, dass man das Land nicht herunterkommen ließ. Die schottischen Bauern beuteten einem die Felder bloß aus und ließen sie immer mehr verkommen. Edward aber hatte eine Schar sehr guter Pächter, die ihr Bestes für ihn und sich selbst taten. Diese Argumente überzeugten Leonora damals sehr wenig. Trotzdem war sie über Edwards Zornesausbruch sehr bestürzt.

Tatsache ist, dass Leonora in ihrem eigenen Bereich Sparsamkeit walten ließ. Zwei Stubenmädchen waren gegangen, und sie hatte sie nicht ersetzt; sie hatte in diesem Jahr viel weniger für Kleider ausgegeben. Was sie bei den Gesellschaften, die sie gaben, auftischen ließ, war weit weniger üppig und nicht annähernd so kostspielig gewesen wie im vorhergehenden Jahr, und Edward spürte eine gewisse Härte und Entschlossenheit im Charakter seiner Frau. Ihm war, als zöge sich ein Netz um ihn zusammen – ein Netz, in dem sie gezwungen sein würden, wie eine der vergleichsweise armen Familien in der Nachbarschaft zu leben. Und auf die geheimnisvolle Weise, in der zwei Menschen, die zusammenleben, Kenntnis von den Gedanken des anderen bekommen, ohne dass ein Wort gesprochen wird, hatte er schon vor seinem Zornesausbruch gewusst, dass Leonora sich über die Art, wie er seine Wirtschaft führte, Sorgen machte. Das war ihm unerträglich. Er empfand obendrein tiefe Selbstverachtung, weil er sich hatte hinreißen lassen, Leonora vor diesem Verwalter anzufahren. Er fühlte, wie seine Kräfte nachließen, und man kann sich keinen unglücklicheren Mann denken, als Edward zu jener Zeit war.

Sie verstehen, er war wirklich ein sehr einfaches Gemüt – sehr einfach. Er huldigte der Ansicht, kein Mann könne sein Tagewerk befriedigend vollbringen ohne die treue und hingebungsvolle Mithilfe der Frau, mit der er zusammenlebt. Und ihm begann zu dämmern, dass seine Frau, während er selbst sich seiner Herkunft gemäß der Allgemeinheit verpflichtet fühlte, eine reine Individualistin war. Seine Anschauung – die feudale Anschauung eines Lehnsherrn, der sein Bestes für seine Vasallen tut, wie diese ihr Bestes für den Lehnsherrn tun –, diese Überzeugung war Leonoras Natur völlig fremd. Sie kam aus einer Familie kleiner irischer Gutsbesitzer – jener feindlichen Garnison in einem ausgeplünderten Land. Und sie dachte unaufhörlich an die Kinder, die sie sich wünschte.

Ich weiß nicht, warum sie keine Kinder bekamen – nicht dass ich wirklich glaubte, Kinder hätten irgendetwas geändert. Die Verschiedenheit von Edward und Leonora ging zu tief. Es wird Ihnen einen Begriff von der außerordentlichen Naivität Edward Ashburnhams geben, wenn ich Ihnen sage, dass er zur Zeit seiner Eheschließung und vielleicht noch ein paar Jahre danach nicht wirklich wusste, wie man Kinder bekommt. Noch wusste Leonora es. Ich will nicht sagen, dass dieser Zustand andauerte, aber so war es. Das hatte gewiss großen Einfluss auf die Mentalität der beiden. Jedenfalls bekamen sie keine Kinder. Es war der Wille Gottes.

Sicherlich betrachtete es Leonora als Gottes Willen – als eine geheimnisvolle und furchtbare Züchtigung des Allmächtigen. Denn sie hatte kurz vorher entdeckt, dass ihre Eltern der Familie Edwards nicht das Versprechen abgenommen hatten, die Kinder, die sie zur Welt brächte, katholisch erziehen zu lassen. Sie selbst hatte nie darüber gesprochen, weder mit ihrem Vater noch mit ihrer Mutter oder ihrem Mann. Als sie schließlich einer Bemerkung ihres Vaters zu entnehmen glaubte, dass es sich so verhielt, versuchte sie verzweifelt, Edward dieses Versprechen abzuringen. Sie stieß auf unerwarteten Widerstand. Edward war ganz damit einverstanden, dass die Mädchen katholisch würden; die Jungen aber müssten Anglikaner werden. Ich verstehe nicht, warum man diesen Dingen in der englischen Gesellschaft so viel Gewicht beimisst. Wahrhaftig, die Engländer scheinen in politischen und religiösen Dingen ein bisschen verrückt zu sein. Bei Edward war es besonders seltsam, weil er selbst durchaus bereit war, Katholik zu werden. Offenbar erwog er, selber zur römischen Kirche überzutreten und dennoch seine Söhne in der Religion ihrer unmittelbaren Vorfahren erziehen zu lassen. Das mag unlogisch erscheinen, aber es ist wohl nicht so unlogisch, wie es aussieht. Edward war nämlich der Auffassung, über seinen Körper und seine Seele dürfe er frei verfügen. Die Treue zu den Überlieferungen seiner Familie erlaubte ihm aber nicht, künftige Erben seines Namens oder Nutznießer beim Tod seiner Vorfahren zu binden. Bei den Mädchen war es etwas anderes. Sie würden ohnehin in andere Häuser und andere Verhältnisse kommen. Außerdem war es so üblich. Aber den Jungen musste man die Möglichkeit geben zu wählen – und sie mussten vor allem eine anglikanische Erziehung erhalten. Darin blieb er vollkommen unnachgiebig. Leonora litt Qualen während dieser ganzen Zeit. Sie müssen bedenken, sie glaubte ernstlich, die Kinder, denen sie vielleicht das Leben schenkte, liefen Gefahr, wenn nicht absoluter Verdammnis anheimzufallen, so doch in einer falschen Lehre erzogen zu werden. Ihre Qual war furchtbarer, als sie zu schildern vermochte. Freilich versuchte sie es auch nicht, aber ich hörte es ihrer Stimme an, als sie fast beiläufig sagte: »Ich lag ganze Nächte lang wach. Es half nichts, dass meine geistlichen Ratgeber mich zu trösten versuchten.« Ich hörte ihrer Stimme an, wie entsetzlich und wie lang diese Nächte gewesen sein mussten und wie wenig die Tröstungen ihrer geistlichen Berater etwas dagegen zu tun vermocht hatten. Ihre geistlichen Berater nahmen die Sache offenbar etwas gelassener. Sicherlich haben sie ihr gesagt, sie dürfe sich nicht einbilden, sie habe sich in irgendeiner Weise versündigt. Nein, sie haben sie wohl gar ermahnt und ihr gedroht, um sie einer Gemütsverfassung zu entreißen, die ihnen krankhaft erschien. Sie müsse einfach das Beste aus der Situation machen und die Kinder, wenn sie kämen, beeinflussen, nicht durch Propaganda, sondern durch ihre Persönlichkeit. Und sie machten sie darauf aufmerksam, dass sie sündigte, wenn sie sich weiterhin einbildete, sie habe eine Sünde begangen. Dennoch blieb sie dabei, sie habe eine Sünde begangen.

Leonora konnte nicht umhin zu bemerken, dass der Mann, den sie leidenschaftlich liebte und den sie trotzdem mit eisernem Zepter zu regieren begann – dass dieser Mann sich ihr mehr und mehr entfremdete. Er betrachtete sie anscheinend nicht nur als physisch und seelisch kalt, sondern geradezu als böse und gemein. Zuweilen schauderte ihn fast, wenn sie mit ihm sprach. Und sie verstand nicht, wie er sie für böse und gemein halten konnte. Es kam ihr wie eine Art Wahnsinn vor, dass er sich neben seiner Mannschaft, seinem Regiment, auch seine Ländereien und die halbe Grafschaft aufbürdete. Sie sah nicht ein, dass sie mit ihrem Versuch, im Zaum zu halten, was sie als Größenwahn ansah, etwas Böses tat. Sie versuchte doch nur, die Dinge zusammenzuhalten – für die Kinder, die nicht kamen. Und allmählich beschränkte sich ihr gemeinsamer Umgang ganz auf qualvolle Diskussionen darüber, ob Edward dieser oder jener Institution eine Stiftung machen oder ob er versuchen sollte, diesen oder jenen Trunkenbold zu retten. Sie konnte es einfach nicht verstehen.

In dieser wirklich verzweifelt gespannten Lage, aus der es keinen Ausweg zu geben schien, kam der Fall Kilsyte fast wie eine Erlösung. Es gehört zu der eigentümlichen Ironie der Dinge, dass Edward das Kinderfräulein sicherlich nie geküsst hätte, wenn er nicht versucht hätte, Leonora einen Gefallen zu tun. Kindermädchen reisen nicht erster Klasse, und an jenem Tag reiste Edward in einem Abteil dritter Klasse, um Leonora zu beweisen, dass er sparsam sein konnte. Wie ich sagte, war die Kilsyte-Geschichte fast eine Erleichterung angesichts des gespannten Verhältnisses, das damals zwischen ihnen herrschte. Sie gab Leonora Gelegenheit, ihm von ganzem Herzen und absolut loyal zur Seite zu stehen. Sie gab ihr Gelegenheit, zu ihm zu halten, wie nach seinem Gefühl eine Frau zu ihrem Mann halten muss.

Sehen Sie, Edward befand sich in einem Eisenbahnabteil zusammen mit einem recht hübschen Mädchen von ungefähr neunzehn Jahren. Und das recht hübsche, etwa neunzehnjährige Mädchen mit dunklem Haar, roten Wangen und blauen Augen weinte still vor sich hin. Edward hatte in seiner Ecke gesessen und an gar nichts gedacht. Zufällig sah er zu dem Kindermädchen hinüber; zwei große, hübsche Tränen traten aus ihren Augen und fielen in ihren Schoß. Er fühlte sogleich, er musste etwas tun, um das Mädchen zu trösten. Das war seine Lebensaufgabe. Er war selber todunglücklich, und so erschien es ihm das Natürlichste von der Welt, dass sie ihre Kümmernisse zusammentaten. Er war sehr demokratisch; der Gedanke an den Standesunterschied zwischen ihnen kam ihm offenbar nicht. Er sprach sie an. Er hörte, man habe ihren jungen Mann mit Annie von Nummer 54 ausgehen sehen. Er rückte auf ihre Seite des Abteils hinüber. Er sagte ihr, es sei wahrscheinlich nicht wahr, was man ihr hinterbracht habe; und schließlich brauche es nichts Schlimmes zu bedeuten, wenn ein junger Mann mit Annie von Nummer 54 ausging. Und er versicherte mir, es sei mindestens halb aus väterlichen Gefühlen geschehen, dass er seinen Arm um ihre Taille legte und sie küsste. Das Mädchen jedoch hatte den Standesunterschied nicht vergessen.

Ihr Leben lang war sie von ihrer Mutter, von anderen Mädchen, vom Schullehrer, durch die ganze Tradition ihrer Klasse vor den vornehmen Herren gewarnt worden. Und nun wurde sie von einem Herrn geküsst! Sie schrie, riss sich los, sprang auf und zog die Notbremse. In den Augen der Öffentlichkeit zog Edward sich ziemlich gut aus der Affäre; aber innerlich wurde sie ihm zum Verhängnis.

IV

Es ist sehr schwierig, von einem Menschen ein vollständiges Bild zu geben. Ich frage mich, wieweit es mir mit Edward Ashburnham gelungen ist. Mir scheint, es ist mir keineswegs gelungen. Es ist schon sehr schwierig, sich darüber klarzuwerden, welche Bedeutung solche Dinge haben. War bei Edward das Entscheidende, dass er sehr gut aussah, sich gut hielt, mäßig bei Tisch war und ein regelmäßiges Leben führte – dass er tatsächlich all die Tugenden besaß, die gewöhnlich als englische gelten? Ist es mir im Geringsten gelungen, deutlich zu machen, dass er das alles war und all diese Tugenden besaß? Jedenfalls war er so bis in die letzten Monate seines Lebens. Es waren Eigenschaften, die man auf seinen Grabstein setzen könnte. Seine Witwe wird sie auch tatsächlich auf seinen Grabstein setzen.

Und habe ich, frage ich mich, ein richtiges Bild davon vermittelt, wie sein Leben verlief und wie er seine Zeit verbrachte? Denn bis zum Schluss nahmen seine Liebschaften verhältnismäßig wenig Zeit in Anspruch. Ich sah mich gezwungen, sehr viel von seinen Liebschaften zu reden, aber Sie müssen sich vorstellen – ich wollte, ich könnte Sie bewegen, dies im Auge zu behalten –, dass er jeden Morgen um sieben Uhr aufstand, ein kaltes Bad nahm, um acht Uhr frühstückte, von neun bis eins mit seinem Regiment beschäftigt war und bis zur Teestunde mit den Männern Polo spielte oder Kricket, wenn die Jahreszeit für Kricket war. Danach befasste er sich bis zum Abendessen mit den Briefen seines Verwalters oder mit den Angelegenheiten der Offiziersmesse. Dann aß er, und abends spielte er mit Leonora Karten oder Billard oder ging diesen und jenen gesellschaftlichen Verpflichtungen nach. Und so brachte er den größeren Teil seines Lebens zu – den bei weitem größeren Teil seines Lebens. Seine Liebesgeschichten liefen bis zum Schluss nur nebenher oder spielten sich an den Gesellschaftsabenden, bei Tänzen und Dinners ab. Aber ich glaube, ich habe es Ihnen, mein stiller Zuhörer, sehr schwer gemacht, diesen Eindruck zu gewinnen. Jedenfalls hoffe ich, ich habe Sie nicht auf den Gedanken gebracht, Edward Ashburnham sei ein pathologischer Fall gewesen. Das war er nicht. Er war ein ganz normaler Mann und in hohem Maße empfindsam. Ich darf wohl sagen, dass die Art, wie er seine Jugend verbrachte, der Einfluss seiner Mutter, seine Unwissenheit und all das, was die Ausbilder der Armee ihm einpaukten – ich darf wohl sagen, dass all diese ausgezeichneten Einflüsse auf ihn als Heranwachsenden von großem

Übel waren. Doch wir alle müssen mit diesen Dingen fertig werden, und zweifellos sind sie auch für uns von großem Übel. Dennoch führte Edward äußerlich das ganz normale Leben eines schwer arbeitenden, empfindsamen und in seinem Beruf tüchtigen Mannes.

Die Frage, wie es sich mit den ersten Eindrücken verhält, hat mir immer viel zu schaffen gemacht – doch ganz theoretisch. Das heißt, ich habe mich von Zeit zu Zeit gefragt, ob es ratsam ist oder nicht, sich im Umgang mit anderen Menschen auf den ersten Eindruck zu verlassen. Aber ich hatte nie mit anderen Menschen zu tun, außer mit Kellnern, Zimmermädchen und den Ashburnhams, und bei denen hatte ich nicht einmal gewusst, dass ich mit ihnen etwas zu tun bekommen sollte. Und was Kellner und Zimmermädchen betrifft, konnte ich mich im Allgemeinen auf meinen ersten Eindruck ziemlich verlassen. Wenn mir jemand anfangs den Eindruck machte, er sei höflich, zuvorkommend und aufmerksam, dann schien er es im Allgemeinen auch zu bleiben. Doch einmal hatten wir in unserer Pariser Wohnung ein Dienstmädchen, das reizend und grundehrlich zu sein schien. Aber sie stahl Florence einen Diamantring. Freilich tat sie es, um ihren Liebsten vor dem Gefängnis zu bewahren. Also handelte es sich hier, wie jemand irgendwo sagt, um einen besonderen Fall.

Und selbst bei meinem kurzen Ausflug in das amerikanische Geschäftsleben – ein Ausflug, der von Mitte August bis Ende September dauerte – stellte ich fest, dass ich nichts Besseres tun konnte als mich auf meine ersten Eindrücke verlassen. Ich ertappte mich dabei, dass ich jeden Mann, der mir vorgestellt wurde, automatisch nach seinen Gesichtszügen und seinen ersten Worten klassifizierte und mit einem Etikett versah. Doch darf ich mir nicht den Anschein geben, als wäre ich während der Zeit, die ich mich in Amerika aufhielt, wirklich geschäftlich tätig gewesen. Ich wickelte nur meine Angelegenheiten ab. Wenn ich mich nicht mit dem Gedanken getragen hätte, das Mädchen zu heiraten, dann hätte ich mich vielleicht nach einer Beschäftigung in meiner Heimat umgesehen. Denn die Erfahrungen, die ich dort machte, waren lebhaft und lustig. Es war ganz so, als käme ich aus einem Museum und wäre in ein wildes Maskentreiben geraten. Während meines Lebens mit Florence hatte ich fast vergessen, dass es so etwas wie Mode oder Berufe oder Gewinnsucht gab. Ich hatte tatsächlich vergessen, dass es ein Ding wie den Dollar gab und dass ein Dollar höchst begehrenswert sein kann, wenn man keinen besitzt. Und ich hatte auch vergessen, dass es so etwas wie Klatsch gab, der etwas zu bedeuten hat. In dieser Hinsicht war Philadelphia der ungeheuerlichste Ort, den ich je in meinem Leben betreten habe. Ich blieb in dieser Stadt nicht länger als eine Woche oder zehn Tage und habe dort kaum geschäftliche Transaktionen vorgenommen, und dennoch war es einfach ungeheuerlich, wie oft ich von irgendwem vor irgendwem gewarnt wurde. Es kam vor, dass ein Mann, den ich nicht kannte, im Hotel von hinten an meinen Sessel trat und mich, vorsichtig und nur ins Ohr flüsternd, vor einem anderen warnte, den ich ebenso wenig kannte und der an der Bar stand. Ich weiß nicht, was sie sich vorstellten, das ich dort vorhätte – vielleicht die Schulden der Stadt aufzukaufen oder einen maßgeblichen Anteil an irgendwelchen Eisenbahnaktien zu erwerben. Oder vielleicht stellten sie sich vor, ich wollte eine Zeitung kaufen, denn sie waren entweder Politiker oder Reporter, was natürlich auf dasselbe hinausläuft. In Wirklichkeit bestand mein Besitz in Philadelphia vor allem aus Liegenschaften im altmodischen Teil der Stadt, und ich wollte nichts anderes, als mich zu vergewissern, dass die Häuser in gutem Zustand und die Türen sauber gestrichen waren. Ich wollte auch meine Verwandten wiedersehen, von denen einige dort lebten. Sie waren meist berufstätige Leute, und fast alle hatten es schwer infolge der Finanzkrise von 1907 oder so. Doch sie waren sehr nett. Sie wären noch netter gewesen, wenn sie nicht alle von der, wie mir schien, fixen Idee besessen gewesen wären, dass etwas, sie nannten es Einflüsse, gegen sie arbeitete. Jedenfalls blieb mir von dieser Stadt das Bild altmodischer Zimmer, eher englisch als amerikanisch im Stil, in denen hübsche, aber abgehärmte Damen, Cousinen von mir, vor allem von geheimnisvollen Manövern sprachen, die gegen sie im Gange seien. Ich bekam nie heraus, was das alles bedeutete. Vielleicht dachten sie, ich wüsste es, oder vielleicht gab es gar keine Manöver. Es war alles sehr geheim und fein gesponnen und unergründlich. Aber es gab einen netten jungen Burschen namens Carter, eine Art Neffe zweiten Grades von mir. Er war hübsch und dunkel und groß, freundlich und bescheiden. Wie ich hörte, war er auch ein guter Kricketspieler. Er arbeitete bei dem Grundstücksmakler, der meine Mieten einzog. Er war es deshalb auch, der mich durch meine Besitzungen führte, und ich kam viel mit ihm zusammen, ebenso mit einem netten Mädchen mit Namen Mary, das mit ihm verlobt war. Damals tat ich, was ich heute gewiss nicht mehr tun würde – ich zog vorsichtig Erkundigungen über seinen

Charakter ein. Von seinen Arbeitgebern erfuhr ich, dass er ganz so war, wie er mir erschien: ehrlich, fleißig, munter, freundlich und bereit, jedem einen Gefallen zu tun. Seine Verwandten jedoch, die auch die meinen waren, schienen etwas düster Geheimnisvolles gegen ihn in der Hand zu haben. Ich dachte schon, er sei in irgendeine Betrügerei verwickelt gewesen oder hätte zumindest ein paar unschuldige und vertrauensvolle Mädchen betrogen. Doch diesem einen Geheimnis kam ich auf den Grund: Es ging nur darum, dass er ein Demokrat war. Meine Verwandten waren meist Republikaner. Noch schlimmer und dunkler und mysteriöser war in ihren Augen, dass der junge Carter ein Vermont-Demokrat war, wie sie es nannten, also ein waschechter Demokrat, ganz ohne Zweifel. Aber ich weiß nicht, was das heißt. Jedenfalls, denke ich, wird mein Geld einmal an ihn fallen, wenn ich sterbe – ich rufe mir gern sein freundliches Bild vor Augen und das des netten Mädchens, mit dem er verlobt war. Möge das Schicksal ihnen gnädig sein.

Ich sagte soeben, nach heutiger Anschauung könnte mich nichts bewegen, Erkundigungen über den Charakter eines Menschen einzuziehen, der mir auf den ersten Blick gefallen hat. (Die kleine Abschweifung auf meine Erlebnisse in Philadelphia sollte eigentlich nur zu dieser Feststellung führen.) Denn wer auf dieser Welt kann von dem Charakter eines anderen ein Bild geben? Wer auf dieser Welt weiß etwas über das Herz eines anderen – oder selbst über sein eigenes? Ich will damit nicht sagen, man könnte nicht ungefähr abschätzen, wie sich ein Mensch verhalten wird. Aber man kann nicht sicher voraussehen, wie sich ein Mensch in jedem beliebigen Fall verhalten wird – und solange man das nicht kann, ist ein Charakterbild niemandem zu etwas nütze. So verhielt es sich zum Beispiel mit Florences Dienstmädchen in Paris. Wir vertrauten dem Mädchen Blankoschecks zur Bezahlung der Lebensmittelrechnungen an. Eine ganze Weile hatten wir dieses große Vertrauen zu ihr. Dann plötzlich stahl sie einen Ring. Wir hätten sie dessen nicht für fähig gehalten; sie hätte sich dessen selber nicht für fähig gehalten. Es lag nicht in ihrem Charakter. So verhielt es sich vielleicht auch mit Edward Ashburnham.

Oder vielleicht auch nicht. Nein, ich glaube, eher nicht. Es ist schwierig, sich darüber klarzuwerden. Wie ich sagte, löste der Fall Kilsyte die schlimmsten Spannungen zwischen ihm und Leonora. Ihm bewies er, dass sie ihm gegenüber loyal sein konnte; ihr gab er Gelegenheit zu zeigen, dass sie an ihn glaubte. Ohne weitere Fragen akzeptierte sie seine Darstellung, er habe, indem er das Mädchen küsste, nichts anderes gewollt, als einem weinenden Kind väterlichen Trost zu spenden. Und wahrhaftig machte sich seine Welt – eingeschlossen die Richter – diese Ansicht zu eigen. Was immer man sagen mag, unsere Welt kann zuweilen ganz barmherzig sein ... Doch wie ich schon einmal sagte, der Fall wurde ihm zum Verhängnis.

Das war wenigstens seine Ansicht. Er versicherte mir, ehe die Geschichte passierte und der Staatsanwalt all die schmutzigen Motive heraustüftelte, die Staatsanwälte einem in solchen Fällen unterstellen können, habe er nicht die leiseste Ahnung gehabt, er könnte Leonora untreu werden. Aber mitten in dieser Aufregung – er sagte, es sei ihm plötzlich eingefallen, als er auf der Zeugenbank saß –, inmitten der erlauchten Zeremonien der Rechtsprechung sei ihm plötzlich die Erinnerung an den weichen Mädchenkörper gekommen, den er an sich gedrückt hatte. Und von da an sei ihm das Mädchen begehrenswert erschienen – und Leonora vollkommen reizlos. Er begann sich Tagträumen hinzugeben, in denen er sich dem Kindermädchen taktvoller näherte und die Sache viel weiter trieb. Gelegentlich dachte er an andere Frauen, malte sich aus, wie er sie behutsam umwarb – vielleicht müsste man genauer sagen: wie er sie taktvoll tröstete, bis sie sich ihm hingaben. Das war seine Ansicht über den Fall. Er sah sich als Opfer der Rechtsprechung. Ich will nicht sagen, als eine Art Dreyfus. Das Gericht war wirklich sehr nachsichtig gegen ihn. Es stellte fest, seines Erachtens habe sich Hauptmann Ashburnham durch den unangebrachten Wunsch, eine Angehörige des anderen Geschlechts zu trösten, verleiten lassen, und es verurteilte ihn zu einer Geldstrafe von fünf Shilling für seinen Mangel an Takt oder an Weltkenntnis. Aber Edward behauptete, es habe gewisse Vorstellungen in ihm wachgerufen.

Ich glaube nicht daran, wenn er es auch sicherlich tat. Er war damals siebenundzwanzig, und seine Frau hatte seine Zuneigung verloren – ein Krach war unvermeidlich. Für eine Weile kamen sie einander wieder näher, aber das konnte nicht von Dauer sein. Wahrscheinlich machte die Tatsache, dass Leonora sich in dieser Sache so gut bewährte, alles noch schlimmer. Denn während Edward sie höher achtete und ihr dankbar war, erschien sie ihm in anderen Dingen, die ihm am Herzen lagen – seine Verantwortung, seine Karriere, seine Überlieferung –, nur umso kälter. Es steigerte seine Verzweiflung über sie zu einer Art Erbitterung – und ließ in ihm den Gedanken Wurzel schlagen, er könne vielleicht eine andere Frau finden, die ihm die moralische Stütze wäre, die er brauchte. Er wollte als eine Art Lohengrin betrachtet werden. Damals, sagte er, habe er sich ernstlich nach einer anderen Frau umgesehen, die ihm helfen könnte. Er fand verschiedene – denn es gab eine ganze Reihe Damen in seinem Kreise, die imstande waren, diesem hübschen und feinen Kerl darin zuzustimmen, dass ein Feudalherr feudale Pflichten habe. Er hätte seine Tage gerne im Gespräch mit der einen oder anderen dieser Damen zugebracht. Aber da war immer ein Hindernis – wenn die Dame verheiratet war, gab es einen Gatten, der den größeren Teil ihrer Zeit und ihrer Aufmerksamkeit in Anspruch nahm. War es dagegen ein unverheiratetes Mädchen, so konnte er nicht sehr viel mit ihm zusammen sein, aus Furcht, sie zu kompromittieren. Damals, müssen Sie verstehen, hatte er noch nicht die geringste Absicht, eine dieser Damen zu verführen. Er wollte nur moralische Hilfe von weiblicher Seite, weil er es schwierig fand, mit Männern über Ideale zu sprechen. Wirklich, ich glaube, er hatte niemals die Absicht, eine Frau zu seiner Mätresse zu machen. Das klingt komisch; aber ich glaube, es gibt ein ganz richtiges Bild von ihm.

Es war, soviel ich weiß, einer von Leonoras Priestern – ein Mann von Welt –, der ihr riet, mit ihm nach Monte Carlo zu gehen. Er hatte die Idee, was Edward zu einem guten Einvernehmen mit Leonora nottäte, sei ein Schuss Leichtsinn. Denn Edward machte damals den Eindruck eines Pedanten. Wenn er auch Polo spielte und ein ausgezeichneter Tänzer war, so tat er doch das eine nur, um sich in Form zu halten, und das andere, weil es eine gesellschaftliche Pflicht war, sich auf Tanztees blicken zu lassen und, wenn er schon dort war, auch gut zu tanzen. Er tat nichts aus reinem Vergnügen, außer das, was er als seine Lebensaufgabe betrachtete. Nach Ansicht des Priesters musste ihn das für immer Leonora entfremden – nicht weil Leonora auf die Freuden des Lebens so versessen gewesen wäre, sondern weil sie keine Sympathie für Edwards Arbeit hatte. Andererseits war Leonora gerne dann und wann für ein Vergnügen zu haben, und wenn Edward – meinte der Priester – dazu gebracht werden könnte, sich ebenfalls dann und wann ein Vergnügen zu gönnen, so würde ein Band der Sympathie zwischen ihnen entstehen. Es war gut gemeint, aber es kam nichts Gutes dabei heraus.

Tatsächlich kam die Mätresse des Großfürsten dabei heraus. Jedem anderen, der weniger empfindsam gewesen wäre als Edward, hätte das nichts ausgemacht. Für Edward war es fatal, denn bei seiner ehrenhaften Natur hatte er das Gefühl, wenn eine Frau ihn ihre Gunst genießen ließ, habe sie fürs Leben einen Anspruch auf ihn. Das war es, was in Wirklichkeit dabei herauskam. Psychologisch bedeutete es, dass er keine Mätresse haben konnte, ohne sich unsterblich in sie zu verlieben. Er war ein ernsthafter Mensch, und in diesem Fall erwies sich das als sehr kostspielig. Bei einem Ball in ihrem gemeinsamen Hotel heftete die Mätresse des Großfürsten – eine spanische Tänzerin, die sehr leidenschaftlich aussah – ihre Blicke auf ihn. Edward war groß, ansehnlich, blond und sehr wohlhabend, wie sie hörte – und Leonora ging früh zu Bett. Sie machte sich nichts aus öffentlichen Tanztees, aber sie war erleichtert, als sie sah, dass Edward sich offenbar mit ein paar liebenswürdigen Mädchen amüsierte. Und das war das Ende für Edward – denn die spanische Tänzerin, die so leidenschaftlich aussah, wollte um seiner schönen Augen willen eine Nacht mit ihm. Er ging mit ihr in den dunklen Garten, und in plötzlicher Erinnerung an das Mädchen der Kilsyte-Geschichte küsste er sie. Er küsste sie leidenschaftlich, wild, in einem jähen Ausbruch des Begehrens, das sein Leben lang gezügelt gewesen war – denn Leonora war kühl oder jedenfalls sehr wohlerzogen. La Dolciquita gefiel dieser Rückfall, und er verbrachte die Nacht in ihrem Bett.

Als das bebende Geschöpf endlich in seinen Armen eingeschlafen war, ging ihm auf, dass er wahnsinnig, leidenschaftlich, überwältigend in sie verliebt war. Es war eine Leidenschaft, die wie Feuer in trockenem Stroh ausbrach. Er konnte an nichts anderes mehr denken; er konnte für nichts anderes mehr leben. Aber La Dolciquita war ein vernünftiges Geschöpf ohne einen Funken Leidenschaft. Sie brauchte eine gewisse Befriedigung ihrer Triebe, und Edward hatte sie in der Nacht zuvor gereizt. Das war nun erledigt, und kühl eröffnete sie ihm, sie verlange Geld, wenn er mehr von ihr haben wollte. Es war ein vollkommen vernünftiges Handelsabkommen. Sie machte sich keinen Pfifferling aus Edward oder irgendeinem anderen Mann, und er mutete ihr zu, dass sie eine sehr gute Position beim Großfürsten aufs Spiel setzte. Wenn Edward genügend Geld aufbrächte, um ihr eine Versicherung für einen Unglücksfall zu bieten, war sie bereit, Edward für eine Zeit, die sozusagen durch die Police gedeckt würde, gernzuhaben. Sie bekam vom Großfürsten fünfzigtausend Dollar im Jahr; Edward müsste ihr eine Prämie in Höhe zweier Jahreseinkommen für ihre Gesellschaft während eines Monats zahlen. Es bestand wenig Gefahr, dass der Großfürst dahinterkam, und es war nicht sicher, dass er sie auf die Straße setzen würde, wenn er dahinterkäme. Aber immerhin bestand die Gefahr – ein zwanzigprozentiges Risiko, wie sie ausrechnete. Sie redete mit Edward, als wäre sie ein Makler, der ein Grundstück zu verkaufen hat – vollkommen gelassen und vollkommen kühl, ohne jedes Schwanken in der Stimme. Sie wollte nicht unfreundlich zu ihm sein; aber sie sah auch keinen Grund, freundlich zu ihm zu sein. Sie war eine tüchtige Geschäftsfrau, mit einer Mutter und zwei Schwestern, und musste für ihre eigenen alten Tage gut vorsorgen. Sie rechnete nur noch mit einer Karriere von fünf Jahren. Sie war vierundzwanzig, und sie sagte: »Wir Spanierinnen sind mit dreißig ein wahrer Graus.« Edward schwor ihr, er werde für sie sorgen, solange sie lebe, wenn sie nur zu ihm käme und mit diesen furchtbaren Reden aufhörte; aber sie hob nur langsam und verächtlich eine Schulter. Er versuchte, diese Frau, die ihm seinem Empfinden nach ihre Tugend geopfert hatte, zu überzeugen, er erachte es in jedem Fall als seine Pflicht, für sie zu sorgen, sie hochzuhalten und sogar zu lieben – fürs Leben. Er wollte das als Gegenleistung für ihr Opfer tun. Als Gegenleistung wiederum für seine aufrichtige Liebe sollte sie sich künftig stets die Berichte über seine Güter anhören. So hatte er es sich ausgedacht.

Sie zuckte mit derselben Schulter auf dieselbe Art und hielt ihm ihre linke Hand hin, den Ellbogen in die Seite gestützt.

»*Enfin, mon ami*«, sagte sie, »legen Sie den Preis der Tiara von Forli in diese Hand, sonst …«, und sie kehrte ihm den Rücken.

Edward wurde wahnsinnig; seine Welt stand auf dem

Kopf; die Palmen vor der blauen See führten einen grotesken Tanz auf. Sie verstehen, er glaubte an die Tugend, die Zärtlichkeit und den moralischen Beistand der Frauen. Mehr als alles andere wollte er mit La Dolciquita streiten; sich mit ihr auf eine Insel zurückziehen, ihr die Verderbtheit ihres Standpunkts klarmachen und ihr zeigen, dass das Heil einzig in treuer Liebe und der Feudalordnung zu finden ist. Sie war einmal seine Mätresse gewesen, dachte er, und nach allen moralischen Gesetzen müsse sie seine Mätresse bleiben oder zumindest seine mitfühlende Vertraute. Aber ihre Zimmer blieben ihm verschlossen; sie ließ sich nicht im Hotel blicken. Nichts: das blanke Schweigen. Sie haben gehört, wie es kam.

Eine Woche lang war er wie von Sinnen: Er hungerte, seine Augen sanken ein, er schauderte vor Leonoras Berührung zurück. Ich möchte glauben, neun Zehntel dessen, was er für seine Liebe zu La Dolciquita hielt, war in Wirklichkeit Unbehagen bei dem Gedanken, dass er Leonora untreu geworden war. Er fühlte sich ungewöhnlich elend, vielmehr – ach, unerträglich elend, und er hielt das alles für Liebe. Der arme Teufel, er war unglaublich naiv. Er trank wie ein Fisch, wenn Leonora zu Bett gegangen war, er stürzte an den Spieltisch, und das ging vierzehn Tage so fort. Der Himmel weiß, was geschehen wäre; er hätte den letzten Penny verspielt, den er besaß.

An dem Abend, als er ungefähr vierzigtausend Pfund verloren hatte, worüber das ganze Hotel tuschelte, trat La Dolciquita gelassen in sein Schlafzimmer. Er war zu betrunken, um sie zu erkennen, und sie setzte sich in einen Lehnsessel, strickte und hielt sich Riechsalz unter die Nase – denn er hatte sich eine ganz nette Alkoholvergiftung geholt –, und sobald er aufnahmefähig war, sagte sie:

»Hören Sie, *mon ami*, gehen Sie nicht wieder an den Spieltisch. Schlafen Sie sich aus, und besuchen Sie mich heute Nachmittag.«

Er schlief bis zum Mittagessen. Inzwischen hatte Leonora die Neuigkeit erfahren. Eine Mrs. Oberst Whelen hatte es ihr erzählt. Mrs. Oberst Whelen scheint die einzige vernünftige Person gewesen zu sein, die je mit den Ashburnhams in Beziehung stand. Sie war zu dem Schluss gekommen, hinter Edwards unglaublichem Benehmen und Aussehen könne nur eine Frau von der Sorte eines Geiers stecken; und sie riet Leonora, unverzüglich nach London zu fahren – was Edward vielleicht wieder zur Besinnung bringen würde – und sich mit ihrem Anwalt und ihrem geistlichen Berater zu besprechen. Sie führe am besten noch diesen Morgen ab; es hätte keinen Sinn, mit einem Mann in Edwards Verfassung viel zu reden.

Edward wusste in der Tat nicht, dass sie abgereist war. Als er erwachte, begab er sich sogleich in La Dolciquitas Zimmer, und sie ließ ihm sein Mittagessen in ihr Appartement bringen. Er fiel ihr um den Hals und weinte, und sie ließ es eine Weile über sich ergehen. Sie war eine ganz gutherzige Frau. Und als sie ihn mit Eau de Mélisse beruhigt hatte, sagte sie:

»Nun, mein Freund, wie viel Geld haben Sie noch? Fünftausend Dollar? Zehn?«; denn es ging das Gerücht um, er habe in den vierzehn Tagen Abend für Abend ein Vermögen verloren, und sie sagte sich, er müsse mit seinen Mitteln bald am Ende sein.

Das Eau de Mélisse hatte ihn für den Augenblick so weit beruhigt, dass er wirklich seine Gedanken beisammenhatte. Er brummte nur:

»Und dann?«

»Nun«, antwortete sie, »Sie könnten die zehntausend Dollar ebenso gut bei mir lassen statt am Spieltisch. Ich gehe mit Ihnen für diese Summe eine Woche nach Antibes.«

Edward brummte: »Fünf.« Sie versuchte, siebentausendfünfhundert zu bekommen, aber er blieb bei seinen fünftausend und den Hotelkosten in Antibes. Das Beruhigungsmittel brachte ihn nur eben bis zu diesem Punkt, dann sank er wieder zusammen. Er musste um drei Uhr nach Antibes fahren, er konnte nicht anders. Er ließ für Leonora einen Brief zurück, in dem er ihr mitteilte, er sei für eine Woche mit den Clinton Morleys auf ihrer Jacht ausgefahren.

Er hatte nicht viel Freude in Antibes. La Dolciquita konnte von nichts anderem angeregt plaudern als von Geld, und in den wachen Stunden lag sie ihm unaufhörlich in den Ohren mit den allerkostspieligsten Wünschen. Am Ende der Woche setzte sie ihn einfach stillschweigend vor die Tür. Er hing noch drei Tage in Antibes herum. Er war von der Vorstellung geheilt, der Dolciquita gegenüber irgendwelche Verpflichtungen zu haben – feudaler oder anderer Natur. Aber seine Empfindsamkeit forderte von ihm eine Haltung von Byron'scher Schwermut – als habe sein Hof Halbtrauer angelegt. Dann kehrte sein Appetit plötzlich wieder, und er erinnerte sich Leonoras. In seinem Hotel in Monte Carlo fand er ein Telegramm von Leonora, das in London aufgegeben worden war und worin stand: »Bitte komm, sobald es geht, zurück.« Er begriff nicht, warum Leonora ihn so überstürzt verlassen hatte, da sie doch der Meinung sein musste, er segelte mit den Clinton Morleys. Dann entdeckte er, dass sie das Hotel verlassen hatte, noch ehe er ihr seine Mitteilung schrieb. Er hatte eine ziemlich dornige Rückreise nach London; er hatte Todesangst – und noch nie war ihm Leonora so begehrenswert erschienen.

V

Ich nenne dies lieber *Die allertraurigste Geschichte* als *Die Tragödie der Ashburnhams,* einfach weil sie so traurig ist, einfach weil da keine Strömung war, die die Dinge einem raschen, unvermeidlichen Ende zutrieb. An dieser Geschichte ist nichts Erhebendes, wie es der Tragödie innewohnt; es gibt keine Nemesis in ihr, kein Schicksal. Da waren zwei edle Menschen – denn ich bin überzeugt, dass sowohl Edward wie Leonora von edler Natur waren –, da waren also zwei edle Naturen, die das Leben hinabtrieben wie treibende Brander auf einer Lagune und Unheil, Herzeleid, Qualen der Seele und Tod brachten. Und sie selber sanken allmählich immer tiefer. Und warum? Zu welchem Zweck? Welche Lehre liegt darin? Es liegt alles im Dunkeln.

Es gibt nicht einmal einen Schurken in der Geschichte – denn sogar Major Basil, der Mann der Dame, die als nächste und diesmal wirkliche Trösterin des unglückseligen Edward an die Reihe kam –, sogar Major Basil war kein Schurke in diesem Stück. Er war ein fauler, haltloser, unnützer Kerl – aber er tat Edward nichts. Während sie in derselben Garnison in Burma waren, borgte er sich von ihm eine Menge

Geld – obwohl es, da Major Basil keine eigentlichen Laster hatte, schwer zu verstehen war, wozu er es brauchte. Er sammelte verschiedene Arten Zaumzeug aus den frühesten Zeiten bis in die Gegenwart – aber da er nicht einmal dieser Beschäftigung mit Energie nachging, kann er nicht sehr viel Geld benötigt haben, sagen wir, um das Zaumzeug von Dschingis Khans Chargenpferd zu erwerben, sofern Dschingis Khan ein Chargenpferd hatte. Und wenn ich sage, er lieh sich viel Geld von Edward, soll das nicht heißen, er hätte von ihm mehr als tausend Pfund bekommen in den fünf Jahren, die ihre Beziehung dauerte. Edward hatte natürlich nicht sehr viel Geld; dafür sorgte schon Leonora. Immerhin wird er wohl fünfhundert englische Pfund im Jahr für seine kleinen Liebhabereien zur Verfügung gehabt haben – für seine Regimentsbeiträge und um seine Leute in schneidiger Verfassung zu erhalten. Leonora hasste das; sie hätte sich lieber Kleider gekauft oder das Geld dazu verwandt, eine Hypothek abzutragen. Doch da sie einen Besitz verwaltete, der dreitausend im Jahr abwarf, mit der Aussicht, ihn wieder hochzubringen, so dass er fünftausend einbrachte, und da das Gut eigentlich, wenn auch nicht nach dem Gesetz, Edward gehörte, fand sie es in ihrem Gerechtigkeitssinn nur recht und billig, wenn Edward einen Teil für sich verbrauchte. Freilich hatte sie es verteufelt schwer.

Ich weiß nicht, ob ich die finanziellen Einzelheiten richtig verstanden habe. Ich kann mit Zahlen ganz gut umgehen, aber zuweilen verwechsle ich noch Pfund mit Dollar, und dann verstehe ich die Beträge falsch. Jedenfalls stand die Sache ungefähr so: Richtig bewirtschaftet, und wenn man den Pächtern keine Abzüge bewilligte und keine Schulen und dergleichen unterhielt, hätten die Ländereien von Branshaw, als Edward sie übernahm, ungefähr fünftausend im Jahr einbringen müssen. In Wirklichkeit warfen sie nur etwa vier ab. (Ich spreche von Pfund, nicht Dollar.) Edwards Eskapaden mit der Spanierin hatten ihren Wert auf etwa dreitausend im Jahr vermindert – allerhöchstens, ohne Abzüge. Leonora wollte ihn wieder auf fünftausend bringen.

Sie war natürlich sehr jung für eine solche Aufgabe – vierundzwanzig ist nicht eben ein vorgerücktes Alter. So ging sie mit jugendlichem Eifer an eine Sache, die sie wahrscheinlich sehr viel milder angepackt hätte, wenn sie mehr vom Leben gewusst hätte. Sie las Edward gründlich die Leviten. Er musste ihr in einem Londoner Hotel gegenübertreten, nachdem er kläglich aus Monte Carlo zurückgekrochen war. Soviel ich weiß, unterbrach sie sein erstes Gestammel und seine ersten Versuche, einen zärtlichen Ton anzuschlagen, etwa mit den Worten: »Wir stehen am Rande des Ruins. Bist du willens, mich die Dinge in die Hand nehmen zu lassen? Wenn nicht, ziehe ich mich mit meinem Witwenteil nach Hendon zurück.« (Hendon war ein Kloster, in das sie sich ab und zu für eine Weile von der Welt zurückzog.)

Und der arme Edward wusste nichts – absolut nichts. Er wusste nicht, wie viel Geld er am Spieltisch ›verpulvert‹ hatte – um sein Wort zu gebrauchen. Er wusste nicht, ob sie etwas von La Dolciquita gehört hatte oder in dem Glauben war, er habe an dem Segelausflug teilgenommen oder er sei in Monte Carlo geblieben. Er war einfach stumm und hätte sich am liebsten in ein Mauseloch verkrochen, um nicht reden zu müssen. Leonora drängte ihn nicht zum Reden, und sie selber sagte auch nichts mehr.

Ich weiß nicht viel über englische Rechtsprozeduren – ich meine, ich kann nicht im Einzelnen schildern, wie sie ihm die Hände banden. Aber zwei Tage später, ohne dass Leonora mehr gesprochen hätte, als ich berichtet habe, waren sie und ihr Rechtsanwalt die Treuhänder – so heißt es wohl – von Edwards gesamtem Vermögen, und mit Edward als dem guten Herrn und Vater seiner Leute war es aus.

Leonora standen damals dreitausend im Jahr zur Verfügung. Sie veranlasste Edward, sich zu einem Teil seines Regiments, der in Burma stationiert war, versetzen zu lassen – wenn man das so nennen kann. Sie selbst beriet sich etwa eine Woche lang mit Edwards Verwalter. Sie gab ihm zu verstehen, die Ländereien müssten bis zum letzten Penny ausgenutzt werden. Ehe sie nach Indien abreisten, vermietete sie Branshaw auf sieben Jahre für eintausend jährlich. Sie verkaufte zwei van Dycks und ein wenig Silber für elftausend Pfund und brachte durch Hypotheken neunundzwanzig zusammen. Das Geld ging an Edwards Geldverleiher in Monte Carlo. Sie musste also die neunundzwanzigtausend wieder herbeischaffen; die van Dycks und das Silber zu ersetzen, fand sie nicht nötig, das waren nur Kinkerlitzchen, die der Eitelkeit der Ashburnhams schmeichelten. Edward weinte zwei Tage lang über das Verschwinden seiner Ahnen, und da wünschte sie, sie hätte es nicht getan; aber sie zog daraus keine Lehre, und er sank noch mehr in ihrer Achtung. Sie verstand auch nicht, dass ihm die Vermietung von Branshaw mit einem Gefühl körperlicher Besudelung nachging – verstand nicht, dass sie für ihn fast so schlimm war, als wäre eine Frau, die ihm gehört hatte, eine Prostituierte geworden. So quälte es ihn; aber sicherlich war ihr der Gedanke an die spanische Tänzerin nicht weniger qualvoll.

So machte sie sich an die Arbeit. Sie blieben acht Jahre in Indien, und Leonora bestand darauf, diese ganze Zeit über ihren Unterhalt selbst zu bestreiten – mit seinem Hauptmannssold und seiner Frontzulage mussten sie auskommen. Sie gab ihm fünfhundert im Jahr für Ashburnham-Kinkerlitzchen, wie sie es nannte – und sie war der Meinung, sie behandelte ihn gut.

Zweifellos, in gewissem Sinne behandelte sie ihn gut – aber nicht in seinem Sinne. Sie kaufte ihm immer teure Geschenke, die sie sich gewissermaßen vom Munde absparte. Ich habe zum Beispiel von Edwards Lederkoffern gesprochen. Nun, sie waren keineswegs Edwards Koffer; sie waren Leonoras Manifestationen. Er liebte zwar Sauberkeit, aber er zog es vor, schäbig auszusehen. Das verstand sie nie, und all das Schweinsleder dachte sie sich als Belohnung für ihn aus, weil er ihr zu einer kleinen Spekulation geraten hatte, bei der sie elfhundert Pfund gewann. Die Schäbigkeit nahm sie auf sich. Als sie zu einem Ort namens Simla hinaufgingen, wo es im Sommer kühl und sehr gesellig sein soll – als sie um ihrer Gesundheit willen nach Simla hinaufgingen, war sie es, die ihn auf einem Tausend-Dollar-Pferd und angetan mit den fröhlichsten Fetzen, wie wir in den Vereinigten Staaten sagen würden, herumstolzieren ließ. Sie selbst zog sich derweil von der Welt zurück. Ich glaube, das war sehr gut für ihre Gesundheit und sehr billig.

Es war wahrscheinlich auch für Edwards Gesundheit gut, denn er stolzierte meistens mit Mrs. Basil herum, die eine angenehme Frau und sehr nett zu ihm war. Ich vermute, sie war seine Geliebte, aber ich hörte es natürlich nie aus Edwards Mund. Soviel ich verstanden habe, nahmen sie es hochromantisch, was ihnen beiden sehr entsprach – oder jedenfalls Edward; anscheinend war sie eine empfindsame und zarte Seele und tat alles, was er wollte. Ich will nicht sagen, sie hätte keinen Charakter gehabt; es war vielmehr ihre Aufgabe zu tun, was Edward brauchte. So, stelle ich mir vor, brauchte Edward während dieser fünf Jahre lange Phasen inniger Zärtlichkeit, die durch lange, lange Gespräche genährt wurde, und ab und zu ›fehlten‹ sie, was Edward Anlass zu Gewissensbissen gab und einen Vorwand, dem Major weitere fünfzig zu leihen. Ich glaube nicht, dass Mrs. Basil es als ›Fehltritt‹ betrachtete; sie bedauerte ihn nur und liebte ihn.

Sehen Sie, Leonora und Edward mussten über irgendetwas sprechen, während all dieser Jahre. Man kann nicht absolut stumm bleiben, wenn man mit einem anderen Menschen zusammenlebt, es sei denn, man stammte aus Nordengland oder dem Staate Maine. So verfiel Leonora auf den lustigen Gedanken, Edward die Abrechnung über seine Güter vorzulegen und sie mit ihm zu erörtern. Er sagte nicht viel dazu; er versuchte höflich zu bleiben. Aber es war der alte Mr. Mumford – der Bauer, der seine Pacht nicht zahlte –, der Edward Mrs. Basil in die Arme warf. Mrs. Basil begegnete Edward in der Abenddämmerung, im burmesischen Park, wo es alle möglichen Blumen und so etwas gab. Und Edward mähte diese ganze Pracht nieder – mit seinem Säbel, nicht mit dem Spazierstock. Er hörte auch nicht auf und fluchte in einer Weise, dass sie kaum ihren Ohren traute.

Sie hörte dann, dass man einen alten Herrn namens Mumford von seinem Hof verwiesen und ihm eine mietfreie Hütte gegeben hatte, wo er von zehn Shilling die Woche lebte, die ein bäuerlicher Wohltätigkeitsverein stiftete, dazu sieben Shilling, die ihm die Ashburnham-Treuhänder gewährten. Edward hatte diese Tatsache gerade aus der Gutsabrechnung erfahren. Leonora hatte sie in seinem Ankleidezimmer liegenlassen, und er hatte sie zu lesen begonnen, bevor er seine Montur ablegte. So kam es, dass er noch den Säbel zur Hand hatte. Leonora fand, sie habe den alten Mr. Mumford außerordentlich großmütig behandelt, indem sie ihn mietfrei in dem Häuschen wohnen ließ und ihm sieben Shilling die Woche gab. Jedenfalls hatte Mrs. Basil noch nie einen Mann in einem solchen Zustand gesehen wie Edward damals. Sie war seit geraumer Zeit leidenschaftlich in ihn verliebt, und er hatte sich mit ebenso tiefer Leidenschaft nach ihrer Sympathie und Bewunderung gesehnt. So kam es, dass sie darüber sprachen, dort in dem burmesischen Garten, unter dem blassen Himmel, während rings um ihre Füße die Garben zerfetzter Pflanzen in der Dämmerung ihren Duft verströmten. Ich glaube, sie wahrten danach noch eine ganze Weile das Dekorum, wiewohl Mrs. Basil sich so viele Stunden lang in die Abrechnung über die Güter der Ashburnhams vertiefte, dass sie bald jeden Flurnamen auswendig wusste. Edward hatte eine riesige Karte seiner Ländereien in seiner Sattelkammer hängen, was Major Basil nicht zu stören schien. Ich glaube, in einsamen Garnisonen nehmen es die Leute nicht allzu genau.

Es hätte ewig so weitergehen können, wenn der Major nicht bei den Truppenverschiebungen, die kurz vor dem

Südafrikanischen Krieg vorgenommen wurden, zum Major mit dem Rang eines Obersten ernannt worden wäre. Er wurde versetzt, und natürlich konnte Mrs. Basil nicht bei Edward bleiben. Edward hätte nach Transvaal gehen sollen, glaube ich. Für ihn wäre es ganz gut gewesen, wenn er gefallen wäre. Aber Leonora ließ ihn nicht gehen; sie hatte furchtbare Geschichten über die Verschwendung des Husarenregiments in Kriegszeiten gehört – wie sie Kisten mit hundert Flaschen Champagner zu fünf Guineas die Flasche auf dem *Veldt* zurückließen und dergleichen mehr. Übrigens sah sie lieber, was Edward mit seinen fünfhundert im Jahr anfing. Ich will nicht sagen, Edward hätte deswegen gegrollt. Er gehörte nicht zu den Männern, die auf Heldentaten aus sind, und ihm war es gleich, ob es ihn in den Bergen der Nordwestfront aus dem Hinterhalt erwischte oder ob er von einem Herrn im Zylinder in irgendeinem ausgetrockneten Flussbett erschossen wurde. Das sind mehr oder weniger seine Worte darüber. Ich glaube, er hat sich da drüben ziemlich gut gemacht. Jedenfalls bekam er seinen D. S. O. und wurde zum Hauptmann mit Majorsrang befördert.

Leonora jedoch lag nicht das Geringste an seinem Soldatentum. Auch seine Heldentaten waren ihr verhasst. Zu einem ihrer erbittertsten Wortwechsel kam es, nachdem er zum zweiten Mal im Roten Meer über Bord gesprungen war, um einen Gefreiten zu retten. Sie hatte es beim ersten Mal ertragen und ihm sogar dazu gratuliert. Aber das Rote Meer war schrecklich auf dieser Reise, und unter den Soldaten schien ein Selbstmordkoller ausgebrochen zu sein. Es ging Leonora auf die Nerven; sie stellte sich vor, wie Edward auf der weiteren Fahrt alle zehn Minuten über Bord sprang.

Und allein schon der Ruf »Mann über Bord« ist eine unangenehme, aufregende und verwirrende Sache. Das Schiff stoppt, und alles ruft durcheinander. Und Edward wollte ihr nicht versprechen, es nicht wieder zu tun, doch glücklicherweise kamen sie unter einen kühleren Himmelsstrich, als sie den Persischen Golf erreichten. Leonora war von dem Gedanken besessen, Edward wollte sich das Leben nehmen, es muss deshalb recht zermürbend für sie gewesen sein, als er ihr das Versprechen nicht geben wollte. Leonora hätte eigentlich nicht auf dem Truppentransporter mitfahren dürfen; aber sie brachte es irgendwie fertig, eine Sparmaßnahme.

Major Basil entdeckte die Beziehung zwischen seiner Frau und Edward, kurz bevor er in eine andere Garnison versetzt wurde. Ich weiß nicht, ob es der Trick eines Erpressers oder nur ein Spiel des Zufalls war. Vielleicht hatte er schon die ganze Zeit davon gewusst, vielleicht auch nicht. Jedenfalls fielen ihm gerade zu jener Zeit Briefe und anderes in die Hände. Es kostete Edward auf der Stelle dreihundert Pfund. Ich weiß nicht, wie das ausgehandelt wurde; ich kann mir nicht vorstellen, wie selbst ein Erpresser es fertigbringt, mit seinen Forderungen herauszurücken. Vermutlich gibt es eine Art, dabei das Gesicht zu wahren. Ich male es mir folgendermaßen aus: Der Major zeigt Edward mit furchtbaren Verwünschungen die bewussten Briefe, dann akzeptiert er dessen Erklärung, die Briefe seien vollkommen harmlos, wenn man sie nicht falsch auslegte. Daraufhin sagt der Major wohl: »Hören Sie mal, alter Freund, ich sitze verdammt in der Klemme. Könnten Sie mir nicht dreihundert oder so leihen?« So wird es wohl vor sich gegangen sein. Und Jahr für Jahr kam dann ein Brief vom Major, in dem es hieß, er sitze verdammt in der Klemme und ob Edward ihm nicht dreihundert oder so leihen könne.

Es traf Edward hart, als Mrs. Basil abreisen musste. Er hatte sie sehr liebgehabt, und er blieb ihrem Andenken lange Zeit treu. Auch Mrs. Basil hatte ihn sehr geliebt und hegte die Hoffnung, eines Tages wieder mit ihm vereinigt zu sein. Vor drei Tagen kam übrigens ein sehr anständiger, aber sehr trauriger Brief von ihr an Leonora, in dem sie um nähere Mitteilungen über Edwards Tod bat. Sie hatte die Anzeige in irgendeinem indischen Blatt gelesen. Sie muss eine sehr nette Frau gewesen sein. Und dann wurden die Ashburnhams weiter hinauf in einen Ort oder einen Distrikt mit Namen Chitral versetzt. Ich bin nicht sehr bewandert in der Geographie des indischen Kaiserreiches. Zu jener Zeit war aus ihnen ein vorbildliches Paar geworden, und sie sprachen nie unter vier Augen miteinander. Leonora hatte es sogar aufgegeben, Edward die Abrechnungen über die Ashburnham-Güter zu zeigen. Er dachte, sie hätte einen solchen Haufen Geld zusammengebracht, dass ihr nicht mehr daran lag, ihn wissen zu lassen, wie sie vorankam. In Wirklichkeit jedoch war sie nach fünf oder sechs Jahren zu der Einsicht gelangt, dass es für Edward schmerzlich sein musste, sich die Abrechnungen über seine Güter anzusehen, ohne die Wirtschaftsführung in der Hand zu haben. Sie wollte ihm damit etwas Gutes tun. Und oben in Chitral tauchte dann die liebe Maisie Maidan auf …

Das war für Edward die verwirrendste von all seinen Liebesgeschichten. Sie weckte in ihm den Argwohn, er sei ein unbeständiger Mensch. Die Affäre mit der Dolciquita hatte er als einen kurzen Anfall von Irrsinn betrachtet, ähnlich der Tollwut. An seinen Beziehungen zu Mrs. Basil war seinem Dafürhalten nach im Großen und Ganzen nichts Verwerfliches gewesen. Der Ehemann hatte ein Auge zugedrückt; sie hatten einander wirklich geliebt; seine Frau war sehr grausam zu ihm und hatte schon lange aufgehört, ihm eine Frau zu sein. Er dachte an Mrs. Basil als seine Seelengefährtin, die ihm ein unfreundliches Schicksal entrissen hatte – irgendetwas Rührseliges dieser Art.

Aber während er noch jede Woche lange Briefe an Mrs. Basil schrieb, entdeckte er, dass er rasend unruhig wurde, wenn er es versäumte, Maisie Maidan im Laufe eines Tages zu sehen. Er ertappte sich, wie er ungeduldig die Haustüren überwachte; er entdeckte, dass er ihren jungenhaften Mann oft über Stunden hinweg verabscheute. Er entdeckte, dass er zu unmenschlich früher Stunde aufstand, um am späten Vormittag Zeit für einen Spaziergang mit Maisie Maidan zu haben. Er ertappte sich dabei, dass er kleine Slangausdrücke gebrauchte, die auch sie gebrauchte, und dass er sie rührend fand. Sie werden verstehen, diese Entdeckungen kamen so spät, dass er nichts anderes mehr tun konnte als sich treiben lassen. Er verlor an Gewicht; seine Augen fielen ein; er litt an leichten Fieberanfällen. Er war, wie er sich ausdrückte, abgerackert.

Und an einem scheußlich heißen Tag hörte er sich auf einmal zu Leonora sagen:

»Was meinst du, könnten wir die kleine Mrs. Maidan nicht mit nach Europa nehmen und sie in Bad Nauheim absetzen?« Er hatte nicht die geringste Absicht gehabt, dies zu Leonora zu sagen. Er hatte nur dagestanden und eine illustrierte Zeitschrift angesehen, während sie auf das Abendessen warteten. Das Abendessen wurde zwanzig Minuten später serviert, sonst wären die Ashburnhams nicht miteinander allein gewesen. Nein, er hatte nicht die geringste Absicht gehabt, diese Worte auszusprechen. Er hatte einfach dagestanden in einer stillen Qual der Angst, der Sehnsucht, der Hitze und des Fiebers. Er dachte daran, dass sie in einem Monat nach Branshaw zurückkehren wollten und dass Maisie Maidan zurückbleiben und sterben würde. Und dann war ihm das entfahren.

Der Fächer schwirrte in dem verdunkelten Raum; Leonora lag erschöpft und reglos auf ihrer Rohrchaiselongue; keiner von beiden rührte sich. Sie waren beide damals auf undefinierbare Weise krank.

Und dann sagte Leonora:

»Ja, ich habe es Charlie Maidan heute Nachmittag versprochen. Ich habe mich erboten, ihre Ausgaben aus meiner Tasche zu bezahlen.«

Edward konnte gerade noch hinunterschlucken: »Gütiger Gott!« Wissen Sie, er hatte nicht die mindeste Ahnung, was Leonora wusste – über Maisie, über Mrs. Basil und selbst über La Dolciquita. Die Situation war ziemlich rätselhaft für ihn. Betroffen sagte er sich, Leonora trachte offenbar danach, seine Liebschaften zu steuern, wie sie in seinen Geldangelegenheiten das Steuer ergriffen hatte, und das machte sie ihm nur noch verhasster – und flößte ihm noch größeren Respekt ein. Seine Geldangelegenheiten hatte Leonora immerhin mit Erfolg geführt. Vor einer Woche hatte sie zum ersten Mal seit vielen Jahren mit ihm über Geld gesprochen. Sie hatte zweiundzwanzigtausend Pfund aus den

Ländereien von Branshaw herausgewirtschaftet und weitere sieben, indem sie Branshaw möbliert vermietet hatte. Durch glückliche Investitionen – bei denen Edward ihr behilflich gewesen war – hatte sie weitere sechs- oder siebentausend gewonnen, die sich sehr gut noch vermehren konnten. Die Hypotheken waren abgezahlt, so dass sie, abgesehen von dem Verlust der beiden van Dycks und des Silbers, so gut dastanden wie zu der Zeit, da die Dolciquita wie ein Heuschreckenschwarm über sie hergefallen war. Leonora legte Edward, der sich in undurchdringliches Schweigen hüllte, die Zahlen vor.

»Ich schlage vor«, sagte sie, »du nimmst deinen Abschied von der Armee, und wir kehren nach Branshaw zurück. Wir sind beide zu krank, um länger hierbleiben zu können.«

Edward schwieg.

»Dies«, fuhr Leonora gelassen fort, »ist ein großer Tag in meinem Leben.«

Edward sagte:

»Du hast deine Sache großartig gemacht. Du bist eine wundervolle Frau.« Aber er dachte, wenn sie nach Branshaw zurückkehrten, würden sie Maisie Maidan zurücklassen. Dieser Gedanke beschäftigte ihn ausschließlich. Sie mussten zweifellos nach Branshaw zurückkehren; Leonora war ohne Zweifel zu krank, um länger an diesem Ort zu bleiben. Sie sagte:

»Du verstehst, dass die Verfügungsgewalt über das gesamte Einkommen jetzt wieder in deiner Hand liegt. Wir werden fünftausend im Jahr haben.«

Sie dachte, es liege ihm sehr daran, über die Verwendung seines Einkommens von fünftausend Pfund im Jahr zu bestimmen, und es werde in ihm ein wenig Zuneigung wecken. Aber er dachte einzig an Maisie Maidan – an Maisie, Tausende von Meilen von ihm entfernt. Er sah die Berge zwischen ihnen – blaue Berge und das Meer und sonnenbeschienene Ebenen. Er sagte:

»Das ist sehr großzügig von dir.« Und sie wusste nicht, ob das ein Lob war oder Hohn. Das war eine Woche zuvor gewesen. Und die ganze Woche über hatte er in wachsender Qual gelebt bei dem Gedanken, dass diese Berge, dieses Meer und diese sonnenbeschienenen Ebenen bald zwischen ihm und Maisie Maidan liegen würden. Dieser Gedanke schüttelte ihn in den glühenden Nächten, der Schweiß floss an ihm herab, und in den glühenden Mittagsstunden zitterte er vor Kälte bei diesem Gedanken. Er fand keine Minute Ruhe; seine Eingeweide drehten und drehten sich herum: seine Zunge war ständig trocken, und der Atem zwischen seinen Lippen kam ihm wie Pesthauch vor.

An Leonora dachte er nicht einen Augenblick. Er hatte seine Papiere eingeschickt. Sie sollten in einem Monat aufbrechen. Er betrachtete es als seine Pflicht, den Ort zu verlassen und fortzugehen, um Leonora zu helfen. Er tat seine Pflicht.

Das Entsetzliche an ihrem Verhältnis damals war, dass alles, was sie tat, seinen Hass erregte. Er hasste sie, als er sah, dass sie ihn wieder als Lord of Branshaw einsetzen wollte – als einen Popanz von einem Lord, in Windeln. Er meinte, sie habe das nur getan, um ihn von Maisie Maidan zu trennen. Der Hass lastete auf ihm in all den drückenden Nächten und füllte die dämmrigen Winkel des Zimmers. Als er dann hörte, dass sie dem jungen Maidan angeboten hatte, seine

Frau mit nach Europa zu nehmen, hasste er sie automatisch, weil er alles hasste, was sie tat. Ihm war damals, als könnte sie gar nicht mehr anders als grausam zu ihm sein, auch wenn sie zufällig etwas Freundliches tat ... Ja, es war eine schreckliche Situation.

Aber die kühle Brise des Ozeans schien diesen Hass wie einen Vorhang zu lüften. Es war, als brächte sie ihm seine Bewunderung und Achtung für Leonora zurück. Die Annehmlichkeit, über reichlich Geld zu verfügen, die Tatsache, dass es ihm die Gesellschaft Maisie Maidans erkauft hatte – diese Dinge ließen ihn allmählich einsehen, dass seine Frau vielleicht doch recht daran getan hatte, auf dem Hungern und Knausern zu bestehen. Er fühlte sich wohl; er war sogar strahlend glücklich, wenn er für Maisie Maidan Tassen mit Bouillon über das Deck tragen durfte. Eines Abends, als er neben Leonora an der Reling lehnte, sagte er unvermittelt:

»Bei Gott, du bist die beste Frau in der Welt. Ich wünschte nur, wir könnten bessere Freunde sein.«

Sie wandte sich bloß wortlos ab und ging in ihre Kabine. Doch ihre Gesundheit hatte sich sehr gebessert.

Und nun, denke ich, muss ich Ihnen die Geschichte von Leonoras Seite zeigen. Das ist sehr schwierig. Denn wenn Leonora auch eine unwandelbare Haltung wahrte, wechselte sie sehr häufig ihren Standpunkt. Sie war darauf gedrillt worden – durch Tradition und Erziehung –, den Mund zu halten. Aber zuweilen war sie so nahe daran, der Versuchung zu sprechen nachzugeben, dass sie später schaudernd an diese Zeiten zurückdachte. Sie müssen wissen, ihr lag vor allem daran, vor der Welt, vor Edward und vor den

Frauen, die er liebte, Schweigen zu bewahren. Sprach sie, so musste sie sich verachten.

Seit dem Augenblick, da er ihr mit La Dolciquita untreu geworden war, hatte sie die eheliche Beziehung zu Edward nicht wiederaufgenommen. Nicht, als hätte sie sich ihm grundsätzlich und für immer verweigern wollen. Ihre geistlichen Berater, glaube ich, verboten ihr das. Aber sie machte zur Bedingung, dass er irgendwie, vielleicht symbolisch, zu ihr zurückkäme. Es wurde nicht recht deutlich, was sie darunter verstand; wahrscheinlich wusste sie es selber nicht. Oder vielleicht doch.

Es gab Augenblicke, in denen er zu ihr zurückzukommen schien. Es gab Augenblicke, in denen sie um ein Haar ihrer physischen Leidenschaft für ihn nachgegeben hätte. Ebenso wäre sie in manchen Augenblicken fast der Versuchung erlegen, Mrs. Basil oder Maisie Maidan bei ihren Männern zu verraten. Dann überkam sie der Wunsch, die Schrecken und Schmerzen eines öffentlichen Skandals heraufzubeschwören. Denn da sie Edward gespannt und mit gespitzten Ohren beobachtete, schlimmer als eine Katze einen Vogel auf dem Baum, nahm sie wahr, wie seine Leidenschaft für jede dieser Damen wuchs. Sie spürte es an der Art, wie seine Blicke immer wieder zu gewissen Türen und Gartentoren zurückkehrten; sie spürte es an seiner Beruhigung, wenn sein Verlangen befriedigt war.

Zuweilen sah sie in der Einbildung mehr, als wahr war. Sie bildete sich ein, Edward habe Liebeleien mit anderen Frauen – mit zweien, mit dreien auf einmal. Zuzeiten hielt sie ihn für ein Ungeheuer an Zügellosigkeit. Und sie vermochte nicht einzusehen, dass er etwas gegen sie haben könnte. Sie ließ ihm seine Freiheit; sie hungerte, um sein Vermögen wiederherzustellen; sie gestattete sich keinerlei weibliche Freuden – keine Kleider, keine Juwelen, kaum eine Freundschaft, aus Furcht, sie könnten Geld kosten.

Und doch, seltsamerweise, musste sie sich eingestehen, dass sowohl Mrs. Basil wie Maisie Maidan nette Frauen waren. Der prüfende, geringschätzige Blick, mit dem eine Frau eine andere ansehen kann, hinderte sie nicht daran zu erkennen, dass Mrs. Basil sehr gut zu Edward war und dass Mrs. Maidan ihm sehr guttat. Das erschien ihr wie eine ungeheuerliche und unbegreifliche Tücke des Geschicks. Unbegreiflich! Warum, fragte sie sich immer wieder, warum rührte denn alles, was sie Gutes für ihren Mann tat, ihn gar nicht an, oder empfand er es nicht als etwas Gutes? Was für ein Wahn verblendete ihn, dass er ihr nicht erlaubte, so gut zu ihm zu sein, wie Mrs. Basil es war? Mrs. Basil war ihr nicht allzu unähnlich. Sie war zwar groß, dunkel, hatte eine sanfte, trauervolle Stimme und zeigte ein sehr gütiges Herz gegenüber jeglichem Wesen der Schöpfung, vom Fächerkuli bis zu den Blüten an den Bäumen. Aber sie war nicht so belesen wie Leonora, zumindest nicht in gelehrten Büchern – Romane konnte Leonora nicht ausstehen. Doch selbst bei aller Verschiedenheit sah Leonora keinen allzu großen Unterschied zwischen Mrs. Basil und sich selber. Sie war wahrheitsliebend, ehrlich und, was das Übrige betraf, einfach eine Frau. Und Leonora hatte die vage Vorstellung, nach drei Wochen engeren Umgangs seien für einen Mann alle Frauen gleich. Sie meinte, die Güte hätte dann keinen Reiz mehr für ihn, die sanfte, trauervolle Stimme ließe ihn nicht länger erschauern, die große, dunkle Gestalt erregte dann nicht mehr die Illusion in ihm, dass er in die Tiefen eines unerforschten Waldes tauche. Sie verstand nicht, weshalb Edward nicht aufhören konnte, Mrs. Basil hinterherzuseufzen. Sie verstand nicht, warum er fortfuhr, ihr nach der Trennung lange Briefe zu schreiben. Danach machte sie wirklich eine sehr schlimme Zeit durch.

Sie entwickelte damals, was ich die ›ungeheuerliche‹ Theorie über Edward nennen will. Sie bildete sich ein, er liebäugelte mit jeder Frau, die ihm begegnete. Sie zog sich in jenem Jahr nicht nach Simla ins Kloster zurück, weil sie fürchtete, er würde in ihrer Abwesenheit ihr Dienstmädchen verführen. Sie bildete sich ein, er habe Liebschaften mit eingeborenen Frauen oder mit Eurasierinnen. Auf Tanztees war sie von einer fieberhaften Wachsamkeit …

Sie redete sich ein, sie sei nur deshalb so wachsam, weil sie einen Skandal fürchtete. Vielleicht machte Edward sich an die heiratsfähige Tochter irgendeines Mannes heran, der dann Alarm schlagen würde, oder er kam einem Ehemann ins Gehege, mit dem man rechnen musste. In Wirklichkeit aber, das gestand sie sich später ein, wiegte sie sich in der Hoffnung, da Mrs. Basil nicht mehr im Wege stand, werde Edward zu ihr zurückkehren. Diese ganze Zeit lebte sie in Qualen der Eifersucht und Angst – der Angst, Edward könnte wirklich verkommen.

So dass sie, verdrehterweise, froh war, als Maisie Maidan auftauchte. Da ging ihr auf, dass es nicht Ehemänner und Skandale waren, vor denen sie Angst gehabt hatte, denn nun tat sie ihr Bestes, um in Maisies Mann keinen Argwohn aufkommen zu lassen. Sie wollte sich den Anschein geben, als vertraute sie Edward vollkommen, damit Maidan unmöglich Verdacht schöpfen konnte. Aber Edward war sehr krank, und sie wollte ihn wieder lächeln sehen. Sie meinte, wenn er durch ihre Hilfe sein Lächeln wiederfände, würde er vielleicht aus Dankbarkeit und befriedigter Liebe zu ihr zurückkehren. Damals glaubte sie, Edward sei ein Mann für leichte und flüchtige Leidenschaften. Und sie konnte Edwards Leidenschaft für Maisie verstehen, denn Maisie war eine jener Frauen, denen selbst andere Frauen Anziehungskraft zugestehen.

Sie war sehr hübsch; sie war sehr jung; trotz ihres Herzens war sie sehr fröhlich und leichtfüßig. Und Leonora hatte Maisie wirklich sehr lieb, und Maisie hatte Leonora lieb. Ja, Leonora glaubte diese Affäre meistern zu können. Der Gedanke, Maisie würde dadurch zum Ehebruch verleitet, kam ihr gar nicht; sie bildete sich ein, wenn sie Maisie und Edward nach Nauheim brächte, wäre Edward oft genug mit ihr zusammen, um ihrer niedlichen kleinen Plaudereien, der niedlichen Bewegungen ihrer Hände und Füße bald überdrüssig zu werden. Und sie glaubte, sich auf Edward verlassen zu können. Denn über Maisies Leidenschaft für Edward gab es keinen Zweifel. Sie schwärmte von ihm Leonora gegenüber, wie Leonora junge Mädchen von Zeichenlehrern hatte schwärmen hören. Unaufhörlich fragte sie ihren jungenhaften Mann, warum er sich nicht kleiden, warum er nicht reiten, schießen, Polo spielen und gar gefühlvolle Gedichte rezitieren könne wie ihr Major. Und der junge Maidan brachte Edward die größte Bewunderung entgegen, und er vergötterte seine Frau, war verzaubert von ihr und vertraute ihr vollkommen. Er hatte den Eindruck, Edward liebe Leonora abgöttisch. Und Leonora bildete sich ein, wenn Maisies Herzleiden geheilt wäre und Edward genug von ihr hätte, würde er zu ihr zurückkehren. Sie hegte eine vage, leidenschaftliche Hoffnung, wenn Edward ein paar Liebschaften mit Frauen eines anderen Typs hinter sich hätte, werde er sich ihr wieder zuwenden.

All das machte Florence mit einem Schlag zunichte ...

Vierter Teil

I

Ich weiß, ich habe die Geschichte in einer sehr weitschweifenden Weise erzählt, so dass es schwerfallen mag, den Weg durch diese Art Labyrinth zu finden. Ich kann es nicht ändern. Ich habe an meiner Vorstellung festgehalten, ich säße in einem Landhaus und mir gegenüber ein stiller Zuhörer, der zwischen den Windstößen und beim Rauschen der fernen See die Geschichte vernimmt, wie sie mir in den Sinn kommt. Und wenn man zu zweit über eine Geschichte spricht – eine lange, traurige Geschichte –, dann greift man bald zurück, bald greift man vor. Man erinnert sich an Einzelheiten, die man vergessen hatte, und erklärt sie nun umso eingehender, weil man merkt, dass man sie an der passenden Stelle ausgelassen und dadurch vielleicht ein falsches Bild gegeben hat. Ich tröste mich mit dem Gedanken, dass dies ja eine wahre Geschichte ist, und eine wahre Geschichte schreibt man sicherlich am besten so, wie jemand sie einem andern erzählen würde. Sie klingt dann am wahrsten.

Jedenfalls habe ich meine Geschichte nun wohl bis zu dem Tag gebracht, an dem Maisie Maidan starb. Ich meine, ich habe alles, was vorausging, von den verschiedenen notwendigen Standpunkten aus beleuchtet – von Leonoras, von Edwards und bis zu einem gewissen Grad auch von meinem eigenen Standpunkt aus. Sie sehen, warum es so schwierig war, sie herauszufinden; Sie sehen, wie verschieden die Standpunkte waren, soweit ich mir darüber Klarheit verschaffen und sie darlegen konnte. Lassen Sie mich nun zu Maisies Todestag zurückkehren – oder lieber zu dem Augenblick, da Florence oben im Schloss von M... ihren Vortrag über Luthers Protest hielt. Lassen Sie uns Leonoras Standpunkt gegenüber Florence ins Auge fassen. Über den Edwards kann ich natürlich nichts sagen, da er selbstverständlich nie über seine Liebschaft mit meiner Frau gesprochen hat. (Vielleicht bin ich im Folgenden ein bisschen hart gegen Florence; aber Sie müssen bedenken, dass ich nun schon sechs Monate an dieser Geschichte schreibe und immer wieder über diese Dinge nachgedacht habe.)

Und je länger ich über sie nachdenke, desto mehr bin ich überzeugt, dass Florence einen vergiftenden Einfluss hatte – sie hat den armen Edward niedergezogen und verdorben; sie hat auch die beklagenswerte Leonora hoffnungslos verdorben. Es besteht kein Zweifel darüber, dass sie an der Zersetzung von Leonoras Charakter schuld war. Wenn es eine zarte Seite in Leonoras Wesen gab, so waren das ihr Stolz und ihr Schweigen. Aber dieser Stolz und dieses Schweigen zerbrachen, als sie in dem düsteren Zimmer, wo wir den Protest betrachteten, und auf der kleinen Terrasse über dem Fluss ihre Gefühle preisgab. Ich will nicht sagen, sie habe falsch gehandelt. Sie tat bestimmt das Richtige, indem sie mich zu warnen suchte mit der Andeutung, dass Florence ihrem Mann schöne Augen machte. Aber wenn sie auch das Richtige tat, so fing sie es doch falsch an. Vielleicht hätte sie länger darüber nachdenken sollen; vielleicht hätte sie erst sprechen sollen – wenn sie schon sprechen wollte –, nachdem sie darüber nachgedacht hatte. Noch besser wäre es gewesen, wenn sie gehandelt hätte – wenn sie zum Beispiel Florence so überwacht hätte, dass heimliche Beziehungen zwischen ihr und Edward unmöglich gewesen wären. Sie hätte lauschen sollen; sie hätte vor den Schlafzimmertüren aufpassen sollen. Es ist abscheulich; aber so wird es gemacht. Sie hätte Edward sogleich nach Maisies Tod fortbringen sollen. Nein, sie hat falsch gehandelt ...

Und doch, das arme Ding, darf ich sie verdammen – und was macht es schon aus, letzten Endes? Wäre es nicht Florence gewesen, so eine andere ... Dennoch, es hätte eine bessere Frau sein können als mein Weib. Denn Florence war vulgär; Florence war ein gewöhnlicher Flirt, der bis zum Letzten seine Beute nicht losließ; und Florence war von einer Schwatzsucht, die nicht zu halten war. Man konnte sie nicht zum Schweigen bringen; nichts konnte sie zum Schweigen bringen. Edward und Leonora waren wenigstens stolze und zurückhaltende Menschen. Stolz und Zurückhaltung sind nicht die einzigen Dinge im Leben; vielleicht nicht einmal die besten. Aber wenn diese zufällig die besonderen Tugenden eines Menschen sind, dann geht er zuschanden, wenn er sie ziehen lässt. Und Leonora ließ sie ziehen. Sogar ehe der arme Edward es tat, ließ sie sie ziehen. Bedenken Sie ihre Position, als es über Luthers Protest aus ihr herausbrach ... Stellen Sie sich ihre Seelenqual vor ...

Sie dürfen nicht vergessen, die Hauptleidenschaft ihres Lebens war, Edward zurückzugewinnen; sie hatte bis zu diesem Augenblick nie die Hoffnung aufgegeben, ihn zurückzugewinnen. Das mag schmählich erscheinen; aber Sie müssen auch dies bedenken: Ihn zurückzuerobern hätte nicht nur ihren eigenen Sieg bedeutet, es wäre in ihren Augen ein Sieg aller Frauen und ein Sieg ihrer Kirche gewesen. So stellte sich ihr die Sache dar. Diese Dinge waren ein wenig rätselhaft. Ich weiß nicht, warum ihr die Rückeroberung Edwards einen Sieg aller Frauen, einen Sieg der Gesellschaft und der Kirche bedeutete. Oder vielleicht habe ich doch einen Schimmer davon.

Sie sah das Leben als einen beständigen Geschlechterkampf zwischen Ehemännern, die den Hang haben, ihren Frauen untreu zu werden, und Frauen, die danach trachten, ihre Männer schließlich wieder einzufangen. Der Mann war für sie eine Art Vieh, das ohne seine Seitensprünge, seine Ausschweifungen, seine aushäusigen Nächte nicht sein kann, das seine – sagen wir – Brunftzeiten hat. Sie hatte nur wenige Romane gelesen, so dass sie von einer reinen und beständigen Liebe, die dem Klang der Hochzeitsglocken folgte, sehr wenig gehört hatte. Benommen und verstört ging sie mit der Geschichte von Edwards Ehebruch mit der spanischen Tänzerin zur Mutter Oberin im Kloster ihrer Kindheit, und die alte Nonne, die ihr unendlich weise, mystisch und ehrwürdig erschien, hatte zur Antwort nur traurig den Kopf geschüttelt und gesagt:

»Männer sind nun einmal so. Mit Gottes Segen wird am Ende noch alles gut werden.«

Das wurde ihr von ihren geistlichen Beratern als Programm ihres Lebens auferlegt. Oder zumindest, so legte sie sich ihre Unterweisungen aus; das war die Lektion, die sie, wie sie mir später erzählte, bei ihnen gelernt hatte. Ich weiß nicht genau, was sie ihr beibrachten. Das Los der Frauen war Geduld, Geduld und nochmals Geduld – *ad majorem Dei gloriam* –, bis sie am vorherbestimmten Tage, so Gott sie würdig befand, ihren Lohn empfingen. Wenn es ihr am Ende gelänge, Edward zurückzugewinnen, dann hätte sie ihren Mann in den Grenzen gehalten, die das Äußerste sind, was das weibliche Geschlecht erwarten darf. Man lehrte sie sogar, solche Ausschweifungen seien bei Männern natürlich und entschuldbar – als wären sie Kinder.

Und vor allem durfte es nicht zu einem Skandal vor der Gemeinde kommen. So klammerte sie sich an den Vorsatz, Edward zurückzuerobern, mit einer ungestümen Leidenschaft, die wie Todesangst war. Sie hatte weggesehen, erfüllt von einem einzigen Gedanken: Wenn sie Edward zurückgewann, sollte er vermögend, gewissermaßen glorreich inmitten seiner Ländereien und erhobenen Hauptes dastehen. Ja, sie wollte zeigen, dass es in einer ungläubigen Welt einer katholischen Frau gelungen war, sich die Treue ihres Mannes zu erhalten. Und sie glaubte sich der Erfüllung ihrer Sehnsucht nahe. Ihr Plan schien sich mit Hinsicht auf Maisie wunderbar zu bewähren. Edward schien dem Mädchen gegenüber abzukühlen. Er lechzte nicht mehr danach, jede Minute seines Aufenthalts in Nauheim an der Seite des ruhenden Kindes zu verbringen; er ging zu Polowettkämpfen, er spielte abends Bridge; er war vergnügt und munter. Sie war überzeugt, dass er nicht versuchte, das arme Kind zu verführen; sie begann zu glauben, er habe es nie gewollt. Er schien tatsächlich wieder zu werden, was er anfangs für Maisie gewesen war – ein freundlicher, aufmerksamer höherer Offizier im Regiment, der sich liebenswürdig um eine junge

Frau kümmert. Sie waren so offen in ihren kleinen Flirts wie das aufgehende Licht aus der Höhe. Und Maisie hatte sich anscheinend nicht gegrämt, wenn er Ausflüge mit uns unternahm; sie musste jeden Nachmittag ein paar Stunden liegen, und es sah nicht so aus, als ob sie sich nach Edwards Aufmerksamkeiten verzehrte.

Und Edward fing an, sich Leonora ein wenig zu nähern. Ein- oder zweimal hatte er, während sie allein waren – denn vor anderen Leuten tat er es oft –, zu ihr gesagt: »Wie gut du aussiehst!«, oder: »Was für ein hübsches Kleid!« Sie war mit Florence nach Frankfurt gefahren, wo man so gut angezogen ist wie in Paris, und hatte sich ein oder zwei Kleider gekauft. Sie konnte es sich leisten, und Florence war eine ausgezeichnete Ratgeberin in Kleiderfragen. Sie glaubte, sie habe den Schlüssel des Rätsels gefunden.

Ja, Leonora glaubte den Schlüssel zu dem Rätsel gefunden zu haben. Wahrscheinlich, sagte sie sich, hatte sie in der Vergangenheit manches falsch gemacht; was das Geld anging, hätte sie Edward nicht so kurzhalten dürfen. Jetzt fand sie es richtig, dass sie Edward – was sie nur mit Angst und Zaudern getan hatte – wieder über sein Einkommen verfügen ließ. Er kam ihr sogar einen Schritt entgegen und gab spontan zu, sie habe recht getan, während all der Jahre ihre Geldmittel zusammenzuhalten. Eines Tages sagte er zu ihr:

»Das hast du gut gemacht, mein Mädchen. Nichts ist mir angenehmer, als wenn ich ein bisschen verschwenderisch sein kann. Und das kann ich nun, das habe ich dir zu verdanken.«

Es war wahrlich der glücklichste Augenblick ihres Lebens, wie sie sagte. Und er, der es offenbar merkte, hatte sich erlaubt, ihr auf die Schulter zu klopfen. Er war angeblich hereingekommen, um eine Sicherheitsnadel von ihr zu borgen.

Und der Vorfall, bei dem sie Maisie die Ohrfeige gab, hatte, als er vorüber war, den Gedanken in ihr befestigt, es bestehe keine Liebschaft zwischen Edward und Mrs. Maidan. Von nun an, meinte sie, brauchte sie nur dafür zu sorgen, dass er immer reichlich Geld in der Tasche hatte und sich mit hübschen Mädchen amüsierte. Sie war überzeugt, er werde zu ihr zurückfinden. In jenem Monat wies sie seine schüchternen Annäherungsversuche, die nie sehr weit gingen, nicht mehr zurück. Denn er machte allerdings schüchterne Annäherungsversuche. Er klopfte ihr auf die Schulter, er flüsterte ihr kleine Scherze über die komischen Käuze, die sie im Kasino sahen, ins Ohr. Einen kleinen Scherz zu machen bedeutet noch nicht viel – aber das Flüstern dabei war eine liebe Vertraulichkeit …

Und dann – krach! – war alles aus. Alles ging in Scherben, in dem Augenblick, da Florence ihre Hand auf Edwards Handgelenk legte, das auf jenem Glaskasten ruhte, in dem das Manuskript des Protests verwahrt wurde, oben in dem hohen Turm mit den Fensterläden, durch die das Sonnenlicht hier und da hereinfiel. Vielmehr als sie den Blick in Edwards Augen bemerkte, während er Florence in die Augen sah. Sie kannte diesen Blick.

Seit dem ersten Augenblick ihrer Begegnung, seit dem Augenblick, da wir uns alle zusammen zum Abendessen an den Tisch setzten, hatte sie gewusst, dass Florence Edward schöne Augen machte. Aber sie hatte so oft gesehen, wie eine Frau Edward schöne Augen machte – Hunderte und

Aberhunderte von Frauen, in Eisenbahnzügen, in Hotels, auf Dampfern, an Straßenecken. Und sie war zu der Überzeugung gekommen, dass Edward nicht viel für Frauen übrighatte, die ihm schöne Augen machten. Sie hatte sich eine für damals ziemlich richtige Ansicht über die Methoden und die Gründe von Edwards Liebschaften gebildet. Nach der kurzen Leidenschaft für die Dolciquita kam die echte Liebe zu Mrs. Basil, und nun, dünkte sie, machte er Maisie Maidan so nett den Hof. Übrigens verachtete sie Florence mit einem solchen Hochmut, dass es ihr undenkbar schien, sie könnte Edward reizen. Und sie selber und Maisie waren eine Art Bollwerk um ihn.

Außerdem wollte sie Florence im Auge behalten – denn Florence wusste, dass sie Maisie geohrfeigt hatte. Und Leonora wünschte so verzweifelt den Eindruck zu erwecken, ihre Ehe mit Edward sei makellos. Aber mit alldem war es aus …

Dieser antwortende Blick Edwards in Florences blaue, zu ihm aufblickende Augen sagte ihr, alles war aus. Dieser Blick verriet ihr, dass die beiden lange vertrauliche Gespräche über ihre Neigungen und Abneigungen, ihre Charakteranlagen, ihre Auffassungen von der Ehe geführt hatten. Sie sah, was geschehen war, während sie bei unseren gemeinsamen Spaziergängen stets mit mir zehn Meter vor Florence und Edward herging. Zwar glaubte sie, bis zur Stunde sei es zwischen den beiden bei Unterhaltungen über ihre Neigungen und Abneigungen, über ihre Naturanlagen oder über die Ehe als Institution geblieben. Aber da sie Edward ihr ganzes Leben hindurch beobachtet hatte, wusste sie: Dieses Handauflegen, dieser antwortende Blick bedeuteten, dass die Sache unabänderlich war. Edward war ein so ernsthafter Mensch.

Sie wusste, jeder Versuch von ihrer Seite, die beiden zu trennen, würde Edward nur in eine unwiderrufliche Leidenschaft treiben; sie kannte die Tücke seines Charakters, von der ich Ihnen schon früher erzählte, nämlich zu glauben, er gebe einer Frau, die er verführte, damit einen unabdingbaren lebenslangen Anspruch auf ihn. Und dieses Berühren ihrer Hände gab dieser Frau einen unabdingbaren Anspruch darauf – verführt zu werden. Und sie verachtete Florence so sehr, dass sie lieber gesehen hätte, wenn es ein Dienstmädchen gewesen wäre.

Und plötzlich war sie überzeugt, Maisie Maidan hege eine tiefe Leidenschaft für Edward und dies würde ihr das Herz brechen – und sie, Leonora, wäre schuld daran. Einen Augenblick wurde sie wahnsinnig. Sie umklammerte mein Handgelenk, sie zerrte mich die Treppe hinunter und durch den flüsternden Rittersaal mit den hohen, bemalten Säulen und dem hohen, bemalten Kamin. Doch ich glaube, sie wurde nicht wahnsinnig genug.

Sie hätte sagen müssen:

»Ihre Frau ist eine Hure, sie wird die Mätresse meines Mannes werden ...« Das wäre vielleicht die Lösung gewesen. Aber selbst in ihrem Wahnsinn fürchtete sie, so weit zu gehen. Sie fürchtete, Edward und Florence könnten dann durchbrennen und sie verlöre damit für immer die Möglichkeit, ihn am Ende doch noch zurückzugewinnen. Sie hat sehr schlecht an mir gehandelt.

Nun, sie war eine gequälte Seele, die ihrer Kirche den Vorrang vor den Interessen eines Quäkers aus Philadelphia gab. Das ist ganz in Ordnung – schließlich ist, soviel ich sehe, die Kirche von Rom das Wichtigere von beiden.

Eine Woche nach Maisie Maidans Tod sah sie, dass Florence Edwards Mätresse geworden war. Sie wartete vor Florences Tür und begegnete Edward, als er herauskam. Sie sagte nichts, und er brummte nur. Aber ich glaube, ihm war höllisch zumute.

Ja, die innere Zersetzung, die Florence in Leonora bewirkte, war außerordentlich; ihr ganzes Leben wurde durch sie zerschlagen und alle ihre Aussichten. Sie raubte ihr vor allem die Hoffnung – denn sie sah keine Möglichkeit mehr, wie Edward nun noch zu ihr zurückkehren könnte – nach einem vulgären Verhältnis mit einer vulgären Frau. Seine Geschichte mit Mrs. Basil, die damals das Einzige war, was sie in ihrem Herzen gegen ihn vorzubringen hatte, konnte sie vor sich selbst nicht als Verhältnis bezeichnen. Das war Liebe gewesen, in gewissem Sinne etwas Reines. Aber das hier schien für sie etwas Entsetzliches zu sein – eine Zügellosigkeit, die sie umso verabscheuungswürdiger fand, als sie Florence verabscheute. Und Florence redete …

Das war das Furchtbare, denn Florence zwang Leonora, selber ihre vornehme Zurückhaltung preiszugeben – Florence und die ganze Situation. Offenbar war Florence sich nicht sicher, ob sie mir oder Leonora beichten sollte, denn mir hätte sie sehr viel beichten müssen. Oder zumindest hätte ich sehr viel mehr erraten können, über ihr Herzleiden und über Jimmy. So ging sie eines Tages zu Leonora und begann, Andeutung um Andeutung zu machen. Und sie brachte Leonora so in Rage, dass sie schließlich sagte:

»Sie wollen mir wohl sagen, dass Sie Edwards Mätresse sind. Von mir aus gerne. Ich brauche ihn nicht.«

Das wurde für Leonora zu einem wahren Verhängnis,

denn einmal begonnen, gab es kein Halten mehr. Sie versuchte aufzuhören mit dem Reden – aber es ließ sich nicht machen. Sie hielt es für notwendig, Edward durch Florence Botschaften zu schicken; denn sie wollte nicht selber mit ihm sprechen. Sie musste ihm zum Beispiel zu verstehen geben, dass sie ihn, sollte ich je etwas von diesem Verhältnis erfahren, unerbittlich ruinieren würde. Und die Sache wurde beträchtlich dadurch verkompliziert, dass Edward zu jener Zeit wirklich ein wenig in sie verliebt war. Er sah ein, dass er Leonora sehr schlecht behandelt hatte; und dass sie so gut war. Sie war so traurig, und er sehnte sich danach, sie zu trösten; er empfand sich als einen solchen Schuft, dass er gern alles in der Welt getan hätte, um ihr Genugtuung zu verschaffen. Und Florence war es, die Leonora all das berichtete.

Ich tadle Leonora nicht im Geringsten wegen ihrer Grobheit gegen Florence. Es muss Florence sehr gutgetan haben. Aber ich mache Leonora zum Vorwurf, dass sie einer Regung nachgab, die schließlich nichts anderes war als ein Bedürfnis, sich jemandem mitzuteilen. Wissen Sie, diese Angelegenheit trennte sie von ihrer Kirche. Sie wollte nicht beichten, was sie tat, denn sie fürchtete, ihr geistlicher Berater würde sie tadeln, weil sie mich hinterging. Ich kann mir vorstellen, sie hätte lieber die Verdammnis auf sich genommen als mir das Herz gebrochen. Darauf lief es wohl hinaus. Sie hätte sich keine Gedanken zu machen brauchen …

Aber da sie keinen Priester hatte, mit dem sie reden konnte, musste sie mit einem anderen Menschen reden, und da Florence darauf bestand, mit ihr zu reden, redete sie ebenfalls – in kurzen, explosiven Sätzen, als wäre sie eine Verdammte. Ganz genau wie eine Verdammte. Nun, wenn eine ganz nette Zeit in der irdischen Hölle ihr eine Zeitspanne der Pein in der Ewigkeit ersparen kann – wo es keine Zeit gibt –, dann wird Leonora wohl dem Höllenfeuer entgehen.

Ihre Gespräche mit Florence verliefen folgendermaßen: Während Leonora gerade ihr wundervolles Haar kämmte, kam Florence unversehens zu ihr herein und brachte ihr einen Vorschlag von Edward, der anscheinend damals in der naiven Vorstellung lebte, er könne eine Doppelehe führen. Sicherlich war es Florence, die ihn darauf brachte. Wie dem auch sei, ich bin nicht verantwortlich für die Absonderlichkeiten des menschlichen Seelenlebens. Jedenfalls sieht es so aus, als habe Edward damals mehr an Leonora gehangen als je zuvor – zumindest seit langer Zeit. Und wäre Leonora eine Kartenspielerin gewesen und hätte sie ihre Karten gut ausgespielt und kein Schamgefühl und dergleichen gehabt, dann hätte sie Edward mit Florence geteilt, bis die Zeit gekommen wäre, den armen Kuckuck aus dem Nest zu werfen.

Nun, Florence kam ihr öfters mit einem solchen Vorschlag. Ich will nicht sagen, sie hätte es so rundheraus getan. Sie blieb dabei, sie sei nicht Edwards Geliebte, bis Leonora ihr entgegnete, sie habe Edward zu später Nachtstunde aus ihrem Zimmer kommen sehen. Das setzte Florence einen Dämpfer auf; aber sie berief sich auf ihr Herzleiden und erwiderte, sie habe sich lediglich mit Edward unterhalten, um ihn etwas aufzuheitern. Bei dieser Geschichte musste Florence natürlich bleiben, denn selbst sie hätte nicht die Stirn gehabt, Leonora anzuflehen, sie möge Edward ihre Gunst nicht versagen, wenn sie vorher zugegeben hätte, sie sei seine Geliebte. Das war nicht möglich. Andererseits hatte Florence das dringende Bedürfnis, über irgendetwas zu reden. Und worüber hätte sie sonst reden sollen als über eine Annäherung zwischen diesem einander entfremdeten Paar? So plapperte Florence weiter, und Leonora fuhr fort, ihr Haar zu bürsten. Und dann wird Leonora wohl plötzlich gesagt haben:

»Ich käme mir entehrt vor, wenn Edward mich anrührte, nachdem er Sie jetzt berührt hat.«

Das machte Florence ein wenig kleinlaut; aber nach ungefähr einer Woche machte sie eines Morgens einen neuen Vorstoß.

Und auch in anderen Dingen versagte Leonora. Sie hatte Edward versprochen, die Verfügung über sein Einkommen in seine Hände zu legen. Und sie hatte es fest vorgehabt. Sie hätte es wohl auch getan, dabei aber ohne Zweifel insgeheim sein Bankkonto überwacht. Sie war nicht umsonst römisch-katholisch. Aber sie nahm Edwards Untreue gegen die Erinnerung an die arme kleine Maisie so ernst, dass sie ihm überhaupt nicht mehr trauen konnte.

Als sie nun nach Branshaw zurückkehrten, begann sie ihm nach kaum einem Monat wegen der kleinsten Posten Vorhaltungen zu machen. Zwar erlaubte sie ihm, seine eigenen Schecks einzulösen, aber es gab kaum einen, den sie nicht genau prüfte – ausgenommen die auf sein Privatkonto von jährlich fünfhundert Pfund gezogenen, die sie ihm stillschweigend zubilligte, damit er die Ausgaben für seine Mätresse oder seine Mätressen decken konnte. Er brauchte seine Lustreisen nach Paris; etwa zweimal in der Woche musste er teure verschlüsselte Telegramme an Florence schicken.

Aber sie machte ihm Vorwürfe wegen seiner Ausgaben für Wein, für Obstbäume, für Pferdegeschirre, für Gatter, wegen seiner Rechnungen beim Schmied für Arbeiten an einem neuen patentierten Armeesteigbügel, den er einzuführen versuchte. Sie wollte nicht einsehen, warum er sich solche Mühe gab, einen neuen Armeesteigbügel zu erfinden, und sie war wirklich entrüstet, als er, sobald die Erfindung reif war, die Zeichnungen samt den Patentrechten dem Kriegsministerium schenkte. Es war ein bemerkenswert guter Steigbügel.

Ich glaube, ich habe Ihnen erzählt, dass Edward eine Menge Zeit und etwa zweihundert Pfund für Anwaltskosten aufwandte, um einem armen Mädchen, Tochter eines seiner Gärtner, die des Mordes an ihrem Kinde angeklagt war, einen Freispruch zu erwirken. Das war in Wirklichkeit Edwards letzte Tat im Leben. Sie ereignete sich zu der Zeit, als Nancy Rufford auf dem Weg nach Indien war; als die furchtbarste Düsternis über dem Haus lag; während Edward selber Qualen litt und sich so gut hielt, wie er irgend konnte. Jedoch selbst damals machte ihm Leonora eine schreckliche Szene wegen des Aufwands an Zeit und Mühe. Sie hatte so eine vage Vorstellung, was mit Nancy geschehen war, und alles Übrige hätte ihm eine Lehre sein sollen – die Lehre, sparsam zu sein. Sie drohte damit, ihm wieder das Bankkonto zu entziehen. Ich glaube, das trieb ihn dazu, sich die Kehle durchzuschneiden. Er hätte es auch anders durchstehen können – aber der Gedanke, dass er seine Nancy verloren hatte und dass ihm obendrein nichts blieb als eine trostlose, trostlose Folge von Tagen, in denen er der Allgemeinheit nicht mehr dienen konnte ... Nun, das gab ihm den Rest.

Etwa um diese Zeit versuchte Leonora, sich auf eine Liebschaft mit einem Burschen namens Bayham einzulassen – einem sehr anständigen Kerl. Ein wirklich netter Mann. Aber das ging nicht gut. Ich habe Ihnen schon davon erzählt …

II

Nun, das bringt mich ungefähr an den Tag zurück, an dem Waterbury Edwards lakonisches Telegramm erhielt, in dem er mich bat, zu einem Gespräch nach Branshaw zu kommen. Ich hatte damals ziemlich viel zu tun und war halb geneigt, ihm zu antworten, dass ich in vierzehn Tagen käme. Aber ich hatte eine lange Beratung mit den Anwälten des alten Mr. Hurlbird, und gleich anschließend musste ich mich einer langen Unterredung mit den Misses Hurlbird unterziehen, so schob ich die Antwort auf.

Ich hatte erwartet, die Misses Hurlbird hochbetagt anzutreffen – in den Neunzigern oder so. Die Zeit war so langsam vergangen, dass es mir vorkam, als müsse es dreißig Jahre her sein, seit ich zuletzt in den Vereinigten Staaten gewesen war. Es waren nur zwölf Jahre. Miss Hurlbird war in Wirklichkeit gerade mal einundsechzig, Miss Florence Hurlbird neunundfünfzig Jahre alt, und beide waren geistig und körperlich so rege, wie man es sich nur wünschen konnte. Ja, sie waren geistig reger, als es mir in meinen Plan passte, den Plan, die Vereinigten Staaten so schnell wie möglich wieder zu verlassen. Die Hurlbirds waren eine Familie, die fest zusammenhielt – bis auf gewisse Ausnahmen. Jeder der drei hatte seinen eigenen Arzt, in den er uneingeschränktes Vertrauen setzte – und jeder hatte seinen eigenen Anwalt. Und jeder von ihnen misstraute dem Arzt und dem Anwalt des jeweils anderen. Und natürlich warnten einen die Ärzte und Anwälte immerzu voreinander. Sie können sich gar nicht vorstellen, wie kompliziert dadurch alles für mich wurde. Natürlich hatte ich meinen eigenen Anwalt, den der junge Carter, mein Neffe aus Philadelphia, mir empfohlen hatte.

Das soll nicht heißen, es habe Unannehmlichkeiten gegeben, die aus Habgier entstanden wären. Das Problem war ein ganz anderes – ein moralisches Dilemma. Wissen Sie, der alte Mr. Hurlbird hatte Florence sein ganzes Vermögen überlassen, mit der einzigen Auflage, sie sollte ihm in der Stadt Waterbury in Connecticut ein Denkmal in Form einer Stiftung zum Wohle von Herzkranken setzen. Florences gesamtes Geld war mir zugefallen – und mit ihm das Geld des alten Mr. Hurlbird. Er war nur fünf Tage vor Florence gestorben.

Nun, ich war gern bereit, eine runde Million für das Wohl von Herzkranken zu stiften. Der alte Herr hatte etwa anderthalb Millionen hinterlassen; Florence war ungefähr achthunderttausend wert gewesen – und wie ich mir ausrechnete, stand ich selbst etwa bei einer Million. Jedenfalls war reichlich Geld vorhanden. Aber ich wollte natürlich die Wünsche der überlebenden Verwandten berücksichtigen, und da begannen die eigentlichen Schwierigkeiten. Sehen Sie, es hatte sich herausgestellt, dass Mr. Hurlbird am Herzen gar nichts gefehlt hatte. Seine Lungen waren zeit seines Lebens ein wenig angegriffen gewesen, und er war an Bronchitis gestorben.

Miss Florence Hurlbird kam nun auf den Gedanken, da

ihr Bruder an der Lunge und nicht am Herzen gestorben war, müsste sein Geld Lungenleidenden zugutekommen. Das, meinte sie, wäre auch der Wunsch ihres Bruders gewesen. Doch aus einem Hintergedanken, den ich damals noch nicht durchschaute, bestand Miss Hurlbird darauf, ich solle all das Geld für mich behalten. Sie sagte, sie wünsche keine Denkmäler für die Familie Hurlbird.

Damals schob ich es auf die Abneigung Neuenglands gegen aufsehenerregende Totenehrungen. Doch jetzt, wenn ich an gewisse beharrlich gestellte und wiederholte Fragen über Edward Ashburnham denke, geht mir auf, dass sie einen anderen Grund hatte. Und Leonora hat mir gesagt, auf Florences Nachttisch neben ihrem Leichnam habe ein Brief an Miss Hurlbird gelegen – ein Brief, den Leonora abschickte, ohne mir etwas davon zu sagen. Ich weiß nicht, wie Florence noch Zeit fand, an ihre Tante zu schreiben; aber ich kann ganz gut verstehen, dass sie nicht ohne Erklärung aus der Welt gehen wollte. So hat Florence vermutlich mit ein paar hingekritzelten Worten Miss Hurlbird allerhand von Edward Ashburnham erzählt – und deshalb wollte die alte Dame nicht, dass der Name Hurlbird verewigt würde. Vielleicht fand sie auch, ich hätte das Geld der Hurlbirds verdient.

Das hatte einen netten Rattenschwanz von Diskussionen mit all den Ärzten zur Folge, die einander vor den schlimmen Auswirkungen warnten, die Diskussionen auf die Gesundheit der alten Damen hätten, und die mich insgeheim voreinander warnten und sagten, der alte Mr. Hurlbird sei vielleicht doch am Herzen gestorben, trotz der Diagnose seines Arztes. Und jeder der Anwälte hatte eine andere Ansicht darüber, wie das Geld angelegt, treuhänderisch verwaltet und verwendet werden sollte.

Ich persönlich wollte das Geld so anlegen, dass man die Zinsen für das Wohl von Herzkranken verwenden könnte. Wenn der alte Mr. Hurlbird auch nicht an einem Fehler dieses Organs gestorben war, so hatte er sich doch für herzkrank gehalten. Außerdem war Florence, wie ich glaubte, ganz sicher ihrem Herzleiden erlegen. Und als Miss Florence Hurlbird darauf beharrte, das Geld solle den Brustkranken zugutekommen, brachte mich das auf die Idee, man sollte auch eine Stiftung für Lungenleidende gründen, und ich erhöhte den Betrag, den ich stiften wollte, auf anderthalb Millionen Dollar. Das hätte für jede der beiden Krankheiten siebenhundertfünfzigtausend Dollar ausgemacht. Ich war gar nicht auf Geld versessen. Ich brauchte es nur, um Nancy Rufford ein schönes Leben zu bereiten. Ich hatte kaum eine Ahnung, was ein Haushalt in England kostete, wo sie, wie ich vermutete, zu leben wünschte. Ihre Bedürfnisse beschränkten sich zu jener Zeit auf gute Schokolade, ein oder zwei Pferde und schlichte, hübsche Kleider. Wahrscheinlich würde sie später mehr Wünsche haben. Aber auch wenn ich für diese Einrichtungen anderthalb Millionen stiftete, blieb mir immer noch ein Betrag von ungefähr zwanzigtausend pro Jahr in englischer Währung, und ich war der Ansicht, um Nancy ein angenehmes Leben zu bereiten, wäre es genug, mehr als genug.

Wie dem auch sei, wir hatten eine Reihe harter Auseinandersetzungen dort oben im Hause Hurlbird, das auf einem Felsvorsprung über der Stadt liegt. Das wird Ihnen komisch vorkommen, wenn Sie Europäer sind. Aber moralische Probleme dieser Art und die Stiftung von Millionen für bestimmte Zwecke sind in meinem Land ungeheuer ernste Dinge. Ja sie sind eigentlich der Hauptgegenstand der Überlegung in wohlhabenden Kreisen. Wir haben weder Adel noch sozialen Aufstieg, um uns zu beschäftigen, und anständige Leute interessieren sich nicht für Politik und ältere Leute nicht für Sport. So dass es bei Miss Hurlbird und Miss Florence wirklich Tränen gab, ehe ich die Stadt verließ.

Ich verließ sie ziemlich überstürzt. Vier Stunden nach Edwards Telegramm traf ein anderes von Leonora ein, in dem stand: »Ja, kommen Sie. Sie könnten uns eine große Hilfe sein.« Ich sagte meinem Anwalt einfach, hier seien die eineinhalb Millionen Dollar; er könne sie anlegen, wie er wolle, und über die Verwendung sollten die Damen Hurlbird bestimmen. Ich war von all den Diskussionen ziemlich zermürbt. Und da ich seither nichts mehr von den Misses Hurlbird gehört habe, nehme ich an, dass Miss Hurlbird entweder durch Enthüllungen oder durch moralischen Druck Miss Florence davon überzeugt hat, dass es besser sei, ihrem Namen in Waterbury, Connecticut, kein Denkmal zu errichten. Miss Hurlbird weinte schrecklich, als sie hörte, dass ich die Ashburnhams besuchen wollte, aber sie sagte nicht, warum. Ich war damals dahintergekommen, dass ihre Nichte, bevor ich sie geheiratet hatte, von diesem Burschen Jimmy verführt worden war – aber es gelang mir, bei ihr den Eindruck zu erwecken, ich hätte Florence für eine mustergültige Ehefrau gehalten. Nun, damals lebte ich ja noch in dem Glauben, Florence sei mir nach ihrer Hochzeit immer treu gewesen. Der Gedanke, sie könnte ein so niederträchtiges Spiel mit mir getrieben haben, ihre Liebschaft mit dem Kerl unter meinem Dach fortzusetzen, lag mir damals noch völlig fern. Na ja, ich war ein Narr. Aber ich dachte damals nicht viel über Florence nach. Ich war gedanklich damit beschäftigt, was in Branshaw geschah.

Ich ahnte, dass die Telegramme etwas mit Nancy zu tun hatten. Vielleicht hatte sie eine Zuneigung für irgendeinen unerwünschten Burschen bekundet, und Leonora wollte, dass ich zurückkommen solle und sie heirate, ehe sie in Gefahr geriet. Dieser Gedanke hatte sich meiner vollkommen bemächtigt und ließ mich auch während der ersten zehn Tage nach meiner Ankunft auf dem schönen alten Landsitz nicht los. Weder Edward noch Leonora machten Anstalten, mit mir über irgendetwas anderes zu sprechen als über das Wetter und die Ernte. Doch obwohl einige junge Burschen in der Nähe waren, schien das Mädchen keinen von ihnen durch besondere Freundlichkeit auszuzeichnen. Gewiss, sie wirkte angegriffen und nervös – außer wenn sie aufwachte und mit mir fröhlichen Unsinn schwatzte. Ach, was war sie für ein reizendes Kind …

Ich vermutete, man hätte dem unerwünschten jungen Mann das Haus verboten und Nancy grämte sich ein wenig darüber.

Was aber wirklich geschehen war, war die Hölle. Leonora hatte mit Nancy gesprochen; Nancy hatte mit Edward gesprochen; Edward hatte mit Leonora gesprochen, und sie hatten geredet und geredet. Und abermals geredet. Sie müssen sich schreckliche Bilder voller Trübsal und Halbdunkel vorstellen und mit Gefühlsstürmen, die durch ihre stillen Nächte wehten – ganze Nächte lang. Sie müssen sich ausmalen, wie meine schöne Nancy plötzlich Edward erscheint, mit ihrem lang herabwallenden Haar am Fußende seines Bettes auftauchend wie ein gespaltener Schattenkegel im Schimmer des Nachtlichts, das neben ihm brannte. Sie müssen sie sich vorstellen – eine schweigende und gewiss zerquälte Gestalt, wie ein Gespenst –, wie sie sich ihm plötzlich anbot, um seinen Verstand zu retten! Und ihn, der sie wie rasend zurückweist – und das Gerede. Und das Gerede! Mein Gott!

Und doch erschienen sie mir, der ich in dem Haus lebte, eingehüllt in den Zauber des stillen und geordneten Lebens mit den schweigenden, erfahrenen Dienern, die mir meine Abendanzüge bereitlegten, dass es wie eine Liebkosung war – und doch erschienen sie mir, der ich stündlich mit ihnen zusammen war, wie liebevolle, friedliche, einander ergebene Menschen, die sich lächelnd begegneten, zu den gegebenen Stunden zurückzogen und mich zu Jagdgesellschaften führten – einfach ordentliche Leute! Wie zum Teufel – wie zum Teufel bringen sie es fertig?

Eines Abends bei Tisch sagte Leonora – sie hatte soeben ein Telegramm geöffnet –:

»Nancy geht morgen nach Indien, um bei ihrem Vater zu bleiben.«

Niemand sagte etwas. Nancy blickte auf ihren Teller; Edward aß seinen Fasan weiter. Mir wurde sehr elend; ich sagte mir, nun hieße es noch an diesem Abend Nancy um ihre Hand bitten. Es berührte mich sonderbar, dass sie mich nicht auf Nancys Abreise vorbereitet hatten. Aber ich schob es auf die englischen Manieren – auf eine Art Zartgefühl, das mir noch nicht aufgegangen war. Sie dürfen nicht vergessen, dass ich damals noch an Edward und an Leonora und an

Nancy Rufford und an den Frieden stiller alter Behausungen glaubte, wie ich an die Liebe meiner Mutter geglaubt hatte. Und an diesem Abend sprach Edward mit mir.

Was sich in der Zwischenzeit zugetragen hatte, war dies: Nach ihrer Rückkehr aus Bad Nauheim brach Leonora gänzlich zusammen – weil sie sah, dass sie Edward vertrauen konnte. Das mag seltsam klingen, aber wenn Sie irgendetwas von Zusammenbrüchen verstehen, werden Sie wissen, dass sie bei den ausgeklügelten Foltern, die das Schicksal für uns bereithält, stets dann auftreten, wenn eine übermäßige Anspannung sich löst und einem nichts mehr zu tun bleibt. Manch eine Witwe bricht zusammen, nachdem sie ihren Mann während seiner langen Krankheit bis zum Tode gepflegt hat; erst wenn bei einem langen Bootsrennen das Ziel erreicht ist, kommt der Kollaps, und die Mannschaft sinkt vornüber auf die Ruder. Und so geschah es auch Leonora.

Gewisse Töne in Edwards Stimme, der lange, unverwandte Blick, mit dem seine blutunterlaufenen Augen sie damals ansahen, als er vom Esstisch in Bad Nauheim aufstand, hatten ihr gesagt, dass Nancy vor ihm sicher war, geschützt durch seine moralischen Skrupel oder seinen gesellschaftlichen Kodex oder durch sein Gefühl, eine Liebschaft mit dem armen Mädchen wäre ein zu niederträchtiges Spiel gewesen. Nancy, dessen war sie sich sicher, hatte von Edward nichts zu fürchten. Und darin hatte sie vollkommen recht. Der Schlag sollte von ihr selbst kommen.

Sie entspannte sich, sie ließ sich fallen; schnell und immer unaufhaltsamer trieb sie den Schicksalsstrom hinab. Man kann es auch so auslegen: Getrennt von ihrer Religion, die ihr Selbstbeherrschung auferlegt hatte, folgte sie zum ersten

Mal in ihrem Leben ihren instinktiven Wünschen. Ich weiß nicht, was ich denken soll – ob sie damit nicht mehr sie selbst war oder ob sie, indem sie die Bande ihrer bisherigen Richtschnur, der Konvention und ihrer Tradition abstreifte, zum ersten Mal zu ihrem natürlichen Selbst fand. Sie wurde hin- und hergerissen zwischen ihrer herzlichen mütterlichen Liebe und der brennenden Eifersucht einer Frau, die den Mann, den sie liebt, von einer Leidenschaft ergriffen sieht, die endgültig scheint. Sie war geteilt zwischen einer heftigen Abscheu vor Edwards Schwäche, die diese Leidenschaft in ihm aufkommen ließ, einem tiefen Mitleid mit dem Unglücklichen und einem ebenso starken Gefühl, das sie aber vor sich selbst verbarg – der Achtung vor Edwards Entschlossenheit, sich diesmal nichts zuschulden kommen zu lassen.

Und das menschliche Herz ist ein sehr geheimnisvolles Ding. Wer weiß, ob der Verzicht, den Edward sich auferlegte, in Leonora nicht so etwas wie Hass erregte und sie handeln ließ, wie sie es tat? Ich glaube, sie hatte das Bedürfnis, ihn zu verachten. Sie fühlte, er hatte sich für immer von ihr entfernt. Dann mochte er leiden, mochte Qualen ausstehen; dann sollte er, wenn möglich, lieber der Versuchung erliegen und zur Hölle fahren, der Bußstätte für gebrochene Vorsätze. Sie hätte sich ja auch anders verhalten können. Es wäre so einfach gewesen, das Mädchen zu Freunden zu schicken oder mit ihr unter dem einen oder anderen Vorwand zu verreisen. Es hätte nichts geheilt, aber das wäre anständig gehandelt gewesen … Doch damals war Leonora unfähig, sich für ein bestimmtes Verhalten zu entscheiden.

Bald tat Edward ihr schrecklich leid – dann handelte sie

ihrem Mitleid entsprechend; bald verabscheute sie ihn und ließ sich von dieser Abscheu leiten. Sie erstickte fast und rang nach Luft, wie ein Mensch, der an Tuberkulose stirbt. Sie lechzte wie irre danach, sich einer Menschenseele mitzuteilen. Und die Menschenseele, auf die sie verfiel, war das Mädchen.

Vielleicht war Nancy der einzige Mensch, mit dem sie sprechen konnte. Da sie gezwungen war, über vieles Schweigen zu bewahren, und überhaupt kühl im Umgang mit anderen war, hatte Leonora merkwürdig wenige Vertraute. Sie hatte überhaupt keine, mit Ausnahme von Mrs. Whelen, die sie bei der Geschichte mit La Dolciquita beraten hatte, und der ein oder zwei Geistlichen, die sie durchs Leben geleitet hatten. Die Frau des Obersten war jetzt in Madeira, und den Geistlichen wich sie aus … In ihrem Gästebuch standen siebenhundert Namen, aber darunter war nicht eine Seele, der sie sich hätte anvertrauen können. Sie war Mrs. Ashburnham von Branshaw Teleragh.

Sie war die große Mrs. Ashburnham von Branshaw, und sie lag den ganzen Tag auf ihrem Bett in dem wundervollen hellen, luftigen Schlafzimmer mit dem Chintz und dem Chippendale und den von Zoffany und Zucchero gemalten Bildern verstorbener Ashburnhams. Wenn ein Jagdtreffen stattfand, raffte sie sich auf – vorausgesetzt, dass es mit einer Kutschfahrt zu erreichen war – und ließ sich mit dem Mädchen von Edward zum Sammelplatz oder zum Landhaus fahren. Sie fuhr allein zurück, und Edward ritt mit dem Mädchen davon. Reiten konnte Leonora damals nicht, ihr Kopf tat zu weh. Jeder Schritt ihrer Stute war ihr eine Qual.

Aber sie kutschierte mit Geschick und Präzision; lächelnd

verabschiedete sie sich von Gimmers und Ffoulkes und Hedley Seatons, warf den Jungen, die ihr die Tore öffneten, zielsicher die Pennys zu, saß aufrecht in ihrem Dogcart, winkte Edward und Nancy nach, wenn sie mit den Hunden davonritten, und jeder hörte ihre klare, hohe Stimme in der frostigen Luft, wenn sie rief: »Viel Vergnügen!«

Arme verlassene Frau! …

Doch es gab einen Funken Trost. Rodney Bayham von Bayham schaute ihr jedes Mal nach. Ihr missglückter Versuch einer Liebesaffäre mit ihm war drei Jahre her. Trotzdem ritt er an den Wintermorgen noch immer an ihre Deichsel heran, sagte nur »Guten Tag« und sah sie dabei mit Blicken an, die nicht gerade flehten, aber zu sagen schienen: »Du siehst, ich stehe dir immer noch, wie die Deutschen sagen, zur Verfügung.«

Es war ihr ein großer Trost, obwohl sie nicht vorhatte, wieder etwas mit ihm anzufangen; aber sie sah, es gab auf dieser Welt doch noch eine treue Seele in Reithosen. Und sie sah daran auch, sie hatte ihre Schönheit noch nicht eingebüßt.

Sie hatte ihre Schönheit wahrhaftig noch nicht eingebüßt. Sie war vierzig Jahre alt, aber so frisch wie an dem Tag, da sie aus dem Kloster kam – ihre Sinne noch ebenso rein, ihr Haar noch so hell, ihre Augen so tiefblau wie damals. Zwar sagte es ihr der Spiegel, aber man zweifelt doch immer … Rodney Bayhams Blicke verscheuchten diese Zweifel.

Es ist erstaunlich, dass Leonora gar nicht gealtert war. Ich vermute, es gibt Typen der Schönheit und sogar der Jugend, die für die veredelnde Wirkung des Kummers wie geschaffen sind. Das ist zu kompliziert gesagt. Ich will damit sagen,

Leonora wäre vielleicht zu hart und herrisch geworden, wenn ihr alles geglückt wäre. So aber wurde sie gedämpft, musste sich als tüchtig erweisen – und war doch mitfühlend. Das ist die allerseltenste Mischung. Und, ich schwöre es, Leonora machte in ihrer zurückhaltenden Art den Eindruck eines innig mitfühlenden Wesens. Wenn sie einem zuhörte, schien sie zwar zugleich auf irgendeinen Laut aus der Ferne zu lauschen. Aber immerhin hörte sie zu und begriff, was man sagte, und da die Geschichte der Menschheit nun einmal eine Geschichte der Kümmernisse ist, war es in der Regel etwas Trauriges.

Ich glaube, sie hatte Nancy durch manche Schrecknisse der Nacht und viele böse Stunden des Tages geleitet. Und daher rührte wohl die innige Liebe des Mädchens zu der Älteren. Denn Nancys Liebe zu Leonora war eine Verehrung, wie sie bei Katholiken durch ihr Gefühl für die Jungfrau Maria und manche Heilige geweckt wird. Zu sagen, sie hätte Leonora ihr Leben zu Füßen gelegt, wäre noch zu wenig. Nun, sie legte ihr das Angebot ihrer Tugend zu Füßen – und ihre Vernunft. Das waren hinreichende Abschlagszahlungen für ihr Leben. Es wäre heute viel besser für Nancy Rufford, wenn sie tot wäre. Vielleicht sind all diese Betrachtungen eine Quälerei; aber sie drängen sich mir auf. Ich will lieber versuchen, die Geschichte weiterzuerzählen.

Sehen Sie, als Leonora aus Bad Nauheim zurückkam, begannen ihre Kopfschmerzen – Kopfschmerzen, die den ganzen Tag anhielten, und dann konnte sie kein Wort sprechen und kein Geräusch ertragen. Und Tag für Tag saß Nancy stundenlang bei ihr, still und ohne sich zu rühren, tauchte Tücher in Essigwasser und hing ihren eigenen Gedanken nach. Es muss sehr schwer für sie gewesen sein – und ihre Mahlzeiten allein mit Edward müssen ebenfalls schwer für sie gewesen sein. Und wahrhaft scheußlich für Edward. Edward schwankte natürlich in seinem Benehmen. Wie konnte er anders? Manchmal saß er schweigend und bedrückt über einem unberührten Teller und gab einsilbig Antwort, wenn Nancy mit ihm sprach. Dann hatte er einfach Angst, das Mädchen könnte sich in ihn verlieben. Und ein andermal trank er einen Schluck Wein, riss sich zusammen und versuchte Nancy damit zu necken, dass ihr Pferd vor einem Pfahl oder einer Hecke gescheut hatte, oder er plauderte über die Gewohnheiten der Chitralis. Das tat er, wenn ihm einfiel, es müsse hart für das arme Mädchen sein, dass er ihr ein so trübsinniger Kamerad geworden war. Er sah, dass er ihr mit seinen Herzensergüssen im Park von Bad Nauheim keinen Schaden zugefügt hatte.

Aber das alles fügte Nancy dennoch sehr viel Schaden zu. Es öffnete ihr allmählich die Augen dafür, dass Edward ein Mann mit wechselnden Stimmungen war und kein stets fröhlicher Onkel – wie ein guter Hund, ein verlässliches Pferd oder eine Freundin. Zuweilen fand sie ihn mit einem Ausdruck erschreckender Niedergeschlagenheit zusammengesunken im Sessel seines Arbeitszimmers, das halb eine Gewehrkammer war. Oder sie sah durch die offene Tür sein Gesicht, das Gesicht eines toten alten Mannes, wenn er niemanden hatte, mit dem er reden konnte. Allmählich kam ihr zu Bewusstsein, dass es tiefgreifende Meinungsverschiedenheiten zwischen den beiden gab, die sie als ihren Onkel und ihre Tante betrachtete. Es dauerte sehr lange, bis sie sich darüber klarwurde.

Es begann damit, dass Edward einem jungen Mann namens Selmes eine alte Stute schenkte. Selmes' Vater war durch einen betrügerischen Anwalt ruiniert worden, und die Familie Selmes hatte ihre Jagdpferde verkaufen müssen. Der Fall hatte in jenem Teil der Grafschaft großes Mitgefühl erregt. Und als Edward eines Tages den jungen Mann zu Fuß daherkommen sah und bemerkte, wie unglücklich er war, bot er ihm das alte irische Halbblut an, das er gerade ritt. So etwas zu tun war wirklich sehr töricht. Das Pferd war dreißig bis vierzig Pfund wert, und Edward hätte wissen müssen, dass Leonora über das Geschenk aufgebracht sein würde. Aber Edward hatte einfach nicht anders gekonnt, als den unglücklichen jungen Mann zu trösten, dessen Vater er sein Leben lang gekannt hatte. Es war umso törichter, als der junge Selmes sich nicht einmal leisten konnte, das Pferd zu halten. Edward fiel das sogleich ein, nachdem er es ihm angeboten hatte, und rasch fügte er hinzu:

»Natürlich können Sie das Pferd in Branshaw einstellen, bis Sie Zeit haben vorbeizukommen oder bis Sie es verkaufen wollen, um sich ein besseres zu beschaffen.«

Nancy ging geradewegs nach Hause und erzählte das alles Leonora, die sich niedergelegt hatte. In ihren Augen war es ein Beispiel für Edwards zartfühlende Rücksicht auf die Empfindungen und Umstände der Bedrängten. Sie dachte, es würde Leonora aufmuntern – weil es jede Frau aufmuntern müsste, wenn sie hörte, was für einen wunderbaren Mann sie hatte. Das war die letzte kindliche Vorstellung, die ihr vergönnt war. Denn Leonora, die nach ihren Kopfschmerzen zwar ganz beieinander war, sich aber elend schwach fühlte, drehte sich in ihrem Bett herum und stieß Worte hervor, die das Mädchen tief bestürzten.

»Ich wünschte bei Gott«, sagte sie, »er wäre dein Mann und nicht der meine. Er wird uns ruinieren. Er wird uns ruinieren. Darf ich denn niemals aufatmen?« Und plötzlich brach Leonora in eine Flut von Tränen aus. Sie richtete sich in ihren Kissen auf, stützte sich auf einen Ellbogen, saß da – und weinte, weinte, weinte, das Gesicht in die Hände vergraben, so dass die Tränen zwischen ihren Fingern hervorrannen.

Das Mädchen errötete und stammelte und wimmerte, als sei es selber beleidigt worden.

»Aber wenn Onkel Edward …«, begann sie.

»Dieser Mann«, sagte Leonora mit außerordentlicher Bitterkeit, »würde das Hemd, das er auf dem Leib trägt, und meins – und deins wegschenken an jeden …« Sie konnte den Satz nicht beenden.

Es traf sie in einem Augenblick, da ihr Hass gegen ihn und ihre Verachtung aufs Höchste gestiegen waren. Den ganzen Vormittag und Nachmittag hindurch hatte sie dagelegen und daran gedacht, dass Edward und das Mädchen zusammen waren – in den Feldern herumstreifend und in der Dämmerung gemächlich nach Hause trottend. Ihre scharfen Nägel hatten sich in ihre Handflächen gebohrt.

Das Haus war sehr still gewesen bei dem trüben Winterwetter. Und dann, nach einer qualvollen Ewigkeit, war das Geräusch der geöffneten Türen und die fröhliche Stimme des Mädchens zu ihr heraufgedrungen:

»Ach, das war bloß unter dem Mistelzweig.« … Und Edwards rauhes Gemurmel. Dann war Nancy hereingekommen, nachdem sie die Treppe hinaufgehastet war und sich der Tür zu Leonoras Zimmer auf Zehenspitzen genähert hatte. Branshaw hatte eine gewaltig große Halle mit Eichendielen und Tigerfellen. Rings um diese Halle lief eine Galerie, auf die Leonoras Zimmer mündete. Und auch wenn sie unter ihren schlimmsten Kopfschmerzen litt, ließ sie gerne ihre Tür offen stehen – ich vermute, um die Schritte des Ruins und Unheils nahen zu hören. Jedenfalls war es ihr zuwider, sich in einem Raum mit geschlossenen Türen aufzuhalten.

In jenem Augenblick hasste Leonora Edward mit einem Hass, der der Hölle glich, und sie hätte dem Mädchen gerne ihre Reitpeitsche übers Gesicht gezogen. Welches Recht hatte Nancy zu sein, wie sie war, jung und schlank und dunkelhaarig und manchmal fröhlich, manchmal traurig? Welches Recht hatte sie, ganz die Frau zu sein, die Leonoras Mann glücklich machen könnte? Denn Leonora wusste, dass Nancy Edward glücklich gemacht hätte. Ja, Leonora hätte gerne ihre Reitpeitsche über Nancys junges Gesicht gezogen. Sie stellte sich vor, welch ein Vergnügen es wäre, die Peitschenschnur auf diese seltsamen Züge niedersausen zu lassen; welch ein Vergnügen, dabei den Griff an sich zu ziehen, damit die Peitsche tief ins Fleisch einschnitte und eine bleibende Strieme hinterließ.

Nun, sie hinterließ auch so eine bleibende Strieme, denn ihre Worte schnitten tief in das Gemüt des Mädchens ein ...

Beide kamen mit keinem Wort darauf zurück. Zwei Wochen gingen dahin – zwei Wochen mit strömendem Regen und schwergetränkten Feldern, die üble Gerüche ausdünsteten. Leonoras Kopfschmerzen schienen gänzlich verflogen. Ein- oder zweimal ging sie mit auf die Jagd und ließ sich von Bayham fahren, während Edward nach dem Mädchen sah. Dann sagte Edward eines Abends, als sie zu dritt allein beim Essen saßen, in dem merkwürdig nachdenklichen, gepressten Ton, den seine Stimme in letzter Zeit angenommen hatte (er blickte dabei auf den Tisch nieder):

»Ich habe mir überlegt, Nancy müsste sich mehr um ihren Vater kümmern. Er wird ein alter Mann. Ich habe Oberst Rufford geschrieben und ihm vorgeschlagen, dass sie zu ihm geht.«

Leonora rief:

»Wie kannst du dich unterstehen? Wie kannst du dich unterstehen?«

Das Mädchen legte die Hand aufs Herz und rief: »Oh, mein süßer Heiland, hilf mir!« So wunderlich sah es in ihrem Innern aus, die Worte drängten sich ihr von selbst auf die Lippen. Edward sagte kein Wort.

Es war ein erbarmungsloser Streich des Teufels, der unsere schwelende Hölle nicht aus den Augen lässt, dass Nancy Rufford am selben Abend einen Brief von ihrer Mutter bekam. Er traf ein, während Leonora mit Edward sprach, sonst hätte ihn Leonora abgefangen, wie sie schon andere Briefe abgefangen hatte. Es war ein bestürzender, ein schrecklicher Brief …

Ich weiß nicht, was er enthielt. Aus der Wirkung, die er auf Nancy hatte, kann ich nur schließen, dass ihre Mutter, nachdem sie mit irgendeinem Taugenichts durchgebrannt war, ›tiefer und tiefer gesunken‹ war, wie man so sagt. Ob sie tatsächlich auf der Straße gelandet war, weiß ich nicht, aber ich bin ziemlich überzeugt, dass sie die kleine Rente, die sie von ihrem Mann erhielt, durch diese Art Lebenswandel ergänzte. Und offenbar hat sie in ihrem Brief an Nancy daraus kein Hehl gemacht und dem Mädchen vorgeworfen, es lebe in Saus und Braus, während seine Mutter hungerte. Sie muss in einem haarsträubenden Ton geschrieben haben, denn Mrs. Rufford war in ihren besten Tagen schon eine grausame Person. Dem armen Mädchen, das oben in seinem Schlafzimmer den Brief zur Ablenkung von einem anderen Kummer öffnete, mag zumute gewesen sein, als ob es ein Teufelsgelächter hörte.

Ich kann es einfach nicht ertragen, mir mein armes liebes Mädchen in diesem Augenblick vorzustellen ...

Derweil fiel Leonora wie eine Furie über den unglücklichen Edward her. Doch vielleicht war er gar nicht so unglücklich. Ich stelle es Ihnen anheim. Jedenfalls saß er in seinem Sessel, und Leonora kam in sein Zimmer – zum ersten Mal seit neun Jahren. Sie sagte:

»Das ist das Abscheulichste, was du je in deinem abscheulichen Leben getan hast.« Er rührte sich nicht und sah nicht zu ihr auf. Gott weiß, was eigentlich in Leonora vorging.

Ich möchte gern glauben, dass es vor allem Sorge und Angst um das arme Mädchen war, das nun zu dem Vater zurückkehren sollte, dessen Stimme es in nächtlichen Alpträumen aufschreien ließ. Dieses Gefühl muss Leonora wirklich sehr erregt haben. Aber ich vermute, es spielte auch der Wunsch mit, Edward weiter mit der Gegenwart des Mädchens zu quälen. Das war ihr damals durchaus zuzutrauen.

Edward saß eingesunken in seinem Sessel; zwei Kerzen brannten in dem Zimmer, durch grüne Glasschirme gedämpft. Die grünen Schirme spiegelten sich in den Scheiben der Bücherschränke, die keine Bücher, sondern Gewehre mit glänzend braunen Kolben und Angelruten in grünen Stofffutteralen enthielten. Über dem mit Sporen, Hufen und bronzenen Modellen von Pferden vollgestellten Kaminsims war undeutlich ein altersbraunes Bild mit einem weißen Pferd zu erkennen.

»Wenn du meinst«, sagte Leonora, »ich wüsste nicht, dass du in das Mädchen verliebt bist ...« Sie fing eifrig an, wusste aber nicht, wie sie den Satz beenden sollte. Edward rührte sich nicht; er sprach kein Wort. Und dann sagte Leonora:

»Wenn du willst, dass ich mich von dir scheiden lasse, tue ich es. Du kannst sie dann heiraten. Sie liebt dich.«

Er stöhnte leise auf, sagte Leonora. Dann ging sie hinaus.

Der Himmel mag wissen, wie es danach in Leonora aussah. Sie selbst weiß es gewiss nicht mehr. Sie hat Edward wahrscheinlich sehr viel mehr an den Kopf geworfen, als ich berichten konnte; aber das ist alles, was sie mir erzählt hat, und ich will nichts dazuerfinden. Entsprechend ihrer inneren Entwicklung jener Zeit dürfen wir wohl annehmen, dass sie ihn mit Vorwürfen über ihr vergangenes Leben überhäufte, während Edward ganz und gar schweigend dasaß. Und wirklich wiederholte sie des Öfteren, wenn sie später darauf zurückkam: »Ich habe viel mehr gesagt, als ich wollte, nur weil er so still dasaß.« Sie redete eigentlich nur, um ihn zum Reden anzustacheln.

Offenbar ließ sie ihrem Groll so freien Lauf, dass danach ihre Stimmung umschlug. Sie ging in ihr Zimmer an der Galerie zurück und saß dort lange in Gedanken versunken. Sie grübelte sich in eine ganz selbstlose Stimmung hinein, ja in tiefe Selbstverachtung. Sie sagte sich, sie tauge nichts, sie habe in allem, wonach sie gestrebt habe, versagt – in ihrer Bemühung, Edward zurückzugewinnen, wie in ihrem Versuch, ihn dazu zu bringen, dass er seine Ausgaben einschränkte. Sie fühlte sich erschöpft; sie fühlte sich am Ende ihrer Kraft. Dann überkam sie große Angst.

Sie fürchtete, nach allem, was sie Edward gesagt hatte, habe er sich das Leben genommen. Sie trat auf die Galerie hinaus und horchte; im ganzen Haus war kein Laut zu vernehmen außer dem regelmäßigen Pendelschlag der großen Uhr unten in der Halle. Aber sie war nicht der Mensch, der die Hände in den Schoß legt, nicht einmal in ihrer Verzagtheit. Sie handelte. Sie ging geradeswegs zu Edwards Zimmer, öffnete die Tür und blickte hinein.

Er ölte das Schloss eines Revolvers. Eine ungewöhnliche Beschäftigung im Abendanzug und zu dieser Nachtzeit. Dennoch kam ihr nicht einen Augenblick der Gedanke, er wolle sich mit dieser Waffe erschießen. Sie wusste, er tat es nur, um sich zu beschäftigen – um nicht denken zu müssen. Er sah auf, als sie die Tür öffnete; sein Gesicht war von dem Licht erhellt, das durch die runde Öffnung in dem grünen Kerzenschirm nach oben schien.

Sie sagte:

»Ich habe mir nicht etwa eingebildet, Nancy hier zu finden.« Sie meinte, das sei sie ihm schuldig. Er antwortete darauf:

»Ich bilde mir nicht ein, dass du dir das eingebildet hast.«

Das waren die einzigen Worte, die er an jenem Abend sprach. Wie eine lahme Ente ging sie durch den langen Korridor zurück und stolperte über die vertrauten Tigerfelle in der dunklen Halle. Sie vermochte kaum, sich weiterzuschleppen. In der Galerie sah sie, dass Nancys Tür halb offen stand und noch Licht im Zimmer des Mädchens brannte. Ein plötzlicher Irrsinn überkam sie, ein Tatendrang, ein Durst nach Selbstrechtfertigung.

Ihre Zimmer lagen alle an der Galerie. Leonoras an der Ostseite, daneben das Zimmer des Mädchens, dann das Edwards. Der Anblick dieser drei offenen Türen, Seite an Seite, offen stehend, um einzulassen, wen immer die finstere Nacht hereinführen mochte, ließ Leonora bis ins Innerste erschauern. Sie trat in Nancys Zimmer.

Das Mädchen saß regungslos in einem Lehnstuhl, sehr aufrecht, wie es das im Kloster gelernt hatte. Sie schien so still wie eine Kirche; schwarz und wie ein Pallium fiel ihr Haar über ihre Schultern. Das Feuer neben ihr brannte hell, sie musste soeben Kohlen aufgelegt haben. Sie war in einen weißen Seidenkimono gehüllt, der bis zu ihren Füßen niederfiel. Die Kleider, die sie abgelegt hatte, lagen fein zusammengefaltet auf den dafür bestimmten Stühlen. Ihre Hände ruhten auf den Armlehnen des Sessels, dessen Rückenlehne mit rot-weißem Chintz bespannt war.

Leonora hat es mir erzählt. Sie fand es wohl erstaunlich, dass das Mädchen nach einem solchen Abend die Kleider, die sie auszog, so ordentlich zusammenfalten konnte – nachdem ihr von Edward verkündet worden war, er wolle sie zu ihrem Vater schicken, und sie von ihrer Mutter diesen Brief bekommen hatte. Sie hielt den Umschlag mit dem Brief darin in ihrer rechten Hand.

Leonora bemerkte ihn nicht sogleich. Sie sagte:
»Was machst du so spät noch?« Das Mädchen antwortete:

»Ich denke nur nach.« Sie dachten gleichsam im Flüsterton und redeten mit gedämpfter Stimme. Dann fiel Leonoras Blick auf den Umschlag, und sie erkannte Mrs. Ruffords Handschrift.

Es war einer jener Augenblicke, in denen das Denken unmöglich wird, sagte Leonora. Ihr war, als würden aus allen Richtungen Steine nach ihr geworfen und sie könnte nur noch rennen. Sie hörte sich ausrufen:

»Edward stirbt – deinetwegen. Er stirbt ... Und er ist mehr wert als du und ich ...«

Das Mädchen blickte an ihr vorüber auf die Täfelung der halbgeschlossenen Tür.

»Mein armer Vater«, sagte sie.

»Du musst hierbleiben«, antwortete Leonora heftig. »Du musst hierbleiben. Ich sage dir, du musst.«

»Ich fahre nach Glasgow«, erwiderte Nancy. »Morgen früh fahre ich nach Glasgow. Meine Mutter ist in Glasgow.«

Anscheinend war es Glasgow, wo Mrs. Rufford ihr Lotterleben führte. Sie hatte diese Stadt nicht etwa ausgewählt, weil sie besonders einträglich gewesen wäre, sondern weil es der Geburtsort ihres Mannes war, dem sie zuleide tun wollte, was sie nur konnte.

»Du musst hierbleiben«, begann Leonora, »um Edward zu retten. Er vergeht vor Liebe zu dir.«

Das Mädchen richtete seine stillen Augen auf Leonora. »Ich weiß es«, sagte sie. »Und ich vergehe vor Liebe zu ihm.«

»Ach!«, stieß Leonora hervor, gegen ihren Willen war es ein Ach voller Abscheu und Groll.

»Darum gehe ich nach Glasgow«, fuhr das Mädchen

fort, »um meine Mutter von dort wegzubringen.« Sie fügte hinzu: »Ans Ende der Welt«, denn wenn auch die letzten Monate sie innerlich zur Frau gemacht hatten, war ihre Ausdrucksweise doch noch so romantisch wie die eines Schulmädchens. Es war, als wäre sie so schnell herangewachsen, dass sie keine Zeit gehabt hatte, ihr Haar aufzustecken. Aber sie fügte hinzu: »Wir taugen beide nichts – meine Mutter und ich.«

Leonora sagte mit ihrer grimmigen Gelassenheit: »Nein. Nein. Nicht du taugst nichts. Ich bin es, die nichts taugt. Du kannst nicht zulassen, dass dieser Mann vor Verlangen nach dir zugrunde geht. Du musst ihm gehören.«

Das Mädchen sah sie mit einem sonderbaren, fernen Lächeln an – als wäre es tausend Jahre alt, als wäre Leonora ein kleines Kind.

»Ich wusste, dass es darauf hinauslaufen würde«, sagte sie sehr langsam. »Aber wir sind es nicht wert – Edward und ich.«

III

Nancy hatte viel nachgedacht, seitdem Leonora so außer sich geraten war, weil Edward dem jungen Selmes das Pferd geschenkt hatte. Sie hatte nachgedacht und nachgedacht, während sie oft tagelang schweigend neben dem Bett ihrer Tante sitzen musste. (Sie hatte Leonora immer als ihre Tante betrachtet.) Und auch während manch schweigender Mahlzeit mit Edward hatten ihre Gedanken nicht geruht. Dann lächelte er ihr zuweilen mit seinen blutunterlaufenen Augen und seinen vollen, faltigen Lippen zu. Und nach und nach war sie zu der Erkenntnis gekommen, dass Edward Leonora nicht liebte und dass Leonora Edward hasste. Mehrere Dinge wirkten zusammen, um diese Überzeugung in ihr reifen zu lassen und zu festigen.

Sie durfte damals die Zeitung lesen – vielmehr wurde sie, da Leonora immer im Bett lag und Edward allein frühstückte und zeitig ausging, um nach seinen Gütern zu sehen, mit den Zeitungen allein gelassen. Eines Tages sah sie in der Zeitung das Bild einer Frau, die sie sehr gut kannte. Darunter standen die Worte: »Mrs. Brand, Klägerin in dem sehr bemerkenswerten Scheidungsprozess, über den auf Seite 8 berichtet wird.« Nancy wusste kaum, was ein Scheidungsprozess ist. Sie war so überaus gut erzogen, und Katholiken lassen sich ja nicht scheiden. Ich weiß nicht recht, wie Leonora es fertigbrachte, aber ich nehme an, sie schärfte Nancy immer wieder ein, dass anständige Frauen solche Dinge nicht läsen; das hätte jedenfalls genügt, Nancy jene Seiten überblättern zu lassen.

Wahrscheinlich las sie den Bericht über den Scheidungsprozess Brand hauptsächlich, um Leonora davon zu erzählen. Sie meinte, wenn Leonora die Kopfschmerzen los wäre, würde sie gern wissen wollen, was Mrs. Brand geschehen war, die in Christchurch wohnte und die sie beide sehr gerne hatten. Der Prozess nahm drei Tage in Anspruch, und der Bericht, der Nancy zuerst in die Hände fiel, war der des dritten Tages. Edward bewahrte jedoch die Zeitungen der Woche nach seiner methodischen Art in einem Ständer seines Gewehrzimmers auf, und als sie ihr Frühstück beendet hatte, ging Nancy in dieses stille Zimmer und gönnte sich, was sie eine gemütliche Lesestunde nannte. Es erschien ihr wie eine komische Geschichte. Sie verstand nicht, warum ein Richter so erpicht darauf war, alles zu wissen, was Mr. Brand an einem bestimmten Tag getan hatte; sie verstand nicht, warum dem Gericht ein Plan der Schlafzimmerräumlichkeiten von Christchurch Old Hall vorgelegt werden musste. Sie begriff nicht einmal, warum sie wissen wollten, ob bei einer bestimmten Gelegenheit die Wohnzimmertür abgeschlossen war. Sie musste darüber lachen: Es erschien ihr so sinnlos, dass sich erwachsene Leute mit solchen Dingen abgaben. Dennoch kam es ihr merkwürdig vor, dass einer der Richter Mr. Brand so beharrlich und unverschämt über seine Gefühle für Miss Lupton ins Kreuzverhör nahm. Nancy kannte Miss Lupton von Ringwood sehr gut – ein ausgelassenes Mädchen, das ein Pferd mit zwei weißen Fesseln ritt. Mr. Brand behauptete hartnäckig, er liebe Miss Lupton nicht … Natürlich liebte er Miss Lupton nicht; er war doch ein verheirateter Mann. Man könnte sich ebenso gut vorstellen, Onkel Edward liebe … liebe eine andere Frau als Leonora. Wenn einer verheiratet war, war es doch mit dem Lieben vorbei. Zweifellos gab es Leute, die sich schlecht aufführten, aber das waren arme Menschen – oder andere Menschen als die, die sie kannte. So stellten sich Nancy diese Dinge dar.

Aber im weiteren Verlauf des Prozesses musste Mr. Brand, wie sie las, eine ›unerlaubte Intimität‹ mit irgendwem eingestehen. Nancy stellte sich vor, er habe die Geheimnisse seiner Frau ausgeplaudert; sie konnte nicht verstehen, warum das ein schweres Vergehen war. Natürlich tat ein Gentleman das nicht – Mr. Brand sank in ihrer Achtung.

Aber da sich zeigte, dass Mrs. Brand ihm verziehen hatte, meinte sie, es könnten nicht sehr wichtige Geheimnisse gewesen sein, die Mr. Brand weitererzählt hatte. Und dann ging ihr plötzlich auf, dass Mr. Brand – der freundliche Mr. Brand, den sie noch einen oder zwei Monate vor ihrer Abreise nach Bad Nauheim gesehen hatte, wie er mit seinen Kindern ›Blinde Kuh‹ spielte und seine Frau jedes Mal küsste, wenn er sie fing –, dass Mr. Brand und Mrs. Brand auf dem denkbar schlechtesten Fuß miteinander standen. Das war unglaublich.

Aber da stand es – schwarz auf weiß. Mr. Brand trank; Mr. Brand hatte Mrs. Brand niedergeschlagen, als er betrunken war. Mr. Brand wurde nach spaltenlangen Verhandlungen mit ein paar knappen Worten für schuldig erklärt, seine Frau misshandelt und mit Miss Lupton Ehebruch begangen zu haben. Die letzten Worte sagten Nancy nichts – nichts Wirkliches, heißt das. Sie kannte natürlich das Gebot: Du sollst nicht ehebrechen – aber warum, dachte sie, sollte man auch? Es war wahrscheinlich so, als finge man außerhalb der vorgeschriebenen Jahreszeit Lachs – das tat man doch nicht.

Und doch hinterließ diese Lektüre in Nancy eine Ahnung von etwas Geheimnisvollem, Erschreckendem, Bösem. Sie verspürte eine Übelkeit – eine Übelkeit, die beim Lesen zunahm. Ihr Herz klopfte schmerzhaft; sie fing an zu weinen. Sie fragte Gott, wie er solche Dinge zulassen konnte. Und die Gewissheit, dass Edward Leonora nicht liebte und dass Leonora Edward hasste, vertiefte sich in ihr. Vielleicht liebte Edward dann auch eine andere Frau. Es war undenkbar.

Wenn er eine andere Frau als Leonora lieben konnte, sprach ein glühendes, ihr unbekanntes Gefühl plötzlich in ihr, warum dann nicht sie selber? Aber er liebte sie nicht. Das war etwa einen Monat bevor sie den Brief von ihrer Mutter bekam. Sie ließ die Sache ruhen, bis das Gefühl der Übelkeit schwand; das tat es nach ein oder zwei Tagen. Als sie dann sah, dass Leonoras Kopfschmerzen verflogen waren, erzählte sie ihrer Tante, Mrs. Brand habe sich von ihrem Mann scheiden lassen. Sie fragte, was das alles bedeutete.

Leonora lag auf dem Sofa in der Halle; sie fühlte sich so matt, dass sie kaum Worte finden konnte. Sie antwortete nur:

»Es bedeutet, dass Mr. Brand wieder heiraten kann.«

Nancy sagte:

»Aber ... aber ...«, und dann: »Er kann also Miss Lupton heiraten.« Leonora hob nur bejahend die Hand. Ihre Augen waren geschlossen.

»Dann ...«, begann Nancy. Entsetzen stand in ihren blauen Augen; ihre Brauen waren eng zusammengezogen, und die Schmerzenslinien um ihren Mund wurden deutlich sichtbar. In ihren Augen gewann die ganze vertraute, große Halle ein verändertes Aussehen. Die Kaminblöcke mit den Messingblumen an den Enden erschienen ihr unwirklich; die brennenden Scheite waren einfach Scheite, die brannten, und nicht die behaglichen Bilder einer unzerstörbaren Lebensweise. Die Flamme flackerte vor der hohen Kaminwand; der Bernhardiner seufzte im Schlaf. Draußen fiel der Winterregen, fiel und fiel. Und plötzlich dachte sie, Edward könnte jemand anderen heiraten; sie schrie beinahe auf.

Leonora öffnete die Augen. Sie lag auf der Seite, und ihr Gesicht ruhte auf dem schwarz-goldenen Kissen des Sofas, das halb vor den großen Kamin geschoben war.

»Ich glaubte«, sagte Nancy, »ich habe mir immer vorgestellt ... Ist denn die Ehe nicht ein Sakrament? Sind Ehen nicht unlösbar? Ich dachte, man ist verheiratet ... und ...« Sie schluchzte. »Ich dachte, man ist verheiratet oder nicht verheiratet, wie man lebendig ist oder tot.«

»Das«, sagte Leonora, »ist das Gesetz der Kirche. Nicht das Gesetz des Landes ...«

»Ach, richtig«, sagte Nancy, »die Brands sind ja Anglikaner.«

Sie fühlte, wie sich plötzlich Geborgenheit auf sie niedersenkte, und für eine Stunde kam ihr Geist zur Ruhe. Sie kam sich jetzt idiotisch vor, dass sie nicht an Heinrich VIII. gedacht hatte und an den Grund, auf dem der Protestantismus ruht. Fast musste sie über sich lachen. Der lange Nachmittag ging dahin; die Flammen flackerten noch, als das Mädchen das Feuer schürte; der Bernhardiner erwachte und trollte sich in die Küche. Und dann öffnete Leonora die Augen und sagte fast eisig:

»Und du? Denkst du denn nicht ans Heiraten?«

Es sah Leonora so wenig ähnlich, weshalb das Mädchen in dem Halbdunkel einen Augenblick lang erschrak. Doch dann fand sie, es war eine ganz vernünftige Frage.

»Ich weiß nicht«, antwortete sie. »Ich weiß nicht, ob mich jemand heiraten möchte.«

»Mehrere Leute möchten dich heiraten«, sagte Leonora.

»Aber ich möchte nicht heiraten«, antwortete Nancy. »Ich möchte gern bei dir und Edward bleiben. Ich glaube nicht, dass ich im Weg bin oder zu viel koste. Wenn ich ginge, müsstest du doch jemanden zur Gesellschaft haben. Doch vielleicht sollte ich mir meinen Lebensunterhalt verdienen ...«

»Nicht daran habe ich gedacht«, antwortete Leonora in demselben schroffen Ton. »Du wirst genug Geld von deinem Vater bekommen. Aber die meisten Leute wollen heiraten.«

Ich glaube, sie fragte das Mädchen dann, ob es nicht mich heiraten wolle, und Nancy antwortete daraufhin, sie würde mich heiraten, wenn man es von ihr verlange. Sie fügte hinzu:

»Wenn ich jemand heirate, möchte ich, dass er so wie Edward ist.«

Sie erschrak zu Tode, denn Leonora wand sich auf ihrem Sofa und rief: »O Gott! …«

Nancy rannte davon, um das Hausmädchen zu suchen, um Aspirin und feuchte Tücher zu holen. Sie kam nicht auf den Gedanken, Leonoras Wehlaute könnten etwas anderes bedeuten als körperlichen Schmerz.

Sie dürfen nicht vergessen, dies alles trug sich einen Monat bevor Leonora nachts in das Zimmer des Mädchens trat zu. Ich greife schon wieder zurück; aber ich kann nichts dafür. Es ist so schwierig, sie alle miteinander in Gang zu halten. Ich erzähle Ihnen von Leonora und bringe Sie auf den gegenwärtigen Stand der Dinge; dann von Edward, der inzwischen zurückgeblieben ist. Und dabei lasse ich das Mädchen wieder hoffnungslos weit zurück. Ich wollte, ich könnte es in Tagebuchform bringen. So: Am 1. September kehrten sie aus Bad Nauheim zurück. Leonora legte sich sogleich zu Bett. Etwa am 1. Oktober gingen sie alle zusammen zu einem Jagdtreffen. Nancy hatte schon sehr deutlich bemerkt, dass Edward sich sonderbar benahm. Um den 6. dieses Monats schenkte Edward dem jungen Selmes das Pferd, und Nancy hatte Grund zu glauben, ihre Tante liebte ihren Onkel nicht. Am 20. las sie den Bericht über den Scheidungsprozess, der in der Zeitung vom 18. und den beiden folgenden Tagen abgehandelt wurde. Am 23. hatte sie in der Halle das Gespräch mit ihrer Tante – über die Ehe im Allgemeinen und über die Möglichkeit ihrer eigenen Heirat. Dass ihre Tante zu ihr ins Schlafzimmer kam, ereignete sich erst am 12. November.

Sie hatte also drei Wochen Zeit, sich über sich selber klarzuwerden – eine Herzenserforschung unter einem düsteren Himmel, in dem alten Haus, das, in einer Senke liegend und von Fichten mit ihren dunklen Schatten umgeben, umso düsterer wirkte. Die Umgebung war nicht gut für ein Mädchen. Sie begann über die Liebe nachzudenken.

Bisher hatte sie in ihr nichts anderes gesehen als etwas ziemlich Belustigendes und Albernes. Sie erinnerte sich an wahllos zusammengelesene Abschnitte in wahllos aufgeschlagenen Büchern – Dinge, die sie früher eigentlich nie berührt hatten. Sie dachte an die Liebe irgendeines Mannes zu Prinzessin Badrulbadour; sie hatte einmal gehört, die Liebe sei ein Feuer, ein Dürsten, eine verzehrende Glut – aber sie konnte sich nicht vorstellen, was da eigentlich verzehrt wurde. Sie erinnerte sich bloß, dass man von einem hoffnungslos Liebenden gesagt hatte, er schaue so hoffnungslos drein; sie musste an einen Mann in einem Buch denken, von dem es hieß, er habe wegen der Liebe zu trinken begonnen; und nach allem, was sie gelesen hatte, schien das Leben der Liebenden von schweren Seufzern gezeichnet.

Einmal trat sie an das Pianino, das in einem Winkel der Halle stand, und begann zu spielen. Das Instrument klimmperte und klang schrill, da niemand im Haus Sinn für Musik hatte. Nancy konnte ein paar einfache Lieder spielen, und so ertappte sie sich beim Spielen. Sie hatte am Fenster gesessen und in das schwindende Tageslicht hinausgeschaut. Leonora machte Besuche; Edward sah nach irgendwelchen Pflanzungen in der neuen Fasanerie. So ertappte sie sich, wie sie auf dem alten Klavier spielte. Sie wusste nicht, wie sie dazu gekommen war. Eine alberne, trällernde, zittrige Melodie erklang unter ihren Händen in der Dämmerung – eine Melodie, deren Dur-Klänge mit ihrer fröhlichen Härte zu schwanken begannen und in Moll-Töne hinüberschmolzen, wie unter einer Brücke das Licht auf dunklem Wasser schmilzt und zittert und in die dunklen Tiefen versinkt. Nun, es war eine törichte alte Weise ...

Die Worte dazu lauten etwa – ich glaube, von einer Weide ist die Rede:

»*Thou art to all lost loves the best*
The only true plant found.«
»Dich lieben alle, die ihr Lieb verloren,
Du einzig Treue weit und breit.«

– so ungefähr. Es ist Herrick, glaube ich, und die schrille, holprige Musik, die zu Herrick passt. Und es dämmerte; die schweren, dunklen Steinpfeiler, die die Galerie trugen, wirkten wie eine Trauerversammlung; das Feuer war zu einem Nichts zusammengesunken – nur noch ein Glimmen unter weißer Asche ... Sentimental der Ort und sentimental die Stunde und die Beleuchtung.

Plötzlich fing Nancy an zu weinen. Sie weinte still vor

sich hin, und schließlich ging das Weinen in langgezogenes, krampfhaftes Schluchzen über. Ihr war zumute, als wären alle Fröhlichkeit, aller Zauber, alles Lichte, alles Süße aus dem Leben geschwunden. Unglück, Unglück war alles um sie her. Ihr schien, als kenne sie kein glückliches Wesen, und sie selbst litt Qualen ...

Ihr fiel ein, wie hoffnungslos Edward dreinschaute; sicherlich trank er zu viel; zuweilen seufzte er tief. Er sah aus, als loderte in seinem Inneren ein Feuer, das seine Seele vor Durst verdorren ließ, das ihn bis ins Mark verzehrte. Dann überkam sie die quälende Gewissheit – die Gewissheit, die sie immer wieder heimsuchte –, Edward müsse eine andere Frau lieben als Leonora. Ihre etwas sektiererische Erziehung erinnerte sie daran, dass Katholiken so etwas nicht tun. Aber Edward war Protestant. Also liebte Edward jemanden ...

Und bei diesem Gedanken schaute sie selber hoffnungslos drein; sie seufzte wie der alte Bernhardiner neben ihr. Während der Mahlzeiten verspürte sie oft ein unerträgliches Verlangen, ein Glas Wein zu trinken und dann noch eins und noch eins. Dann wurde sie lustig ... Aber nach einer halben Stunde war ihre Fröhlichkeit verflogen; sie hatte ein Gefühl, als loderte in ihrem Inneren ein Feuer, das ihre Seele vor Durst verdorren ließ und sie bis ins Mark verzehrte. Eines Abends ging sie in Edwards Gewehrzimmer – er war zu einer Versammlung des Nationalen Reservekomitees gegangen. Auf dem Tisch neben seinem Sessel stand eine Karaffe mit Whisky. Sie schenkte sich ein Weinglas voll ein und trank es aus.

Da war ihr wirklich, als loderte ein Feuer durch ihren Körper; ihre Beine wurden schwer, ihr Gesicht brannte wie im Fieber. So schleppte sich das hochaufgeschossene Mädchen in sein Zimmer hinauf und lag dort im Dunkeln.

Das Bett schwankte unter ihr; sie gab der Vorstellung nach, sie liege in Edwards Armen und er küsse sie auf das glühende Gesicht, auf ihre glühenden Schultern und auf ihren Hals, der loderte wie Feuer.

Sie rührte nie wieder Alkohol an. Nicht ein einziges Mal dachte sie wieder daran. Diese Gedanken erloschen; sie ließen nur ein Gefühl der Scham zurück, eine so unerträgliche Scham, dass sie wie betäubt war, und so schwanden sie aus ihrem Sinn. Sie bildete sich ein, der Gedanke, Edward könnte eine andere Frau lieben, sei ihr allein aus Mitgefühl mit Leonora so schmerzlich, und sie beschloss, solange sie lebte, Leonora wie eine Magd zu dienen – mit Fegen, Pflegen, Sticken, wie Debora, eine mittelalterliche Heilige –, ich kenne mich unglücklicherweise nicht aus in der katholischen Literatur der Heiligenleben. Aber ich weiß, sie sah sich im Geiste mit bedrückter, ernster Miene und fest aufeinandergepressten Lippen in einem kahlen weißen Zimmer Blumen gießen oder am Stickrahmen sitzen. Oder sie sehnte sich danach, mit Edward nach Afrika zu gehen und sich einem Löwen, der ihn anfiel, in den Weg zu werfen, damit Edward durch das Opfer ihres Lebens Leonora erhalten bleibe. Nun, neben ihren traurigen Gedanken hatte sie auch kindische.

Sie wusste nichts – nichts vom Leben, außer dass es traurig ist. Das wusste sie nun. Was an jenem Abend in ihr vorging, als ihr der doppelte Schlag versetzt wurde: dass Edward sie zu ihrem Vater nach Indien schicken wollte und der Brief von ihrer Mutter kam, war dies: Sie rief zunächst ihren süßen Heiland an – der Herrgott war für sie der süße

Heiland! –, er möge verhindern, dass sie nach Indien gehen müsse. Dann merkte sie an Edwards Verhalten, dass er fest entschlossen war, sie nach Indien zu schicken. Also musste es richtig sein, dass sie ging. Edward hatte in seinen Entscheidungen immer recht. Er war der Cid; er war Lohengrin; er war der Ritter ohne Fehl.

Dennoch meuterte sie im Stillen und rebellierte. Sie konnte das Haus nicht verlassen. Sie bildete sich ein, er wolle sie aus dem Weg haben, damit sie nicht Zeuge seiner Amouren mit einem anderen Mädchen würde. Doch sie wollte bleiben – um Leonora zu trösten.

Dann kam der entsetzliche Schock durch den Brief ihrer Mutter. Ihre Mutter schrieb, glaube ich, etwa Folgendes: »Du hast kein Recht, ein Leben in Wohlstand und Ehrbarkeit zu führen. Du gehörst zu mir auf die Straße. Woher weißt du, dass du Oberst Ruffords Tochter bist?« Sie ahnte nicht, was diese Worte bedeuteten. Sie sah ihre Mutter unter Torbogen schlafen, während es schneite. Das war das Bild, das sie bei den Worten ›auf der Straße‹ vor Augen hatte. Aus einem platonischen Pflichtgefühl heraus sagte sie sich, sie müsse hingehen und ihre Mutter trösten, die Mutter, die sie in ihrem Schoß getragen hatte – obwohl sie nicht recht begriff, was diese Worte meinten. Zugleich aber erfuhr sie nun, dass ihre Mutter ihren Vater mit einem anderen Mann verlassen hatte; deshalb bedauerte sie ihren Vater und war entsetzt über sich selbst, dass sie beim Klang seiner Stimme erbebte. Wenn ihre Mutter eine solche Frau war, dann war es begreiflich, dass er manchmal wie irre war vor Wut und sie niederschlug. Und die Stimme ihres Gewissens sagte ihr, sie habe vor allem Pflichten gegenüber ihren Eltern. Auch darin gehorchte sie diesem neuerwachten Pflichtgefühl, dass sie sich mit großer Sorgfalt entkleidete und die Kleider, die sie ausgezogen hatte, peinlich genau zusammenlegte.

Manchmal, wenn auch nicht sehr oft, warf sie sie, einerlei wie, im ganzen Zimmer herum.

Und dieses Pflichtgefühl hatte noch die Oberhand in ihr, als Leonora, groß, schlank und ganz in Schwarz, in ihr Zimmer trat und ihr sagte, Edward komme um vor Liebe zu ihr. Da wurde ihr bewusst, was sie in ihrem Innersten schon seit Monaten ahnte – dass Edward vor Liebe zu ihr starb – physisch starb. Ihr war, als dürfe ihr Herz für ein Weilchen sagen: »*Domine, nunc dimittis* ...« – »Herr, nun lässest du deinen Diener in Frieden fahren ...« Sie fühlte, sie konnte freudig nach Glasgow abreisen, um ihre Mutter zu retten.

IV

Und sie fühlte sich im Einklang mit ihrer Stimmung, mit der Stunde und mit der Frau vor ihr, als sie sagte, sie wisse, dass Edward vor Liebe zu ihr vergehe, und sie selber vergehe vor Liebe zu Edward. Denn diese Tatsache war auf einmal an die rechte Stelle gerückt und für sie Wirklichkeit geworden – so wie die eingelassene Spielmarke auf einem Whisttisch unter dem Druck des Daumens herumfährt. Dieser Rubber war wenigstens gemacht.

Und plötzlich schien ihr Leonora verändert, und auch ihr eigenes Verhältnis zu Leonora schien verändert. In ihrem zarten weißen Seidenkimono fühlte sie sich neben ihrem Kaminfeuer wie auf einem Thron. Ihr war, als ob Leonora in ihrem engen Kleid aus schwarzer Spitze mit den schimmernden weißen Schultern und dem lockigen blonden Haar, das dem Mädchen immer als das schönste auf der Welt erschienen war – als stünde plötzlich eine abgemagerte und geschrumpfte, blaugefrorene Leonora vor ihr, zitternd und flehend. Doch Leonora gab ihr Befehle. Das war zwecklos. Sie wusste, am nächsten Morgen würde sie zu ihrer Mutter gehen, die in Glasgow war.

Leonora wiederholte immerzu, sie müsse bleiben, um Edward zu retten, der vor Liebe zu ihr verging. Und stolz und glücklich in dem Gedanken, dass Edward sie liebte, dass sie ihn liebte, hörte sie Leonora nicht einmal zu. Sie fand, es sei Leonoras Angelegenheit, den Leib ihres Mannes zu retten; ihr, Nancy, gehörte seine Seele – ein kostbares Ding, das sie behüten und auf ihren Armen davontragen würde –, als wäre Leonora ein hungriger Hund, der nach einem Lamm zu schnappen suchte, das sie trug. Ja, sie hatte das Gefühl, als wäre Edwards Liebe ein kostbares Lamm, das sie vor einem grausamen reißenden Tier rettete. Denn plötzlich erschien Leonora ihr wie ein grausames, reißendes Tier. Leonora, Leonora mit ihrem Hunger, mit ihrer Grausamkeit, hatte Edward in den Wahnsinn getrieben. Er musste durch seine Liebe zu ihr und durch ihre Liebe beschirmt werden – durch ihre Liebe, die ihn aus großer Entfernung und unausgesprochen einhüllte, umhegte, ihn aufrichtete; durch ihre Stimme, die von Glasgow her zu ihm sprach, ihm sagte, sie liebe ihn, sie bete ihn an, sie höre nicht einen Augenblick auf, sehnsüchtig, liebevoll und bangend an ihn zu denken.

Laut, beharrlich, in erbittert befehlendem Ton sagte Leonora:

»Du musst hierbleiben, du gehörst zu Edward. Ich will mich von ihm scheiden lassen.«

Das Mädchen antwortete:

»Die Kirche lässt keine Scheidungen zu. Ich kann nicht zu deinem Mann gehören. Ich gehe nach Glasgow, um meine Mutter zu retten.«

Die halb offene Tür wurde lautlos geöffnet. Edward stand da. Verzehrend, mit dem Ausdruck eines dem Schicksal Verfallenen, heftete sich sein Blick auf das Gesicht des Mädchens; seine Schultern sackten vornüber; er war zweifellos halb betrunken, er hielt die Whiskykaraffe in der einen Hand, eine tropfende Kerze in der andern. Mit zorniger Heftigkeit sagte er zu Nancy: »Ich verbiete dir, über diese Dinge zu sprechen. Du bleibst hier, bis ich von deinem Vater höre. Dann gehst du zu deinem Vater.«

Die beiden Frauen, die einander anblickten wie Tiere, die im Begriff sind, einander anzuspringen, sahen kaum zu ihm hin. Er lehnte am Türpfosten. Er sagte noch einmal: »Nancy, ich verbiete dir, über diese Dinge zu reden. Ich bin hier der Herr des Hauses.« Und beim Klang seiner Stimme, die laut, männlich, aus tiefer Brust in die Nacht dröhnte, wie er da in der finsteren Türöffnung stand, hatte Nancy das Gefühl, als verneige sich ihr Geist vor ihm mit gefalteten Händen. Sie wusste, sie würde nach Indien gehen, nie wieder würde sie den Wunsch verspüren, über diese Dinge zu reden.

Leonora sagte:

»Du siehst, es ist deine Pflicht, zu ihm zu gehören. Man darf ihn nicht so weitertrinken lassen.«

Nancy antwortete nicht. Edward war gegangen; sie hörten, wie er auf der blankpolierten schwarzen Eichentreppe ausglitt und hinunterrutschte. Nancy schrie auf, als das Geräusch eines schweren Sturzes heraufdrang. Leonora sagte noch einmal:

»Siehst du!«

Unten in der Halle polterte es weiter; das Licht der Kerze, die Edward in der Hand hielt, flackerte zwischen den Stäben des Geländers herauf. Dann hörten sie seine Stimme.

»Geben Sie mir Glasgow ... Glasgow, in Schottland ... Ich möchte die Nummer eines Mannes namens White, in Simrock Park, Glasgow ... Edward White, Simrock Park, Glasgow ... zehn Minuten ... zu dieser Nachtzeit ...« Seine Stimme klang gelassen, normal, geduldig. Alkohol fuhr ihm in die Beine, nicht in die Zunge. »Ich kann warten«, war von unten zu hören. »Ja, ich weiß, dass er eine Nummer hat. Ich habe schon früher mit ihm telefoniert.«

»Er will deine Mutter anrufen«, sagte Leonora. »Er wird ihr schon weiterhelfen.« Sie stand auf und schloss die Tür. Sie ging zum Kaminfeuer zurück und fügte bitter hinzu: »Er kann immer jedem Menschen helfen, nur mir nicht – nur mir nicht!«

Das Mädchen sagte nichts. Sie saß in einen seligen Traum versunken da. Ihr war, als sähe sie ihren Liebsten in dem Sessel mit dem runden Rückenpolster in der finsteren Halle sitzen, wie er dort immer saß – vorgebeugt, den Hörer am Ohr, mit seiner sanften, nachdrücklichen Telefonstimme sprechend –, und die Welt und sie rettend in der Finsternis dort unten. Sie strich mit der Hand über ihren bloßen Halsansatz, um die Wärme der Haut auf ihrer Brust zu spüren.

Sie schwieg; Leonora aber redete weiter.

Gott mag wissen, was Leonora alles sagte. Sie wiederholte, das Mädchen gehöre zu Edward. Sie sagte, sie gebrauche diesen Ausdruck, weil es, obwohl sie eine Scheidung oder vielleicht sogar eine Lösung der Ehe durch die Kirche erwirken könne, dennoch Ehebruch bliebe – was sie und Edward begingen. Aber das sei nun einmal notwendig; es sei die Buße, die Nancy für ihre Sünde auf sich nehmen müsse – für die Sünde, dass sie Edward dazu gebracht habe, sie zu lieben, für die Sünde, dass sie ihren Mann liebte. Sie redete fort und fort neben dem Feuer. Das Mädchen müsse eine Ehebrecherin werden; es habe Edward dadurch, dass es so schön, so anmutig, so lieb sei, ein Leid angetan. Sie müsse die Buße auf sich nehmen, um den Mann zu retten, dem sie ein Leid angetan habe.

Wenn sie eine Pause machte, konnte das Mädchen die Stimme Edwards hören, die unten weiterbrummte, undeutlich, mit ruckweisen Unterbrechungen während der Antworten. Es ließ sie vor Stolz erglühen; der Mann, den sie liebte, war für sie am Werk. Er wenigstens war fest, war männlich, entschieden, wusste, was richtig war. Leonora redete weiter und bohrte ihre Blicke in Nancys Gesicht. Das Mädchen sah sie kaum an, hörte sie kaum. Nach langer Zeit sagte Nancy – nach Stunden und Stunden:

»Ich werde nach Indien gehen, sobald Edward etwas von meinem Vater hört. Ich kann über diese Dinge nicht reden, Edward wünscht es nicht.«

Da schrie Leonora laut auf und schwankte hastig auf die geschlossene Tür zu. Und Nancy sprang plötzlich mit weitausgebreiteten Armen von ihrem Stuhl auf. Sie drückte die andere an ihre Brust; sie sagte:

»Ach, du Arme, du Liebe; ach, du Arme, du Liebe!«

Und sie saßen aneinandergedrängt, engumschlungen da und weinten und weinten; sie legten sich zusammen ins Bett und redeten und redeten die ganze Nacht hindurch. Und während der ganzen Nacht konnte Edward ihre Stimmen durch die Wand hören. So ging es zu ...

Am nächsten Morgen benahmen sich alle drei, als wäre nichts geschehen. Gegen elf Uhr kam Edward zu Nancy, die ein paar Christrosen in einer Silbervase ordnete. Er legte ein Telegramm neben sie auf den Tisch. »Du kannst es selber entschlüsseln«, sagte er. Dann, schon unter der Tür, fügte er hinzu:

»Sag deiner Tante, dass ich Mr. Dowell telegraphiert habe, er möchte herüberkommen. Er wird alles leichter machen, bis du gehst.«

Entschlüsselt lautete das Telegramm, soweit ich mich erinnere:

»Werde Mrs. Rufford nach Italien bringen. Verbürge mich dafür. Bin Mrs. Rufford herzlich ergeben. Bedarf keiner finanziellen Unterstützung. Wusste nicht, dass eine Tochter da ist, und bin Ihnen sehr verbunden für Hinweis auf meine Pflicht. – White.«

Dann nahm der Haushalt seinen gewohnten Tageslauf wieder auf, bis ich eintraf.

V

Dieser Teil der Geschichte ist es, der mich am allertraurigsten macht. Denn ich frage mich unaufhörlich, während mein müder Geist in einem rätselvollen Schmerzensraum wieder und wieder umhergeht: Was hätten diese Menschen tun sollen? Was in Gottes Namen hätten sie tun sollen? Das Ende war ihnen vollkommen klar – schon in dieser Phase war ganz deutlich abzusehen, wie es ausgehen würde; wenn das Mädchen nicht, wie Leonora sagte, ›zu Edward gehörte‹, musste Edward sterben; das Mädchen würde den Verstand verlieren, weil Edward starb; und nach einer Weile würde Leonora, die Kälteste und Stärkste unter den dreien, sich trösten, indem sie Rodney Bayham heiratete, und ein ruhiges, behagliches Leben führen. Dieser Ausgang war in der Nacht, da Leonora in dem Schlafzimmer des Mädchens saß und Edward unten in der Halle telefonierte, schon deutlich abzusehen. Das Mädchen war sichtlich schon halb von Sinnen; Edward war halb tot; nur Leonora – geschäftig, beharrlich, erfüllt von ihrer kalten Leidenschaft und Energie –, ›unternahm etwas‹. Was also hätten sie tun sollen? Das alles führte unvermeidlich zur Vernichtung zweier hochherziger Menschen, damit ein dritter Mensch, der normaler war als jene beiden, nach einer langen Zeit der Wirrsal zu einem ruhigen, behaglichen, angenehmen Leben käme.

Ich sollte erwähnen, dass ich dies volle achtzehn Monate nach den Worten niederschreibe, die mein vorheriges Kapitel beschließen. Seit ich die Worte ›bis ich eintraf‹ schrieb, mit denen, wie ich sehe, jener Absatz schließt, habe ich von einem Schnellzug aus noch einmal einen Augenblick lang Beaucaire mit dem schönen weißen Turm gesehen, Tarascon mit dem wuchtigen Schloss, die breite Rhône, die weiten Flächen des Crau. Ich bin durch die ganze Provence gereist – und die ganze Provence bedeutet mir nichts mehr. In den Olivenhügeln werde ich meinen Himmel nicht mehr finden, denn es gibt nur noch die Hölle ...

Edward ist tot, das Mädchen ist fern – ach, unendlich fern; Leonora hat ihr angenehmes Leben mit Rodney Bayham gefunden, und ich sitze allein in Branshaw Teleragh. Ich bin durch die Provence gefahren; ich habe Afrika gesehen; ich habe Asien besucht, um in Ceylon in einem verdunkelten Zimmer mein armes Mädchen wiederzusehen, das reglos dasaß, die wundervollen Haare ausgebreitet, das mich aus Augen anblickte, die nichts mehr sahen, und deutlich sagte: »*Credo in unum Deum Omnipotentem ... credo in unum Deum Omnipotentem.*« Dies sind die einzigen sinnvollen Worte, die sie sprach. Dies sind die einzigen Worte, die sie wohl in alle Ewigkeit sprechen wird. Ich vermute, es sind sinnvolle Worte; es muss für sie einen tiefen Sinn haben, wenn sie sagen kann, dass sie an einen allmächtigen Gott glaubt. Nun, so ist es. Ich bin von alledem sehr müde ...

Denn das alles mag zwar romantisch klingen, aber es ist ermüdend, ermüdend, ermüdend, wenn man mittendrin gewesen ist; die Fahrkarten gelöst, einen Zug nach dem anderen bestiegen, die Kabinen ausgesucht und mit Zahlmeister und Steward über die Diät für den schweigsamen Patienten beraten hat, der nichts anderes tat, als seinen Glauben an den einen allmächtigen Gott zu verkünden. Es mag romantisch klingen – aber in der Erinnerung ist es lauter Mühsal.

Ich weiß nicht, warum ich immer dazu ausersehen werde, mich anderen nützlich zu machen. Ich lehne mich nicht dagegen auf – aber ich habe nie im Geringsten helfen können. Florence erwählte mich für ihre eigenen Zwecke, und ich war ihr keine Hilfe; Edward bat mich, herüberzukommen und mit ihm zu sprechen, und ich konnte ihn nicht davon abhalten, sich die Kehle durchzuschneiden. Und dann eines Tages vor achtzehn Monaten, als ich still in meinem Zimmer in Branshaw saß und schrieb, kam Leonora mit einem Brief zu mir. Es war ein herzergreifender Brief von Oberst Rufford über Nancy. Oberst Rufford hatte seinen Dienst bei der Armee quittiert und die Verwaltung einer Teeplantage in Ceylon übernommen. Sein Brief war herzergreifend, weil er so kurz, so wortkarg und so geschäftsmäßig war. Er war zum Schiff hinuntergefahren, um seine Tochter abzuholen, und hatte seine Tochter im Zustand des Wahnsinns angetroffen. Es scheint, dass Nancy in Port Said in einem Lokalblatt die Nachricht von Edwards Selbstmord gelesen hatte. Auf dem Roten Meer war sie wahnsinnig geworden. Sie hatte Mrs. Oberst Luton gegenüber, die sie begleitete, die Bemerkung gemacht, sie glaube an den allmächtigen Gott. Sie hatte keine Szenen gemacht; ihre Augen waren trocken und glasig. Selbst in verstörtem Zustand wusste Nancy sich noch zu benehmen.

Oberst Rufford sagte, die Ärzte hätten keine Hoffnung, dass sein Kind je genesen werde. Dennoch sei es nicht ausgeschlossen, dass der Anblick irgendeines Menschen aus Branshaw sie beruhigen und einen guten Einfluss auf sie ausüben könnte. Und er schrieb an Leonora. »Bitte, kommen Sie und sehen Sie zu, ob Sie es fertigbringen.« Zwar habe ich offenbar jedes Gefühl für Mitleid verloren; dennoch finde ich dieses schlichte, ungeheuerliche Ansinnen des Obersten mitleiderregend. Er war mit einem jähzornigen Temperament geschlagen; er war mit einer halbverrückten Frau geschlagen, die trank und auf die Straße ging. Seine Tochter war wahnsinnig – und doch glaubte er an das Gute im Menschen. Er glaubte, Leonora werde die Mühe der langen Reise nach Ceylon auf sich nehmen, um seine Tochter zu beruhigen. Leonora tat es nicht. Leonora wollte Nancy nie wiedersehen. Das war freilich unter den gegebenen Umständen verständlich genug. Zugleich pflichtete sie mir objektiv bei, es müsse jemand von Branshaw, der beruhigend wirkte, nach Ceylon fahren. Sie schickte mich und ihre alte Kinderfrau, die seit dem Tag, an dem das Mädchen als Kind von dreizehn Jahren nach Branshaw gekommen war, für Nancy gesorgt hatte. So brach ich auf und jagte durch die Provence, um den Dampfer in Marseille zu erreichen. Und ich konnte ihr nicht im Geringsten helfen, als ich nach Ceylon kam; und auch die Kinderfrau konnte ihr nicht im Geringsten helfen. Es hat alles nichts geholfen.

Die Ärzte in Kandy sagten, wenn man Nancy nach England zurückbringen könnte, dann würden vielleicht die Seeluft, der Klimawechsel, die Reise und was dergleichen Dinge mehr sind, ihren Verstand heilen. Natürlich hat das alles ihren Verstand nicht geheilt. Sie sitzt jetzt, wie ich sehe, in der Halle, vierzig Schritt von dem Platz entfernt, an dem ich schreibe. Ich will darüber durchaus nicht romantisch werden. Sie ist sehr gut gekleidet; sie ist ganz ruhig; sie ist sehr schön. Die alte Kinderfrau sorgt sehr gewissenhaft für sie.

Natürlich haben Sie hier die Voraussetzung für eine gewisse Situation, aber es ist alles sehr eintönig, soweit es mich betrifft. Ich würde Nancy heiraten, wenn ihr Verstand wieder ausreichend klar wäre, dass sie den Sinn der anglikanischen Trauung erfassen könnte. Aber wahrscheinlich wird ihr Verstand niemals wieder so weit klar werden. Deshalb kann ich sie nach dem Gesetz des Landes nicht heiraten.

Hier stehe ich also am gleichen Punkt wie vor dreizehn Jahren. Ich bin der Wärter, nicht der Ehemann eines hübschen Mädchens, das mir keine Beachtung schenkt. Ich bin Leonora entfremdet, die in meiner Abwesenheit Rodney Bayham geheiratet hat und nach Bayham gezogen ist. Leonora ist mir ziemlich gram, weil sie sich einbildet, ich missbillige ihre Ehe mit Rodney Bayham. Nun ja, ich missbillige ihre Ehe. Vielleicht bin ich eifersüchtig.

Ja, zweifellos bin ich eifersüchtig. In matterer Weise gehe ich anscheinend den gleichen Weg wie Edward Ashburnham. Vermutlich neige ich wirklich zur Polygamie; mit Nancy und mit Leonora und mit Maisie Maidan und vielleicht sogar mit Florence. Ich bin ohne Zweifel wie jeder andere Mann; nur bin ich, wahrscheinlich wegen meiner amerikanischen Herkunft, matter. Nichtsdestoweniger kann ich Ihnen versichern, ich bin ein im strengsten Sinne ehrbarer Mensch. Ich habe nie etwas getan, gegen das auch die ängstlichste Mutter einer Tochter oder der gewissenhafteste Domdekan etwas einwenden könnte. Ich bin in meinem unbewussten Verlangen nur Edward Ashburnham nachgegangen, in matter Weise. Nun, das ist alles vorbei. Nicht einer von uns hat bekommen, was er eigentlich wollte. Leonora wollte Edward, und sie hat Rodney Bayham bekommen, eine Art sympathisches Schaf. Florence wollte Branshaw, und ich bin es, der das Gut von Leonora erworben hat. Ich wollte es nicht eigentlich; vor allem wollte ich nicht länger Krankenwärter sein. Nun, ich bin Krankenwärter. Edward wollte Nancy Rufford, und ich habe sie bekommen. Nur ist sie wahnsinnig. Es ist eine komische und phantastische Welt. Warum können die Menschen nicht bekommen, was sie wollen? Es war alles da, jeder hätte zufriedengestellt werden können; aber jeder hat nun das Verkehrte. Vielleicht werden Sie daraus klug; ich verstehe es nicht.

Gibt es ein Paradies auf Erden, wo die Menschen unter flüsternden Olivenbäumen mit denen zusammen sein können, die sie liebhaben, und bekommen, was sie möchten, und sich's in Schatten und Kühle wohl sein lassen dürfen? Oder ist das Leben aller Menschen so wie das von uns ordentlichen Leuten – wie das Leben der Ashburnhams, der Dowells, der Ruffords – ein zerbrochenes, gewitteriges, quälendes und unromantisches Leben, zuzeiten von Schmerzensschreien, von Torheiten, von Tod und tausend Ängsten gezeichnet? Wer, zum Teufel, weiß es?

Denn in den Schlussszenen der Ashburnham-Tragödie spielte viel Torheit mit. Keine der beiden Frauen wusste, was sie wollte. Nur Edward verfolgte eine völlig klare Linie, und er war meistens betrunken. Aber betrunken oder nüchtern – er hielt fest an dem, was die Konvention und die Tradition seines Hauses forderten. Nancy Rufford musste nach Indien geschafft werden, Nancy Rufford durfte kein Wort der Liebe von ihm hören. Sie wurde nach Indien geschafft, und sie hörte nie ein Wort der Liebe von Edward Ashburnham.

Das war die konventionelle Linie; sie stand im Einklang mit der Tradition des Hauses. Zweifellos wirkte es sich zum Segen für die Allgemeinheit aus. Konventionen und Traditionen sorgen, glaube ich, blind, aber sicher für die Erhaltung des Normaltyps; für die Ausrottung stolzer, entschlossener und ungewöhnlicher Individuen. Edward war der normale Mann, aber er war zu empfindsam, und die Gesellschaft kann allzu viele empfindsame Menschen nicht brauchen. Nancy war ein herrliches Geschöpf, aber sie trug einen Keim von Wahnsinn in sich. Die Gesellschaft kann Individuen mit einem Keim von Wahnsinn nicht brauchen. So wurden Edward und Nancy von der Dampfwalze überrollt, und Leonora überlebte: als der vollkommen normale Typ, verheiratet mit einem Mann, der eine Art Kaninchen ist. Denn Rodney Bayham ist einem Kaninchen recht ähnlich, und wie ich höre, erwartet Leonora in drei Monaten ein Kind.

So sind diese herrlichen und ungestümen Geschöpfe mit ihrem Zauber und ihren Leidenschaften – die beiden, die ich wirklich liebte – von dieser Erde gegangen. Zweifellos ist es für sie am besten so. Was hätte Nancy aus Edward gemacht, wenn es ihr gelungen wäre, mit ihm zu leben? Was hätte Edward aus ihr gemacht? Denn in Nancy lag eine Spur Grausamkeit – eine Spur richtiger, entschiedener Grausamkeit, die sie wünschen ließ, Menschen leiden zu sehen. Ja, sie wünschte, Edward leiden zu sehen, und weiß Gott, sie machte ihm das Leben zur Hölle.

Zu einer unvorstellbaren Hölle. Diese beiden Frauen verfolgten den armen Teufel und peinigten ihn bis aufs Blut. Ich sage Ihnen, sein Herz blutete fast sichtbar. Mir ist, als sähe ich ihn dastehen, nackt bis zum Gürtel, mit den Armen seine Augen schützend, und das Fleisch hängt in Fetzen an ihm herab. Ich sage Ihnen, das ist keine Übertreibung dessen, was ich empfinde. Es war, als hätten Leonora und Nancy sich verbündet, um an dem Körper eines Mannes, der ihnen ausgeliefert war, eine Exekution zum Wohl der Menschheit vorzunehmen.

Nacht für Nacht hörte er sie reden; reden; zum Wahnsinn getrieben, schwitzend und im Rausch Vergessen suchend, lag er da und hörte ihre Stimmen fort und fort. Und Tag für Tag kam Leonora zu ihm und verkündete ihm das Ergebnis ihrer Beratungen.

Sie waren wie zwei Richter, die das Urteil über einen Verbrecher ausarbeiten; sie waren wie Dämonen mit einem regungslosen Leichnam in einer Gruft neben sich. Ich glaube nicht, dass Leonora mehr zu tadeln war als das Mädchen – obwohl Leonora die Aktivere von beiden war. Leonora verkörperte, wie ich schon sagte, die vollkommen normale Frau. Das heißt, unter normalen Umständen waren ihre Wünsche die einer Frau, die ein nützliches Glied der Gesellschaft darstellt. Sie wünschte sich Kinder, Anstand, Geborgenheit; sie wollte Verschwendung vermeiden; sie wollte das Ansehen wahren. Sie war sogar in ihrer gänzlich unbestreitbaren Schönheit vollkommen normal. Aber ich will nicht sagen, sie habe in dieser vollkommen anormalen Situation vollkommen normal gehandelt. Alles um sie herum war verrückt, und sie selber gebärdete sich in ihrer Qual wie eine Irrsinnige; wie ein sehr bösartiges Weib; wie der Schurke im Theaterstück. Was wollen Sie? Stahl ist normalerweise eine harte, glänzende Substanz. Aber hält man ihn in ein heißes Feuer, so wird er rot und weich und ist nicht mehr anzufassen. Wenn Sie ihn in ein noch heißeres Feuer halten, dann fließt er Ihnen davon. So war es mit Leonora. Sie war für normale Umstände geschaffen – für Mr. Rodney Bayham, der heimlich in Portsmouth ein weiteres Geschäft unterhalten und gelegentlich einen Ausflug nach Paris und Budapest machen wird.

An dem Fall Edwards und des Mädchens zerbrach Leonora, ging einfach in Stücke. Sie geriet in eine innere Verfassung, die man ihr nicht zugetraut hätte, die befremdlich und hässlich war. Eine Zeitlang war sie ganz von Rachsucht erfüllt. Nachdem sie die Nacht hindurch stundenlang auf das Mädchen eingeredet hatte, redete sie tagsüber stundenlang auf den stummen Edward ein. Und ein einziges Mal strauchelte Edward, und das war sein Verderben. Vielleicht hatte er an jenem Nachmittag zu viel Whisky getrunken.

Sie fragte ihn unaufhörlich, was er eigentlich wollte. Was wollte er? Was wollte er? Und seine einzige Antwort war: »Ich habe es dir gesagt.« Er meinte damit, er wolle, dass das Mädchen zu ihrem Vater nach Indien fahre, sobald dieser telegraphierte, dass er bereit war, sie zu sich zu nehmen. Aber ein einziges Mal strauchelte er. Auf Leonoras ewige Fragen hin erwiderte er, er habe nur den einen Wunsch im Leben, sich wieder aufzuraffen und seinen täglichen Beschäftigungen nachgehen zu können, wenn das Mädchen, fünftausend Meilen von ihm entfernt, nicht aufhörte, ihn zu lieben. Weiter wollte er nichts. Es sei das Einzige, worum er Gott bitte. Nun ja, er war ein empfindsamer Mensch.

Und in dem Augenblick, da sie das hörte, entschied Leonora, das Mädchen sollte nicht fünftausend Meilen weit entfernt werden, es sollte nicht fortfahren, Edward zu lieben. Sie brachte es auf folgende Weise zustande:

Sie fuhr fort, dem Mädchen zu sagen, es gehöre zu Edward; sie wolle sich scheiden lassen; sie wolle von Rom eine Lösung ihrer Ehe erwirken. Aber sie betrachte es als ihre

Pflicht, das Mädchen vor dem Ungeheuer, das Edward sei, zu warnen. Sie erzählte Nancy von La Dolciquita, von Mrs. Basil, von Maisie Maidan, von Florence. Sie sprach von den Seelenqualen, die sie im Laufe des Lebens durchgemacht hatte mit dem Mann, der gewalttätig, herrisch, eitel, trunksüchtig, anmaßend und in ungeheurem Ausmaß eine Beute seiner geschlechtlichen Bedürfnisse sei. Und als sie hörte, welches Ungemach ihre Tante durchlitten hatte – denn das Mädchen empfand Leonora nun wieder als eine Tante –, fasste Nancy mit der jähen Grausamkeit der Jugend und der jähen Einmütigkeit, die zuweilen zwischen Frauen aufkommt, ihren Entschluss. Ihre Tante wiederholte unaufhörlich: »Du musst Edwards Leben rettten; du musst sein Leben retten. Alles, was er braucht, ist, dass du ihn eine Weile befriedigst. Dann wird er deiner überdrüssig werden, wie er der anderen überdrüssig wurde. Aber du musst sein Leben retten.«

Und dank des sonderbaren Instinkts, der sich zwischen Menschen einstellt, die miteinander leben, wusste der arme Kerl während der ganzen Zeit genau, was vorging. Und er blieb stumm; er rührte keinen Finger, um sich zu retten. Um ein anständiges Mitglied der Gesellschaft zu bleiben, brauchte er weiter nichts, als dass das Mädchen aus einer Entfernung von fünftausend Meilen nicht aufhörte, ihn zu lieben. Dem schoben sie einen Riegel vor.

Ich habe Ihnen erzählt, dass das Mädchen eines Nachts in sein Zimmer kam. Und das war wirklich die Hölle für ihn. Das war das Bild, das nie wieder aus seinem Gedächtnis schwand – das Mädchen, wie es in dem düsteren Licht am Fußende seines Bettes auftauchte. Er sagte, das Bild habe eine grünliche Tönung gehabt, als wäre in den Schatten der hohen Bettpfosten, die ihren Körper umrahmten, ein grünlicher Farbton gewesen. Und sie habe ihn unverwandt mit einem Blick voll unerbittlicher Grausamkeit angesehen und gesagt:

»Ich bin bereit, dir zu gehören – um dein Leben zu retten.«

Er antwortete: »Ich will es nicht; ich will es nicht; ich will es nicht.«

Und er sagte, er habe es nicht gewollt, er hätte sich sonst verabscheut; es sei ihm undenkbar gewesen. Und während der ganzen Zeit verspürte er die ungeheure Versuchung, das Unausdenkbare zu tun, nicht aus physischem Verlangen, sondern aus einer inneren Gewissheit. Aus der Gewissheit, wenn sie sich ihm einmal hingegeben hätte, wäre sie sein für immer. Das wusste er.

Sie dachte daran, was ihre Tante ihr gesagt hatte: Er hätte gewünscht, sie liebte ihn aus einer Entfernung von fünftausend Meilen. Sie sagte: »Ich kann dich nie mehr lieben, jetzt, da ich weiß, was für ein Mann du bist. Ich will dir gehören, um dein Leben zu retten. Aber lieben kann ich dich nie mehr.«

Es war ein phantastisches Schauspiel der Grausamkeit. Sie wusste nicht im Geringsten, was es bedeutete, einem Mann zu gehören. Aber da riss sich Edward zusammen. Er sprach in seinem normalen Tonfall, mürrisch, befehlend, wie er zu einem Diener oder Pferd gesprochen hätte.

»Geh in dein Zimmer«, sagte er. »Geh in dein Zimmer, und leg dich schlafen. Das ist alles Unsinn.«

Sie standen vor einem Rätsel, diese beiden Frauen.

Und dann betrat ich die Szene.

VI

Mein Auftritt wirkte allerdings beschwichtigend – während der vierzehn Tage, die zwischen meiner Ankunft und der Abfahrt des Mädchens lagen. Ich will nicht behaupten, die endlosen nächtlichen Unterhaltungen wären nicht fortgesetzt worden oder Leonora, wenn sie mich mit dem Mädchen hinausschickte, hätte nicht in der Zwischenzeit Edward die Hölle heißgemacht. Nachdem sie entdeckt hatte, was er wollte – nämlich dass das Mädchen fünftausend Meilen weit wegginge und ihn standhaft liebte, wie Leute in empfindsamen Romanen –, war sie entschlossen, dies zu vereiteln. Und sie wiederholte Edward in allen Tonarten, das Mädchen liebe ihn nicht mehr; das Mädchen verabscheue ihn wegen seiner Brutalität, seines herrischen Wesens, seiner Trunksucht. Sie betonte, er habe in den Augen des Mädchens schon drei- oder viermal sein Wort verpfändet: ihr selber, Leonora, Mrs. Basil und dem Andenken Maisie Maidans und Florences. Edward sagte nie ein Wort.

Liebte das Mädchen Edward, oder liebte es ihn nicht? Ich weiß es nicht. Zu jener Zeit wohl nicht mehr, obwohl sie ihn sicherlich geliebt hatte, ehe Leonora begann, sein Bild in ihr zu zerstören. Sicherlich hatte sie an ihm geliebt, was ich die öffentliche Seite seiner Lebensgeschichte nennen will – dass er sich als Soldat ausgezeichnet und Menschenleben auf See gerettet hatte, dass er ein vortrefflicher Gutsherr und ein tüchtiger Sportsmann war. Aber es ist gut möglich, dass ihr all diese Dinge nichtig vorkamen, als sie entdeckte, dass er kein guter Ehemann war. Denn obwohl Frauen meines

Erachtens sehr wenig oder gar kein Gefühl für die Verantwortung gegenüber Grafschaft oder Vaterland oder Beruf haben, obwohl ihnen jedes Gemeinschaftsgefühl abgeht, legen sie doch einen ungeheuer starken und automatisch arbeitenden Instinkt an den Tag, wenn es um die Interessen des weiblichen Geschlechts geht. Natürlich ist es jeder Frau möglich, einer anderen Frau den Ehemann oder Liebhaber abspenstig zu machen. Aber ich glaube fast, eine Frau tut das nur, wenn sie Grund hat anzunehmen, dass die andere ihrem Mann das Leben schwergemacht hat. Gewiss wird sie ihm, wenn sie glauben muss, er sei brutal zu seiner Frau gewesen, mit dem instinktiven Gefühl für das leidende Geschlecht ›eine Abfuhr erteilen‹, wie man so sagt. Ich lege meinen Verallgemeinerungen keinerlei Bedeutung bei. Sie mögen richtig sein, sie mögen auch falsch sein; ich bin nur ein alternder Amerikaner, der sehr wenig vom Leben weiß. Machen Sie mit meinen Verallgemeinerungen, was Sie wollen. Aber ich bin ziemlich überzeugt, dass ich in dem Fall Nancy Ruffords recht habe – dass sie Edward Ashburnham sehr tief und innig geliebt hat.

Dessen ungeachtet ließ sie es ihn gründlich büßen, als sie entdeckte, dass er Leonora betrogen und dass sein Dienst an der Allgemeinheit mehr gekostet hatte, als er nach Leonoras Ansicht hätte kosten dürfen. Nancy fühlte sich verpflichtet, ihm gehörig eins auszuwischen. Das meinte sie den allgemeinen weiblichen Ansichten schuldig zu sein. Schon der Selbsterhaltungstrieb brachte sie dazu, denn sie musste sich sagen, wenn Edward Leonora, Mrs. Basil und dem Andenken der beiden andern untreu geworden war, könnte er ebenso gut auch ihr untreu werden. Und zweifellos besaß auch sie ihren Anteil an dem Geschlechtsinstinkt, der die Frauen reizt, den Geliebten grausam zu quälen. Wie dem auch sei, ich weiß nicht, ob Nancy Rufford Edward Ashburnham damals noch liebte. Ich weiß nicht, ob sie ihn noch liebte, als sie in Port Said bei der Nachricht von seinem Selbstmord wahnsinnig wurde. Denn das mag ebenso gut um Leonoras willen wie um Edwards willen geschehen sein. Oder es mag um beider willen geschehen sein. Ich weiß es nicht. Ich weiß nichts. Ich bin müde.

Leonora hielt leidenschaftlich an der Überzeugung fest, das Mädchen liebe Edward nicht. Es war ihr ein verzweifeltes Bedürfnis, das zu glauben. Es war ihr so lebensnotwendig wie der Glaube an die Unsterblichkeit der eigenen Seele. Sie sagte, Nancy habe Edward unmöglich noch lieben können, nachdem sie dem Mädchen ihre Ansicht über Edwards Lebenswandel und Charakter mitgeteilt hatte. Edward dagegen wiegte sich in dem Glauben, irgendetwas in seinem Wesen übe eine Anziehungskraft auf Nancy aus und lasse sie nicht los – sie liebe ihn immer noch, gleichsam unter der offiziellen Maske ihres Hasses. Er meinte, sie gebe nur vor, ihn zu hassen, um den Schein zu wahren, und auch ihr ganz abscheuliches Telegramm aus Brindisi hielt er nur für einen anderen Versuch in diesem Sinne – nämlich zu beweisen, dass sie empfinde, wie es einem Mitglied der weiblichen Interessengemeinschaft ansteht. Ich weiß es nicht. Ich stelle es Ihnen anheim.

Noch ein anderer Punkt unter den verschiedenen Ansichten über diese traurige Geschichte gibt mir viel zu denken. Leonora sagt, in seinem Wunsch, das Mädchen solle fünftausend Meilen weit von ihm getrennt sein und dennoch nicht aufhören, ihn zu lieben, sei Edward ein Ungeheuer an Selbstsucht gewesen. Denn damit habe er die Zerstörung eines jungen Lebens gewünscht. Edward dagegen setzte mir auseinander, wenn die Liebe des Mädchens für ihn lebensnotwendig sei und er dennoch weder mit Worten noch Taten Nancys Liebe am Leben zu erhalten suchte, könne man ihn nicht selbstsüchtig nennen. Leonora antwortete, dies zeige nur seinen abscheulich egoistischen Charakter, wenn auch seine Handlungen vielleicht vollkommen korrekt seien. Ich weiß nicht, wer von ihnen recht hatte. Ich überlasse die Entscheidung Ihnen.

Es stimmt jedenfalls, dass Edward in seinen Handlungen absolut korrekt war – ungeheuerlich, grausam korrekt. Er hielt still und ließ, ohne einen Finger zu rühren, zu, dass Leonora seinen Charakter hinwegtrug, dass Leonora ihn in die tiefste Hölle verdammte. Ich finde, er war ein Narr; ich sehe nicht, welchen Sinn es hatte, das Mädchen schlimmer über ihn denken zu lassen, als nötig war. Dennoch ist es so. Und es ist auch so, dass diese drei der Welt ein Schauspiel darboten, als seien sie die untadeligsten Menschen. Ich versichere Ihnen, während der vierzehn Tage, die ich in dem schönen alten Haus verbrachte, habe ich nicht das Geringste bemerkt, was diese gute Meinung hätte erschüttern können. Und auch wenn ich zurückblicke, jetzt, da ich weiß, was da vor sich ging, kann ich mich nicht an ein einziges Wort erinnern, mit dem einer von ihnen sich verraten hätte. Ich erinnere mich – bis zu dem Abendessen, an dem Leonora das Telegramm vorlas – nicht an das Zucken einer Wimper oder das Zittern einer Hand. Es war einfach eine erfreuliche Landhausgesellschaft.

Und Leonora wahrte den Schein sogar noch viel länger – sie wahrte ihn, was mich betrifft, bis zu dem Nachmittag acht Tage nach Edwards Beerdigung. Nach jenem Abendessen – dem Abendessen, bei dem mir kundgetan wurde, dass Nancy am folgenden Tage nach Indien fahren sollte – bat ich Leonora sogleich um ein Wort mit ihr allein. Sie nahm mich in ihr kleines Wohnzimmer mit, und dort sagte ich – ich erspare Ihnen die Darstellung meiner Gefühle –, sie wisse, dass ich Nancy heiraten wolle; ich hätte den Eindruck gewonnen, als unterstütze sie mein Werben; und ich fände es eine ziemliche Geldverschwendung, Fahrkarten zu kaufen, und eine ziemliche Zeitverschwendung, das Mädchen nach Indien reisen zu lassen, wenn Leonora der Meinung sei, es bestehe die Aussicht, dass Nancy mich heirate.

Und Leonora war, wie ich Ihnen versichern kann, die makellose britische Herrin. Sie sagte, sie sei meinem Antrag sehr zugeneigt, sie könne sich keinen besseren Ehemann für das Mädchen denken; sie sei aber der Meinung, das Mädchen solle das Leben noch etwas besser kennenlernen, ehe es einen so wichtigen Schritt tue. Ja, Leonora gebrauchte die Worte ›einen so wichtigen Schritt tue‹. Sie war makellos. Tatsächlich glaube ich, es wäre ihr sehr lieb gewesen, wenn ich das Mädchen geheiratet hätte, aber zu meinem Plan gehörte der Erwerb des Hauses der Kershaws, das etwa anderthalb Meilen entfernt an der Straße nach Fordingbridge lag; dort wollte ich mich mit dem Mädchen niederlassen. Das passte Leonora ganz und gar nicht. Sie wollte das Mädchen nicht ihr Leben lang nur anderthalb Meilen von Edward entfernt wissen. Dennoch, meine ich, hätte sie mir durch die eine oder andere Andeutung zu verstehen geben sollen, ich könnte das Mädchen haben, wenn ich es nach Philadelphia oder Timbuktu brächte. Ich liebte Nancy sehr – und Leonora wusste das.

Ich ließ es jedoch hierbei bewenden. Ich ließ es bei der Übereinkunft bewenden, dass Nancy auf eine Probezeit nach Indien ging. Es schien mir eine ganz vernünftige Abmachung zu sein, und ich bin ein vernünftiger Mann. Ich sagte nur, ich würde Nancy sechs Monate oder ein Jahr später nach Indien folgen …

Ich muss gestehen, ich war ein wenig böse auf Leonora, weil sie mich nicht früher darauf vorbereitet hatte, dass das Mädchen fortging. Ich hielt es für eine der sonderbaren, nicht immer aufrichtigen Methoden, mit denen Katholiken, wie mir scheint, die Dinge dieser Welt handhaben. Ich legte es mir so zurecht, Leonora habe Angst gehabt, ich könnte Nancy um ihre Hand bitten oder mich jedenfalls bedeutend mehr um sie bemühen, wenn sie mir früher mitgeteilt hätte, dass sie so bald abfahren sollte. Vielleicht hatte Leonora recht; vielleicht haben Katholiken mit ihrer sonderbaren, undurchsichtigen Handlungsweise ganz recht. Sie haben es schließlich mit dem sonderbaren, undurchsichtigen Ding, der menschlichen Natur, zu tun. Denn es ist sehr gut möglich, dass ich versucht hätte, Nancy für mich zu gewinnen, wenn ich von ihrer so nah bevorstehenden Abreise unterrichtet gewesen wäre. Und das hätte nur zu einer neuen Komplikation geführt. Es wäre vielleicht aufs Gleiche hinausgelaufen.

Was für wunderliche Dinge ganz ordentliche Leute doch anstellen, um den Anschein ruhiger Unbekümmertheit zu wahren! Denn Edward Ashburnham und seine Frau riefen mich über die halbe Erde herbei, damit ich auf dem Rücksitz eines Dogcarts sitze, wenn Edward das Mädchen zur Bahnstation fuhr, von wo aus sie die Reise nach Indien antreten sollte. Sie wollten vermutlich einen Zeugen dafür haben, wie ruhig das vonstattenging. Das Gepäck des Mädchens war schon vorausgeschickt worden. Ihre Kabine auf dem Dampfer war reserviert. Sie hatten alles so genau aufeinander abgestimmt, dass es wie ein Uhrwerk ablief. Sie hatten das Datum ausgerechnet, an dem Oberst Rufford Edwards Brief erhielt, und fast auf die Stunde genau vorausgesehen, wann sie das Telegramm erhalten würden, in dem er seine Tochter bat, zu ihm zu kommen. Es war alles recht schön und recht grausam von Edward selber eingerichtet worden. Sie gaben Oberst Rufford als Grund für ihre Bitte um telegraphische Antwort die Tatsache an, Mrs. Oberst Soundso reise mit jenem Schiff und würde das Mädchen zuverlässig unter ihre Fittiche nehmen. Es war höchst erstaunlich, wie sie das einfädelten, und ich glaube, in den Augen Gottes wäre es besser gewesen, wenn sie einander die Augen ausgekratzt hätten. Aber sie waren ›ordentliche Leute‹.

Nach meiner Unterredung mit Leonora trat ich unentschlossen in Edwards Gewehrzimmer. Ich wusste nicht, wo das Mädchen war, und ich dachte, dort fände ich es vielleicht. Ich glaube, ich hatte die unbestimmte Absicht, Leonora zum Trotz um die Hand des Mädchens anzuhalten. Edward saß zurückgelehnt in seinem Sessel, rauchte eine Zigarre und sagte gute fünf Minuten lang kein Wort. Die Kerzen brannten hinter den grünen Schirmen; die Scheiben der Bücherschränke, die Gewehre und Angelruten enthielten, warfen grüne Spiegelbilder zurück. Über dem Kaminsims hing das bräunliche Bild des weißen Pferdes. Diese Augenblicke waren die stillsten, die ich je erlebte. Dann sah mir Edward plötzlich geradewegs in die Augen und sagte:

»Hören Sie, alter Freund. Ich wünschte, Sie würden morgen mit Nancy und mir zum Bahnhof fahren.«

Ich sagte, selbstverständlich würde ich ihn und Nancy am nächsten Morgen zum Bahnhof begleiten. Er lag lange so da und blickte über seine Knie hinweg auf das flackernde Feuer, und dann sagte er plötzlich mit vollkommen ruhiger Stimme und ohne die Augen zu heben: »Ich liebe Nancy Rufford mit einer solchen Verzweiflung, dass ich daran zugrunde gehe.«

Armer Teufel – er hatte nicht davon sprechen wollen. Aber ich glaube, er musste einfach mit jemandem sprechen, und ich war ihm offenbar so etwas wie eine Frau oder ein Anwalt. Er sprach die ganze Nacht hindurch.

Nun, er führte das Programm bis zum Letzten aus.

Es war ein sehr klarer Wintermorgen, scharfer Frost lag in der Luft. Die Sonne schien hell, die gewundene Straße zwischen der Heide und dem Farnkraut war sehr hart. Ich saß auf dem Rücksitz des Dogcarts; Nancy saß neben Edward. Sie sprachen über den Gang des Halbbluts; Edward wies mit der Peitsche auf ein Rudel Rotwild jenseits einer Talsenke, etwa drei viertel Meilen entfernt. Auf dem ebenen Stück der Straße, die an hohen Bäumen entlang bis Fordingbridge geht, kamen wir an den Hunden vorbei, und Edward hielt den Dogcart an, damit Nancy dem Jagdaufseher Lebewohl sagen und ihn mit einem letzten Goldstück beehren konnte. Seit ihrem dreizehnten Lebensjahr war sie mit dieser Meute geritten.

Der Zug hatte fünf Minuten Verspätung; sie erklärten es sich damit, dass in Swindon, oder woher der Zug auch immer kam, Markttag war. Über solche Dinge sprachen sie. Der Zug fuhr ein; Edward suchte ihr ein Abteil erster Klasse, in dem eine ältere Dame saß. Das Mädchen stieg ein; Edward schloss die Tür, und dann streckte es seine Hand aus, um mir die meine zu schütteln. Die Gesichter dieser Menschen waren völlig ausdruckslos. Das Signal für die Abfahrt des Zuges war knallrot; das ist die einzige leidenschaftliche Note, die ich in diese Szene bringen kann. Nancy sah nicht sehr vorteilhaft aus; sie hatte eine braune Pelzkappe auf, die nicht gut zu ihrem Haar passte. Sie sagte zu Edward: »Leb wohl.«

Edward antwortete: »Leb wohl.«

Er drehte sich auf dem Absatz um und ging, groß, gebeugt und schweren, entschiedenen Schrittes aus dem Bahnhof. Ich folgte ihm und setzte mich neben ihn auf den hohen Dogcart. Dieses Schauspiel war das schrecklichste, das ich je gesehen habe.

Und danach senkte sich ein heiliger Friede auf Branshaw Teleragh herab, wie der Friede Gottes, welcher höher ist als alle Vernunft. Leonora ging ihren täglichen Pflichten mit einem triumphierenden Lächeln nach – ein sehr sanftes Lächeln, aber voller Triumph. Ich glaube, sie hatte jeden Gedanken daran, ihren Mann zurückzugewinnen, schon so lange aufgegeben, dass es ihr genügte, das Mädchen aus dem Hause geschafft und von seiner närrischen Liebe kuriert zu haben. Einmal, als wir in der Halle standen, während Leonora hinausging, sagte Edward leise – doch ich konnte die Worte eben noch verstehen:

»Du hast gesiegt, o bleiche Galiläerin.«

Es passte zu seiner Empfindsamkeit, Swinburne zu zitieren.

Aber er war vollkommen ruhig, und er hatte das Trinken aufgegeben. Das Einzige, was er nach jener Fahrt zur Bahnstation noch zu mir sagte, war:

»Es ist sehr seltsam. Ich finde, ich sollte es Ihnen sagen, Dowell, ich habe keinerlei Gefühl mehr für das Mädchen, jetzt, da alles vorbei ist. Machen Sie sich keine Gedanken um mich. Mir geht es gut.« Und sehr viel später sagte er noch: »Ich glaube, es war nur ein Strohfeuer.« Er begann, sich wieder um das Gut zu kümmern; er nahm die Mühe auf sich, die Tochter seines Gärtners, die ihr Baby ermordet hatte, freizubekommen. Er schüttelte lächelnd jedem Bauern des Marktfleckens die Hand. Er meldete sich in zwei politischen Versammlungen zu Worte; er ging zweimal auf Jagd. Leonora machte ihm eine fürchterliche Szene wegen der zweihundert Pfund, die er für den Freispruch der Gärtnerstochter ausgegeben hatte. Alles nahm seinen Lauf, als hätte das Mädchen nie existiert. Das Wetter war still.

Ja, das ist das Ende der Geschichte. Und wenn ich es recht bedenke, sehe ich, es ist ein glückliches Ende, mit Hochzeitsglocken und allem. Die Bösewichter – denn offenbar waren Edward und das Mädchen Bösewichter – sind mit Selbstmord und Wahnsinn gestraft. Die Heldin – die vollkommen normale, tugendhafte und etwas verschlagene Heldin – ist die glücklichste Frau eines vollkommen normalen, tugendhaften und etwas verschlagenen Mannes geworden. Sie wird bald Mutter eines vollkommen normalen, tugendhaften, etwas verschlagenen Jungen oder Mädchens sein. Ein glückliches Ende, darauf läuft es hinaus.

Ich kann mich der Tatsache nicht verschließen, dass ich Leonora inzwischen verabscheue. Zweifellos bin ich eifersüchtig auf Rodney Bayham. Aber ich weiß nicht, bin ich nur deshalb eifersüchtig, weil ich selbst Leonora besitzen wollte, oder aber, weil ihr zuliebe die beiden einzigen Menschen geopfert wurden, die ich wirklich liebte – Edward Ashburnham und Nancy Rufford. Damit sie Herrin eines modernen Gutshauses würde, das mit allen Bequemlichkeiten ausgestattet ist und einem völlig ehrbaren und außerordentlich sparsamen Hausherrn untersteht, mussten Edward und Nancy Rufford, für mich wenigstens, zu tragischen Schatten werden.

Mir ist, als sähe ich den armen Edward nackt in der Finsternis auf kalten Felsen ausgestreckt liegen – wie einen der alten Griechen, die verdammt wurden, im Tartarus oder wo immer das war.

Und was Nancy betrifft ... Nun, gestern beim Mittagessen sagte sie plötzlich:

»Federbälle!«

Und sie wiederholte das Wort ›Federbälle‹ dreimal. Ich weiß, was in ihrem Verstand vorging, wenn man bei ihr von Verstand reden kann; denn Leonora hat mir erzählt, das arme Mädchen habe einmal gesagt, es käme sich wie ein Federball vor, der zwischen den heftigen Menschen Edward und seiner Frau hin- und herflog. Leonora, sagte sie, habe immer versucht, sie Edward auszuliefern, und Edward drängte sie schweigend und behutsam zurück. Und das Komische war, dass Edward das Gefühl hatte, die beiden

Frauen behandelten ihn wie einen Federball. Vielmehr, sagte er, sie schickten ihn hin und her wie ein unerwünschtes Paket, für das niemand die Postgebühr bezahlen will. Und Leonora fand ebenfalls, Edward und Nancy würden sie aufheben und wieder fallen lassen, wie es ihren wetterwendischen Launen beliebte. Da haben Sie das nette Bild. Doch ich predige nichts, was der allgemein anerkannten Moral zuwiderliefe. Weder in diesem noch in jedem anderen Fall rede ich der freien Liebe das Wort. Die Gesellschaft muss bestehen bleiben, vermute ich, und die Gesellschaft kann nur am Leben bleiben, wenn die Normalen, wenn die Tugendhaften, wenn die ein wenig Verschlagenen gedeihen und wenn die Leidenschaftlichen, die Eigenwilligen und die allzu Wahrhaftigen zu Selbstmord und Wahnsinn verdammt werden. Aber ich glaube, dass ich selbst in meiner matteren Art zur Kategorie der Leidenschaftlichen, der Eigenwilligen und allzu Wahrhaftigen gehöre. Denn ich kann nicht vor mir verbergen, dass ich Edward Ashburnham liebte – ihn liebte, weil er ebenso war wie ich. Hätte ich den Mut und die Männlichkeit und möglichst auch die Konstitution Edward Ashburnhams gehabt, dann hätte ich wohl ungefähr das Gleiche getan wie er. Er erscheint mir wie ein älterer Bruder, der mich auf ein paar Ausflüge mitgenommen hat und manchen aufregenden Streich vollbrachte, während ich aus einiger Entfernung zusah, wie er die Obstgärten plünderte. Und, wissen Sie, ich bin ein ebenso empfindsamer Mensch, wie er einer war ...

Ja, die Gesellschaft muss weiterleben; sie muss sich vermehren wie die Kaninchen. Dazu sind wir da. Aber schließlich mag ich die Gesellschaft nicht sehr. Ich bin eine groteske

Figur, ein amerikanischer Millionär, der einen der alten Schlupfwinkel englischen Friedens gekauft hat. Hier sitze ich in Edwards Gewehrzimmer, Tag für Tag, in einem Haus, das vollkommen still ist. Niemand besucht mich, weil ich niemanden besuche. Niemand ist an mir interessiert, denn ich habe keinerlei Interessen. In ungefähr zwanzig Minuten werde ich unter meinen Eichen an meinen Stechginsterhecken entlang zum Dorf hinuntergehen, um die Post aus Amerika zu holen. Meine Pächter, die Dorfjungen, die Kaufleute werden an ihre Hüte tippen. So verrinnt das Leben. Ich werde zurückkehren, um zu Abend zu essen, und Nancy wird mir gegenübersitzen mit der alten Kinderfrau hinter ihrem Stuhl. Rätselhaft, schweigend, mit vollendetem Anstand, soweit es sich um Messer und Gabel handelt, wird Nancy vor sich hin starren mit ihren blauen Augen unter den gespannten, scharfgezogenen Brauen. Ein- oder zweimal während der Mahlzeit werden Messer und Gabel auf halbem Wege in der Luft schweben bleiben, als versuche sie, sich an etwas zu erinnern, das ihr entfallen ist. Dann wird sie sagen, sie glaube an den allmächtigen Gott, oder vielleicht auch nur das eine Wort ›Federbälle‹. Es ist sehr seltsam, die gesunde Gesichtsfarbe auf ihren Wangen zu sehen, den Glanz ihrer lockigen schwarzen Haare, die Haltung ihres Kopfes, die Anmut ihrer weißen Hände – und zu denken, dass dies alles nichts bedeutet, ein Bild ohne Sinn. Ja, es ist sonderbar. Aber es bleibt immerhin Leonora, um Sie aufzuheitern; ich möchte Sie nicht traurig machen. Ihr Gemahl ist ein ziemlich sparsamer Mann mit einer so durchschnittlich normalen Figur, dass er den größten Teil seiner Kleidung von der Stange kaufen kann. Das ist das große

Ziel, wonach das Leben strebt, und das ist das Ende meiner Geschichte. Das Kind soll katholisch erzogen werden.

Mir fällt plötzlich ein, dass ich vergessen habe zu sagen, wie Edward in den Tod ging. Sie erinnern sich, wie sich der Friede auf das Haus gesenkt hatte; wie Leonora im Stillen triumphierte und Edward sagte, seine Liebe zu dem Mädchen sei nur eine vorübergehende Phase gewesen. Nun, eines Nachmittags waren wir zusammen im Stall und besahen uns einen neuen Bodenbelag, den Edward in einer Box ausprobierte. Edward redete mit großer Lebhaftigkeit über die Notwendigkeit, die Ersatzreservisten von Hampshire auf einen guten Ausbildungsstand zu bringen. Er war ganz nüchtern, ganz ruhig, seine Haut hatte frische Farben; sein Haar glänzte golden und war tadellos gebürstet; das gleichmäßige Ziegelrot seiner Gesichtsfarbe reichte bis zum Rand seiner Augenlider hinauf; seine Augen waren von einem Porzellanblau und blickten mich freimütig und gerade an. Sein Gesicht war vollkommen ausdruckslos; seine Stimme war tief und rauh. Fest auf die Fersen gestützt, stand er da und sagte:

»Wir müssen sie auf zweitausenddreihundertundfünfzig Mann bringen.«

Ein Stalljunge brachte ihm ein Telegramm und entfernte sich wieder. Er öffnete es nachlässig, betrachtete es ohne Erregung und reichte es mir ohne ein Wort. Auf dem rötlichen Papier stand in einer schrägen Handschrift: »Gut angekommen Brindisi, amüsiere mich prächtig, Nancy.«

Nun, Edward war ein englischer Gentleman; aber er war auch bis zuletzt ein empfindsamer Mensch, dessen Geist aus mittelmäßigen Gedichten und Romanen zusammengesetzt war. Er sah bloß nach dem Dach des Stalls, als schaute er zum Himmel auf, und flüsterte etwas, was ich nicht verstand.

Dann steckte er zwei Finger in die Westentasche seines grauen Friesanzugs und zog ein hübsches kleines Federmesser hervor – ein ganz schmales Federmesser. Er sagte zu mir: »Sie können Leonora das Telegramm bringen.« Und er sah mich mit einem direkten, herausfordernden, arroganten Blick an. Ich glaube, er konnte in meinen Augen lesen, dass ich nicht die Absicht hatte, ihn daran zu hindern. Warum hätte ich ihn hindern sollen?

Ich glaube nicht, dass er auf der Welt gebraucht wurde – mochten seine verdammten Pächter, seine Schützenvereine, seine bekehrten oder nicht bekehrten Trunkenbolde weitermachen, wie sie wollten. Nicht jeder von den Hunderten und Aberhunderten hätte es verdient, dass dieser arme Teufel um ihretwillen weiterlitt.

Als er sah, dass ich nicht vorhatte, mich einzumischen, wurde sein Blick sanft und fast zärtlich. Er sagte:

»Leben Sie wohl, alter Freund. Ich brauche ein bisschen Ruhe, verstehen Sie.«

Ich wusste nicht, was ich sagen sollte. Ich wollte sagen: »Gott segne Sie«, denn auch ich bin ein empfindsamer Mensch. Aber ich dachte, vielleicht wäre das nicht ganz der gute englische Ton, und so trottete ich mit dem Telegramm zu Leonora. Sie nahm es sehr befriedigt auf.

JULIAN BARNES
Ford Madox Fords allertraurigste Geschichte: *The Good Soldier*

Der Text auf der Rückseite der 1950 erschienenen Vintage-Ausgabe von *The Good Soldier [Die allertraurigste Geschichte]* war immer rührend zu lesen. »Fünfzehn bedeutende Kritiker« waren aufgeboten, um Ford Madox Fords Roman aus dem Jahr 1915 zu vermarkten. Sie alle hatten den Satz unterschrieben: »Fords *The Good Soldier* ist einer der fünfzehn oder zwanzig größten Romane, die in unserem Jahrhundert auf Englisch hervorgebracht wurden.« Und dann die Namen, darunter Leon Edel und Allen Tate, Graham Greene und John Crowe Ransom, William Carlos Williams und Jean Stafford.

Das hatte etwas ebenso Heroisches wie Hoffnungsloses, wie auch Ford selbst viel Heroisches und Hoffnungsloses an sich hatte. Fünfzehn Kritiker sollten wohl besser sein als fünf, aber irgendwie ist das zu viel des Guten. »Einer der fünfzehn oder zwanzig größten Romane« klingt ziemlich unentschieden – wieder ein sehr fordianisches Schwanken, aber eins, das die Aussage abschwächt, anstatt sie zu bekräftigen: Ah, Joseph Henry Jackson zählt den Roman also zu den ersten fünfzehn, für Willard Thorp rangiert er aber nur unter den ersten zwanzig? Und dann »in unserem Jahrhundert« – das klang reichlich vermessen, wenn noch vierzig Jahre davon bevorstanden.

Die Aussage bleibt dennoch rührend, weil man die gute literarische Absicht dahinter spürt: Hört mal, *wir wissen*, dass der Kerl gut ist, würdet ihr ihn also bitte, *bitte* lesen? An Anhängern hat es Ford nie gemangelt, dagegen immer an Lesern. Hugh Walpole schrieb 1929, seinerzeit werde in England »literarisch nichts so missachtet wie die Romane und Gedichte von Ford«. Worauf Ford erwiderte: »Das liegt einfach daran, dass die Leute mich nicht lesen *wollen*.«

Um für sich selbst wie für seinen Briefpartner Gerald Bullett eine weitergehende Erklärung dafür zu finden, schrieb er 1933 aus Toulon:

»Warum sollte eine Londoner Leserschaft meine Werke mögen? Meine Erkenntnisse über das Leben haben einen dubiosen internationalen Hintergrund; es gibt darin nichts über britische Vogelnester, Wildblumen und Steingärten; sie sind mit einer franko-amerikanischen Modernität »maschiniert«, die etwa den Einwohnern von Cheltenham wahrlich unangenehm sein muss. Für sie ist das aufgrund der Zeitsprünge und der Projektion anstelle von Beschreibung ganz sicher unverständlich und unsagbar langweilig. Vom Mittleren Westen bis zum östlichen Meeresrand der Vereinigten Staaten sowie rund um das Pantheon, wo diese Verfahren das Licht der Welt erblickten, gelten sie bereits als *vieux jeu*, sind als Klassiker anerkannt, die man zu kennen hat, und werden in Leitfäden für englische Seminare an der Universität aufgenommen. Darum schreibe ich weiter in der Hoffnung, dass das, was ich hervorbringe, in hundertfünfzig Jahren zum Beispiel an der Universität Durham als Wahlmöglichkeit angeboten wird. Und habe auf jeden Fall das tröstliche Gefühl, dass keiner unserer Anwärter auf den Davis Cup durch frevelhaftes Vertiefen in meine Romane von den Sportplätzen in Eton ferngehalten wurde.«

Ford sah das als rein internes, textuelles Problem an, doch es gibt auch viele externe – und miteinander verzahnte – Gründe dafür, dass er damals wie heute missachtet wird. Er hat kein zweckdienlich klares literarisches Profil zu bieten; er hat viel zu viel geschrieben und in zu vielen Genres; er lässt sich nicht leicht in einen akademischen Seminarplan einfügen. Er fällt offenbar in ein Loch zwischen Spätviktorianismus und Moderne, zwischen einer Kindheit, in der er von Liszt liebkost wurde und Swinburne herumtollen sah, und einer späteren Karriere als onkelhafter Förderer von Ezra Pound, Hemingway und D. H. Lawrence. Zudem stellte er sich als älteren Herrn dar, der im Schatten dieser neuen Generation verblasste, was wohl ein taktischer Fehler war. Wenn sich jeder Romanautor mit Ambitionen *The Good Soldier* als Beispiel für die Möglichkeiten des Narrativen vornehmen sollte (wie fade das klingt), so täte er auch gut daran, sich mit Fords Leben als einem Musterbeispiel von negativem Karrieremanagement zu beschäftigen.

Er zeichnete sich durch die großherzige, sanfte Bonhomie aus, die Angriffe provozierte, und obendrein durch die vornehme Duldsamkeit eines Gentlemans, der sich nicht dagegen zur Wehr setzen mochte (was naturgemäß erneute Angriffe provozierte). Er stritt sich endlos mit Verlegern herum, die für ihn reine Geschäftsleute waren, und fand es unverschämt, wenn sie seine Manuskripte erst lesen wollten, bevor sie sie kauften. Selbst seine Bewunderer waren oft von Ford irritiert. Rebecca West fühlte sich in seiner Umarmung wie »der Toast unter einem Spiegelei«. Robert Lowells Loblied auf den »meisterlichen Mammut-Mümmler« ist in liebevollen Spott gehüllt:

> *… sag mir, warum*
> *die Ballen deiner liegengebliebenen Romane*
> *dir nicht mal eine Bandage für deinen gichtigen Fuß*
> *eintragen.*
> *Du Arbeitspferd, o Elefant, der nie vergisst …*

Wer Ford nicht mochte, war mehr als irritiert. Hemingway – den Ford dummerweise gefördert hatte – verleumdete ihn bei Gertrude Stein und Alice B. Toklas als »Erzlügner und Gauner, immer von der feinsten synthetischen englischen Vornehmheit getrieben«. Als Ford einmal in der Gegend von Philadelphia war, ersuchte er darum, die Barnes Collection besichtigen zu dürfen. Zwar ließ er diesen Wunsch leider (wenn auch typischerweise) durch die falsche Person übermitteln, aber taktisches Ungeschick allein kann die Schroffheit von Dr. Barnes' Telegramm aus Genf nicht erklären: »Würde meine Sammlung eher verbrennen als sie Ford Madox Ford zu zeigen.«

Er änderte seinen Namen von Hueffer zu Ford; er wechselte sein Aufenthaltsland mehr als einmal; seine Ambitionen galten mitunter mehr der Literatur als ihm selbst. Aber selbst so bleibt es seltsam, dass er auf manchen Radarschirmen so gar nicht aufleuchtet. Edmund Wilson erwähnt ihn in seinen Tagebüchern und Rezensionen kaum: Hat er *Parade's End [Das Ende der Paraden]* einfach übersehen (oder einfach nicht verstanden), obwohl er wie Ford am Krieg teilgenommen hatte? Virginia Woolf und George Orwell schweigen sich über ihn aus. Evelyn Waugh erwähnt ihn in seinen Briefen, Tagebüchern und Rezensionen mit keinem Wort – was noch seltsamer erscheint als bei Wilson. Wie Ford hat Waugh ein Buch über Rossetti geschrieben, und seine Trilogie über den Zweiten Weltkrieg, *Sword of Honour [Ohne Furcht und Tadel]*, trägt erkennbar verwandte Züge mit Fords Tetralogie über den Ersten Weltkrieg – bei beiden wird ein Ehekrieg vor der weiteren Landschaft des wahren Kriegs ausgefochten, und ein aus der Zeit gefallener Gentleman ist den Verfolgungen seiner rachsüchtigen Ehefrau ausgesetzt.

Bei Ford konnte sich selbst ein Lob gegen ihn wenden. In seinem Vorwort zur Wiederauflage von *The Good Soldier* von 1927 erzählt er die Geschichte, wie ein Bewunderer zu ihm sagt, das sei »der schönste Roman in der englischen Sprache«. Worauf Fords Freund John Rodker erwiderte: »Ah ja, das ist er. Aber Sie haben ein Wort ausgelassen. Es ist der schönste französische Roman in englischer Sprache.« Das wird in kürzerer, weniger authentischer Form – »der beste französische Roman in unserer Sprache« – oft zitiert und wurde vor allem durch Robert Lowells *Life Studies* bekannt. Wie Titel Leser abschrecken können (ich habe jahrelang die Finger von *The Catcher in the Rye [Der Fänger im Roggen]* gelassen, weil ich dachte, das sei ein Baseball-Roman, der in der Prärie spielt), so auch Werbeetiketten. Wozu sollte jemand einen französischen Roman auf Englisch schreiben?, könnte man etwa fragen. Ist das nicht etwas überkandidelt? Und viel Konkurrenz gibt es auf dem Gebiet auch nicht gerade: Was wäre wohl der zweitbeste französische Roman in unserer Sprache?

Frankreich war zweifellos der Ausgangspunkt dessen, was Ford sich mit *The Good Soldier* vorgenommen hatte: »Ich hatte zu jener Zeit einen Ehrgeiz«, schrieb er später, »nämlich für den englischen Roman dasselbe zu leisten, was Maupassant mit *Fort comme la mort [Stark wie der Tod]* für den französischen geleistet hatte.« Und was hatte Maupassant geleistet? In einen Roman, der über weite Strecken so etwas wie ein verträumtes, an Degas erinnerndes Bild einer Dame der Gesellschaft im Paris des ausgehenden neunzehnten Jahrhunderts zu sein scheint, die sich in *la fine fleur du high-life* an den *douces petites gourmandises* des Frauenlebens erfreut, führt er nach und nach das Thema gewalttätiger, transgressiver Leidenschaft ein – der Leidenschaft eines Salonmalers für die Tochter seiner langjährigen Geliebten. Die Tragödie des Malers – wenn es denn eine ist – entspringt dem verheerenden Unterschied zwischen der leichten Liebe der Jugend und der verzweifelten (umso verzweifelter, weil unerwünschten und unerwiderten) Liebe des Alters. »Es ist der Fehler unserer Herzen, dass sie nicht alt werden«, klagt der Held bzw. das Opfer, dessen emotional inzestuöse Liebe das letzte Viertel des Romans zu einem Höhepunkt des Schreckens und in einen überhöhten, opernhaften Modus führt. Die Liebe, die sich nicht zu zeigen wagt, wählt am Ende lieber den Tod als das Bekenntnis zu sich selbst.

Ford überträgt diese Tropen und Martern auf ausgesprochen englische Figuren (selbst die Amerikaner sind so anglophil, dass sie kaum als Amerikaner zu erkennen sind) aus einer ähnlich begüterten Klasse. Doch *The Good Soldier* hat viel weniger von einem Gesellschaftsroman als *Fort comme la mort*. Der fortschreitende Zerfall von Edward Ashburnham, dem guten Soldaten und anscheinend musterhaften Engländer, vollzieht sich im gärenden privaten Bereich: anfangs innerhalb eines geschlossenen Expat-Quartetts à la Racine im deutschen Bad Nauheim, am Ende mit Ashburnhams Schützling Nancy Rufford. Seine Beziehung zu ihr ist – wie bei Maupassant – offensichtlich emotional inzestuös und womöglich gar mehr als das: Fords Biograph Max Saunders führt überzeugende Argumente dafür an, dass Nancy Ashburnhams Tochter ist. Unter dem Aspekt der emotionalen Hitze ist *The Good Soldier* noch französischer als *Fort comme la mort*. Maupassant dreht die Flammen erst gegen Ende seines Romans auf. Ford hat mehr Wahnsinn und Schrecken (und Todesopfer) zu bieten, aber seine größte Kühnheit besteht darin, dass er am emotionalen Höhepunkt einsetzt und ihn dann immer weiter hinaufschraubt.

Cyril Connolly hat *The Good Soldier* in *The Modern Movement* mit ziemlich nichtssagenden Worten für seine »Energie und Intelligenz« gepriesen. Aus heutiger Sicht schafft der Roman aus ganz anderen Gründen den Durchbruch in den Klub der Moderne: dem tadellosen Einsatz eines schwankenden, unzuverlässigen Erzählers, dem raffinierten Verbergen einer wahren Erzählung hinter der Fassade einer scheinbaren Erzählung, der Selbstreflektiertheit, der tiefen Zwiespältigkeit von Beweggründen, Intentionen und Erfahrungen des Menschen und dem schieren Wagnis des ganzen Unterfangens. Graham Greene schrieb 1962: »Ich weiß nicht, wie oft ich im Laufe von fast vierzig Jahren immer wieder zu diesem Roman von Ford gegriffen habe, und jedes Mal habe ich einen neuen bewundernswerten Aspekt darin entdeckt.«

Nehmen wir nur den berühmten ersten Satz des Romans, einen Satz, der lange nachhallt und einen ungeheuren Anspruch erhebt: »Dies ist die traurigste Geschichte, die ich je gehört habe.« Der erste Teil des Satzes lenkt unsere Aufmerksamkeit auf sich, und das völlig zu Recht. Logischerweise können wir erst beim zweiten (und vielleicht erst beim dritten oder vierten) Lesen die Falschheit des letzten Wortes erkennen. Denn es ist keine Geschichte, die Dowell, der Erzähler, »gehört« hat. Er hat daran mitgewirkt, steckt bis zum Hals, zum Herzen und zu den Eingeweiden mit darin; er erzählt diese Geschichte, wir hören sie. Er sagt »gehört« statt »erzählt«, weil er vorgibt, Distanz zu seiner »Geschichte voller Leidenschaft« zu wahren, weil er seine Mittäterschaft nicht zugeben will. Und wenn schon auf das zweite Verb im ersten Satz des Buches kein Verlass ist – wenn es bei der kleinsten Belastung unter dem Fuß knarrt –, dann müssen wir darauf gefasst sein, jede Zeile ebenso vorsichtig anzugehen; wir müssen uns auf leisen Sohlen durch den Text schleichen, auf das Ächzen und Stöhnen jeder Diele horchen.

Dieser Roman handelt vom Herzen des Menschen. So steht es auf der ersten Seite. Doch das Wort tritt im englischen Original in zwei verschiedenen Erscheinungsformen auf, beim ersten Mal ist es einfach gesetzt, beim zweiten

Mal in Anführungszeichen. Wann ist ein Herz nicht ein Herz? Wenn es einen medizinischen Zustand bezeichnet, wenn man es »am Herzen hat«. Ford spielt eine Weile mit diesen verschiedenen Bedeutungen herum. Wir könnten annehmen, wenn es jemand »am Herzen hat«, dann sind Affären des Herzens damit ausgeschlossen. Aber das ist eine falsche Fassade: Anscheinend sind die beiden Figuren, die aus medizinischen Gründen in Bad Nauheim sind – Florence Dowell und Edward Ashburnham selbst –, genau die, die ihrem Herzen (ohne Anführungszeichen) freien Lauf lassen, während die beiden gesunden Zuschauer, Dowell und Leonora Ashburnham, ein anderes Problem mit dem Herzen haben – ihr Herz ist kalt oder abgestorben. Doch auch dieses Paradox erweist sich als falsche Fassade: Florence' Problem mit dem »Herzen« ist nur Schwindel, ein vorgetäuschtes Leiden, um ihren Ehemann von ihrem Schlafzimmer fernzuhalten; dabei erfahren wir später (oder erfahren anscheinend – in diesem Roman erfahren wir viel nur anscheinend), dass auch Ashburnham kein »Herz« hat: Die Ashburnhams sind wegen Maisie Maidan in Bad Nauheim, die sie aus Indien zur Behandlung hergeholt haben. Sie – Maisie – ist die einzige Figur in dem Roman (oder scheint es zu sein), die ein Herz hat, im amourösen wie im medizinischen Sinn. Es überrascht nicht weiter, dass sie recht bald stirbt.

So zeigt sich die Strategie des Romans in seiner Sprache. Er spielt mit dem Leser, während er die Wahrheit offenbart und verbirgt. Und Ford hat auch darin Großes geleistet, dass er die perfekte Stimme für paradoxes Erzählen fand. Mit Dowell präsentiert er uns einen gutmütigen, unbedarften

Erzähler, der fast bis ans Ende des Buches vergisst, uns seinen Vornamen zu nennen, und in seiner stümperhaften Art anscheinend die eigene Geschichte kaputt macht, indem er uns auf Seite zwei verrät, wie sie ausgeht. Ford lässt einen Langweiler im Lehnstuhl eine höchst subtile Geschichte erzählen, noch dazu eine Geschichte von unerhörter emotionaler Grausamkeit und Pein. Er benutzt die natürlichen Tropen und Vergesslichkeiten eines schlechten Erzählers, um die Erzählung zu bereichern, unser Verständnis zu verzögern und uns schließlich das ganze (oder annähernd ganze) Bild zu liefern: Mit anderen Worten, er nimmt eine schlechte Erzählung, um eine gute daraus zu machen.

Zudem spielt Ford gnadenlos mit dem Wunsch des Lesers, dem Erzähler zu vertrauen. Wir wollen glauben – oder wollen glauben wollen –, was man uns sagt, und tappen blindlings in jede für uns aufgestellte Falle. Selbst als wir wissen, dass wir Dowell nicht trauen dürfen, trauen wir ihm weiterhin und müssen dann dafür büßen. Dieses anhaltende Vertrauen angesichts narrativer Rückfälligkeit findet innerhalb des Romans eine Entsprechung in Leonoras anhaltendem Vertrauen angesichts Ashburnhams sexueller Rückfälligkeit. Natürlich sind wir als Leser selbst daran »schuld«: Die Warnsignale sind deutlich genug. »Meine Frau und ich kannten Hauptmann und Mrs. Ashburnham so gut, wie man jemanden nur kennen kann, und doch wussten wir andererseits auch wieder gar nichts von ihnen.« – »War ihre letzte Bemerkung nicht die einer Dirne, oder ist es das, was jede anständige Frau … im Grunde ihres Herzens denkt?« – »Ist das alles nun eine Abschweifung oder ist es keine Abschweifung?« Diese Sätze aus den ersten Seiten sind mehr als bloße Anzeichen von Dowells freimütiger Unschlüssigkeit. Sie legen den serpentinenartigen Rhythmus des gesamten Buchs fest, sie stimmen auf den Pulsschlag, das Paradox und den Dualismus der Geschichte ein.

Wenn man Dowell zuhört, ist das, als hätte man es mit einem Hysteriker zu tun, der darauf beharrt, alles sei normal und ihm selbst gehe es prächtig, danke der Nachfrage. Er bewegt sich vorwärts, rückwärts und seitwärts, quer durch Zeit und Tempora. Er kann sogar mit einem »unmöglichen Tempus« aufwarten, wenn er einen Satz mit »Angenommen, Sie treffen uns zusammen an einem der kleinen Tische an ...« beginnt – als wäre ein solches Zusammentreffen noch möglich. Dabei hat er bereits erklärt, dass zwei Personen des zentralen Quartetts tot sind, und als ob er das plötzlich selbst merkte, korrigiert er das im Nachhinein, und der Satz geht in einem »möglichen Tempus«, dem Konjunktiv II oder Irrealis der Vergangenheit weiter: »... dann hätten Sie gesagt, allem menschlichen Dafürhalten nach wären wir eine außerordentlich feste Burg.« Immer wieder hat sich ein scheinbar ganz normaler Satz an seinem Ende selbst widersprochen; es gibt Sätze, die mit einem »Und« beginnen und eine Fortsetzung des vorhergehenden Satzes zu bieten scheinen, ihn in Wirklichkeit aber dementieren; es gibt falsche Übergänge und undichte Stellen im grammatischen Gefüge.

So führt uns das Gespaltene der Formulierungen auf direktem Weg zu den Entweder-oder-Fragen, die sich über der gesamten Geschichte auftürmen: Ashburnham als guter Soldat oder plünderndes Schwein; Leonora als eheliche Märtyrerin oder rachsüchtige Zerstörerin; der Erzähler als ehrlicher Kerl, der Schandtaten verschleiert, oder als

Mitschuldiger, der sich der Wahrheit nicht stellen will, als ängstliches Hausmäuschen oder verkappter Homoerotiker, der nach Edward Ashburnham schmachtet; und so immer weiter. Breitere Spaltungen bestehen zwischen gesellschaftlichem Äußeren und innerem Drängen, emotionaler Erwartung und emotionaler Realität, Protestantismus und Katholizismus (dieser letzte Aspekt scheint zu wenig ausgearbeitet: Es ist, als wäre das katholische Element vor allem dazu eingeführt worden, um Frauengestalten von außergewöhnlicher Unschuld und ehelicher Anhänglichkeit zu schaffen – damit es umso dramatischer wird, wenn sie den Komplexitäten und Ränkespielen des Sex begegnen). Des Weiteren die Gespaltenheit der Persönlichkeit zwischen Bewusstem und Unbewusstem. Und darüber hinaus die Erkenntnis, dass die Antwort auf ein Entweder-oder womöglich nicht das eine oder das andere ist – ist Ashburnham ein hochgradig empfindsamer Mensch, wie Dowell ständig, ja mit aufreizender Beharrlichkeit behauptet, oder ein skrupelloses Sexmonster? –, sondern sowohl als auch. Am Ende des Romans taucht Nancy Rufford kurz aus den Tiefen des Wahnsinns auf und spricht das Wort »Federbälle« aus, was wir als kurze luzide Erinnerung daran verstehen, wie sie von den Ashburnhams behandelt wurde. Auch der Leser wurde so behandelt, er schwebte zwischen gegnerischen Schlägen in der Luft.

Fords Meisterwerk ist ein Roman, der ständig die Frage stellt, wie man eine Geschichte erzählen soll, der vorgibt, narrativ zu scheitern, und dadurch umso besser gelingt. Er stellt auch offen in Frage, was wir leichthin für »Charakter« halten. »Denn wer auf dieser Welt kann von dem Charakter eines anderen ein Bild geben?«, fragt sich Dowell einmal über Ashburnham (bezeichnenderweise hört man auch hier die Diele knarren: »give someone a character« kann im Englischen »den Charakter beschreiben« heißen, aber auch »jemandem einen guten Leumund bescheinigen«). Dowell gibt sich selbst die Antwort: »Ich will damit nicht sagen, man könnte nicht ungefähr abschätzen, wie sich ein Mensch verhalten wird. Aber man kann nicht sicher voraussehen, wie sich ein Mensch in jedem beliebigen Fall verhalten wird – und solange man das nicht kann, ist ein Charakterbild niemandem zu etwas nütze.« Ford hat diesen Gedanken später in seinem Roman *The New Humpty-Dumpty* weiterentwickelt. Dort wird er dem Duke of Kintyre in den Mund gelegt: »›Jeder Mensch‹, sagte er bedächtig, ›ist doch mal ein Mensch dieser und mal jener Art.‹« Ford geht so vor, dass er einen Charakter – und im weiteren Sinne die Wahrheit – nicht nur indirekt oder widersprüchlich, sondern oft auch mit dem Mittel der Unwissenheit darstellt.

Als ich vor einigen Jahren an einem Artikel über Ford arbeitete, traf ich einen unserer bekannteren literarischen Romanautoren, dessen Einsatz von Indirektheit und einem stümperhaften Erzähler mir eindeutig auf Ford zurückzugehen schien. Ich sprach ihn darauf an (etwas taktvoller, als ich es hier konstatiert habe) und fragte, ob er Ford denn gelesen habe. Ja, das hatte er in der Tat. Ob er etwas dagegen hätte, wenn ich das in meinem Artikel erwähnen würde? Erst herrschte Schweigen (mehrere Tage lang, um genau zu sein), dann kam die Antwort: »Bitte tun Sie so, als hätte ich *The Good Soldier* nicht gelesen. Es wäre mir lieber so.«

Vor nicht ganz so langer Zeit sprach ich mit meinem

Freund Ian McEwan, der mir erzählte, er sei vor einigen Jahren in einem Haus mit einer gutsortierten Bibliothek zu Besuch gewesen. Dort habe er eine Ausgabe von *The Good Soldier* gefunden, die er gelesen und zutiefst bewundert habe. Nach einiger Zeit schrieb er dann *On Chesil Beach [Am Strand]*, diesen brillanten Roman, in dem Leidenschaft und das englische Wesen und Missverständnisse zu einer emotionalen Katastrophe führen. Erst nach Erscheinen des Buches ging ihm auf, dass er seinen zwei Hauptfiguren unbewusst die Namen Edward (wie Ashburnham) und Florence (wie Florence Dowell) gegeben hatte. Ich darf das auch gern so weitergeben.

Also wirken Fords Gestalten und sein untergründiger Einfluss weiter. Ich bin mir nicht sicher, ob es hilfreich ist, wenn man einen Romanschriftsteller »unterbewertet« nennt. Vielleicht wäre es besser, Fords Wert einfach anzunehmen und geltend zu machen. Er ist eigentlich kein *writer's writer*, der für andere Schriftsteller schreibt (was auf Hermetik hindeutet), sondern ein echter *reader's writer*, der für seine Leser schreibt. Als guter Soldat braucht *The Good Soldier* auch gute Leser.

*Bitte beachten Sie
auch die folgenden Seiten*

Joseph Conrad
im Diogenes Verlag

»Joseph Conrad ist in meinen Augen einer der größten Erzähler und – wenn man ihn zu den englischen Schriftstellern zählt – einer der sehr wenigen wirklichen Romanciers, die England besitzt... Er besaß jedoch eine Art Reife und politische Einsicht, die man bei einem geborenen englischen Schriftsteller wohl zu jener Zeit vergeblich gesucht hätte.« *George Orwell*

»Mehr noch als Kipling wurde er, der Fremde, der Deuter des Besten, das in der englischen Seele liegt. Seine herrlichsten Erzählungen schildern den Kampf des Menschen mit dem Meere, jenen jahrhundertealten Wettstreit, der den englischen Charakter geformt hat. Mehr noch als der Dichter des Meeres ist er der Künstler der Tugenden, die das Meer erzeugt. Die Norm, die er aufstellt – und darin steht er Anton Čechov sehr nahe –, ist ein tätiger Pessimismus.« *André Maurois*

Lord Jim
Roman. Aus dem Englischen
von Fritz Lorch. Mit einem Nachwort
von Otto A. Böhmer

Der Geheimagent
Eine einfache Geschichte. Deutsch
von Günther Danehl

Herz der Finsternis
Erzählung. Deutsch und mit
einem Nachwort
von Urs Widmer

Das Duell
Sechs Erzählungen. Deutsch von
Carmen Janetzki. Mit einer
Vorbemerkung des Autors und
einem Nachwort von Günter Walch

D. H. Lawrence
im Diogenes Verlag

»Seine Verdienste um die moderne englische Literatur sind erkannt und anerkannt.«
Romeo Giger / Neue Zürcher Zeitung

Gesammelte Erzählungen und Kurzromane in zwei Bänden in Kassette

Band 1:
Aus dem Englischen von Martin Beheim-Schwarzbach, Marta Hackel, Karl Lerbs und Elisabeth Schnack

Band 2:
Deutsch von Martin Beheim-Schwarzbach, Georg Goyert, Karl Lerbs und Elisabeth Schnack
Daraus die Erzählung *Der Mann, der Inseln liebte* auch als Diogenes E-Hörbuch, gelesen von Hans Korte

Verliebt
Geschichten von Liebe und Leidenschaft. Ausgewählt von Daniel Kampa. Deutsch von Martin Beheim-Schwarzbach und Elisabeth Schnack
Ausgewählte Geschichten auch als Diogenes Hörbuch erschienen. Diogenes Sammler-Edition. 7 CD in Geschenk-Verpackung, gelesen von Rolf Boysen, Brigitte Buhre, Anna König und Hans Korte

Liebende Frauen
Roman. Deutsch von Petra-Susanne Räbel. Mit einem Nachwort von Dieter Mehl

Der Hengst St. Mawr
Roman. Deutsch von Gerda von Uslar

Lady Chatterley's Lover
Die zweite Fassung. Roman. Deutsch von Susanna Rademacher. Mit einem Nachwort von Roland Gart (vormals: *John Thomas & Lady Jane*)

Mr. Noon
Autobiographischer Roman. Deutsch von Nikolaus Stingl

Mexikanischer Morgen
Reisetagebücher. Deutsch von Alfred Kuoni

Das Meer und Sardinien
Reisetagebücher. Deutsch von Georg Goyert

Etruskische Stätten
Reisetagebücher. Deutsch von Oswalt von Nostitz

*Evelyn Waugh
im Diogenes Verlag*

Verfall und Untergang
Roman. Aus dem Englischen von Andrea Ott

Was macht man, wenn man erstens Opfer eines bösen Scherzes von Mitstudenten in Oxford wird, zweitens infolgedessen ohne Hose über den Hof des Colleges rennt, drittens daraufhin wegen anstößigen Benehmens rausgeschmissen wird und viertens kein Vermögen hat? Paul Pennyfeather tritt eine Lehrstelle in Llanaba Castle an, einem Internat von zweifelhaftem Ruf in Wales. Seine Schüler sind lauter verzogene Adelssprösslinge, seine Lehrerkollegen Zyniker, Säufer oder bestenfalls Zweifler.
Da taucht am Sporttag, inmitten einer Parfümwolke, Margot Beste-Chetwynde auf, die bezaubernde Mutter eines von Pauls Schülern. Eine Romanze entspinnt sich, doch wird die Society-Lady den Lehrer wider Willen retten oder nur noch tiefer ins Verderben stürzen?

»Mit wunderbarer Leichtigkeit in Szene gesetzt, Short Cuts wechseln mit abgefeimten Dialogen, Ironie und schwarzer Humor dominieren. Kein Wort zu viel, der Autor trifft immer. Es stimmt alles an diesem kleinen, aber feinen, glasklaren, fast beiläufigen Schmuckstück britischer Prosa.«
Bernhard Windisch / Nürnberger Nachrichten

Lust und Laster
Roman. Deutsch von pociao

Als der Schriftsteller Adam Fenwick Symes mit seinem neuen Manuskript nach England einreisen will, wird es von Zolbeamten als Pornographie eingestuft und verbrannt. Nicht nur Adams berufliche, sondern auch seine privaten Hoffnungen gehen dabei in Flammen auf. Denn

woher soll er nun das Geld nehmen, um die verwöhnte Nina Blount zu heiraten?
Nina will vor allem eins: Spaß haben. Sie liebt Adam, aber solange er ihr kein sorgenfreies Leben bieten kann, kommt eine Hochzeit nicht in Frage. Immerhin schafft er es, mit seinen Kolumnen als »Mr. Chatterbox« die Londoner Salons aufzumischen und sie damit zu amüsieren. Der Kampf um Ninas Gunst ist damit jedoch noch nicht gewonnen.

»Rasend lustig. Waugh war ein hinreißend witziger Autor. Die Dialoge in seinen frühen Romanen sind makellos. Pociao hat sie in dieser Neuübersetzung souverän in ein zeitgemäßes Deutsch gebracht.«
Manfred Papst/NZZ am Sonntag, Zürich

Expeditionen eines englischen Gentleman
Deutsch von Matthias Fienbork
Mit einem Nachwort von Rainer Wieland

Die Krönung von Haile Selassie zog 1930 ein schillerndes Publikum nach Addis Abeba. Mitten unter ihnen: *Times*-Sonderkorrespondent Evelyn Waugh. Es ist ein Anlass wie geschaffen für die satirische Feder des Engländers. Er mokiert sich über europäische Diplomaten und ihre Entourage und liefert das Porträt einer vergnügungssüchtigen Gesellschaft, die weit weg von zu Hause, in Abessinien, ihre ausgelassenen und pompösen Feste feiert.

»Bitterböse und unterhaltsam, stets originell und voller scharfsinniger Beobachtungen.«
The Guardian, London

Schwarzes Unheil
Roman. Deutsch von Irmgard Andrae

Auf Azania, einer fiktiven Insel vor der Küste Afrikas, herrscht Seth, der ›Kaiser von Sakuyu, Herr von Wanda und Tyrann der Meere und B. A. der Universität Oxford«. Zusammen mit dem Abenteurer Basil Seal, den er während des Studiums in England kennengelernt hat, versucht er, auf der Insel die moderne Zivilisation einzuführen. Die Ideen der beiden kollidieren auf aberwitzige Weise mit dem rauhen Fels der Realität. Und der französische Konsul wittert die Chance für einen Staatsstreich.

»Nicht nur unverschämt, sondern unverschämt witzig.«
The Times Literary Supplement

Eine Handvoll Staub
Roman. Deutsch von pociao

Tony Last liebt seine Frau Brenda, er liebt seinen kleinen Sohn, und er liebt sein schauderhaft hässliches Anwesen Hetton Abbey.
Er merkt nicht, wie satt Brenda ihr monotones Eheglück hat, auch nicht, dass sie eine Affäre mit dem jungen John Beaver beginnt. Erst als ihm Brenda eröffnet, dass sie sich scheiden lassen will, und horrende Forderungen stellt, wacht Tony aus seiner Illusion auf – und beginnt sich zu wehren.
Um Abstand zu gewinnen, unternimmt er eine Weltreise und strandet in einem Indianergebiet am Amazonas, einem südamerikanischen »Herz der Finsternis«. Doch sosehr Tony Last die sogenannte Zivilisation inzwischen verabscheut, hier ist er noch hilfloser als zu Hause.

»Ein Glanzstück eleganter Satire, und noch dazu sehr lustig... Ein großartiges Buch.« *John Banville*

Scoop
Roman. Deutsch von Elisabeth Schnack

William Boot, der beim *Daily Beast* eine Kolumne zum Thema Natur und Landleben hat, wird 1938 aufgrund einer Verwechslung als Kriegsberichterstatter in das afrikanische Krisengebiet Ishmaelia entsandt. Boot erweist sich entgegen allen Erwartungen seiner Aufgabe gewachsen: Die Bekanntschaft mit einem Geschäftemacher und einer schönen Ausländerin verhilft dem belächelten Korrespondenten zu einer sensationellen Exklusivstory.

Ein respektloser, satirischer Roman über die Zeitungswelt, über Londons Fleet Street und die Pressemagnaten, über die Jagd nach dem großen Knüller.

»Der lustigste Journalisten-Roman überhaupt.«
Christopher Schmidt / Süddeutsche Zeitung, München

Mit wehenden Fahnen
Roman. Deutsch von Matthias Fienbork

Basil Seal, Salonlöwe und Tunichtgut, sorgt für Turbulenzen, wo auch immer er auftaucht – sehr zur Verzweiflung der drei Frauen in seinem Leben, seiner Schwester, seiner Mutter und seiner Geliebten. Als Neville Chamberlain Deutschland 1939 den Krieg erklärt, scheint ihm das die perfekte Gelegenheit für ein wenig Action und Abenteuer. Basil folgt also mit wehenden Fahnen dem Ruf zu den Waffen. Doch zunächst passiert erst einmal gar nichts – Europa ist erstarrt im sogenannten Sitzkrieg. Wann kommt endlich Basil Seals große Chance, ein Held zu werden?

»Das Verhältnis des Autors zu seinem bevorzugten Objekt (dem britischen Adel): An Schonung ist nicht gedacht.« *Die Zeit, Hamburg*

Wiedersehen mit Brideshead
Die heiligen und profanen Erinnerungen des Captain Charles Ryder
Roman. Deutsch von pociao. Mit einem Nachwort von Daniel Kampa

Eines der bedeutendsten Bücher der englischen Literatur – endlich in neuer Übersetzung. *Wiedersehen mit*

Brideshead ist das englische Gegenstück zum amerikanischen *Großen Gatsby*: das Porträt der Schönen und Reichen in den Jahren zwischen den Weltkriegen, die Chronik einer Vertreibung aus dem Paradies bei Anbruch der modernen Zeit – und die Geschichte einer unmöglichen Liebe.

Charles Ryder befreundet sich in Oxford mit Sebastian Flyte und widmet fortan sein Studium mehr den Drinks als den Büchern. Als Sebastian ihn nach Brideshead in sein prächtiges Zuhause einlädt, ist Charles fasziniert von der exzentrischen aristokratischen Familie, die ihn schon bald als einen der Ihren behandelt. Doch nach und nach erkennt er die Kluft, die ihn von den Flytes trennt: Sie sind geprägt von einer Moral, in der sich Pflichtgefühl und Begehren, Glaube und Glück im Wege stehen.

Halb Beteiligter, halb Chronist, erzählt Charles Ryder von seinen Besuchen in Brideshead, von einer trügerisch leuchtenden, scheinbar unbekümmerten Welt – die schließlich unterging und nichts als verbrannte Erde zurückließ.

»*Wiedersehen mit Brideshead*: 18 Mal gelesen, 27 Mal verschenkt. Bisher.« *Astrid Rosenfeld*

»Ein großes Werk der Weltliteratur, mit Verve, mit Witz, mit Wehmut und brillanter Intelligenz erzählt.« *Hubert Spiegel/Deutschlandfunk, Köln*

Auch als Diogenes Hörbuch erschienen,
gelesen von Sylvester Groth

Scott-Kings moderne Welt
Erzählung. Deutsch von Otto Bayer

Scott-King ist ein staubtrockener Gelehrter, wie er im Buche steht. Er ist Lehrer für Latein und Griechisch in einem englischen Internat, findet moderne Sprachen vulgär und führt ein angenehm gleichförmiges Leben. Ein

Essay, den er über den obskuren Dichter Bellorius geschrieben hat, trägt ihm eine Einladung zu einem Kongress in dessen Heimatland Neutralien ein. Dort aber herrscht eine Militärdiktatur, und der aufrechte Brite findet sich bald in absurder internationaler Gesellschaft wieder, mit aufdringlicher Gastfreundschaft traktiert, für politische Zwecke vereinnahmt – und in Lebensgefahr.

Tod in Hollywood
Eine anglo-amerikanische Tragödie
Roman. Deutsch von Andrea Ott

Dennis Barlow, junger Dichter und Drehbuchautor a.D., ist einstweilen Tierfriedhof-Angestellter in Los Angeles. Als sein älterer Freund, von den Studios entlassen, Hand an sich legt, lässt Dennis Barlow ihn in Hollywoods Bestattungsparadies »Gefilde der Seligen« bestatten. *Neben dem Telefon stand eine Vase mit Rosen; ihr Duft wetteiferte mit dem Karbol, obsiegte aber nicht.* Dort lernt er auch die Leichenkosmetikerin Aimée Thanatogenos kennen, die ihrerseits ein Auge auf Mr. Joyboy, den hauseigenen Meister der Einbalsamierungskunst, geworfen hat.
In seiner rasanten Satire nimmt Waugh nicht nur die Filmbranche aufs Korn, sondern auch das Geschäft mit dem Tod und die kulturelle Unbedarftheit Amerikas.

»Eine tiefschwarze, putzmuntere und zeitlose Satire auf die Film- und die Beerdigungsindustrie in Los Angeles.«
Thomas Borchert / Die Welt kompakt, Berlin

Helena
Roman. Deutsch von Peter Gan

Die Kaiserin Helena, Mutter Konstantins des Großen, begründete die legendäre Pilgerreise nach Palästina, wo sie angeblich Teile des echten Kreuzes Christi fand. Ihr ungewöhnliches Leben, die enormen Konflikte dieser Zeit, Korruption und Verrat und der Wahnsinn des imperialistischen Roms gaben Waugh ausreichend Stoff für einen hervorragenden, äußerst spannenden Geschichtsroman.

»Spannend und humorvoll erzählt.«
Peter Münder / Die Welt, Hamburg

Gilbert Pinfolds Höllenfahrt
Ein Konversationsstück
Roman. Deutsch von Irmgard Andrae

Kurz nach seinem fünfzigsten Geburtstag beschließt Gilbert Pinfold, ein weltbekannter Schriftsteller, von Rheuma und Schlafstörungen geplagt, dem Rat seines Hausarztes zu folgen und eine Schiffsreise in die Tropen anzutreten. Zunächst muss Pinfold erleben, dass unter der Besatzung des Schiffes eine Meuterei ausbricht; und schließlich erfährt er, dass er das Opfer einer regelrechten Verschwörung werden soll...

Ohne Furcht und Tadel
Roman. Deutsch von Werner Peterich

Guy Crouchback, ein britischer Katholik aus altehrwürdiger Familie, zieht 1939 voller Idealismus in den Kampf gegen Nazi-Deutschland – und wird zunehmend desillusioniert vom Chaos, Leerlauf und moralischen Schlendrian des Soldatenlebens. Weltgeschichtliche Tragödie und schwarze Komödie liegen dicht beieinander in diesem Roman, der Guy Crouchback auf die Schlachtfelder Europas führt, aber zwischendurch auch zurück ins gar nicht so ungefährliche Gesellschaftsleben von London, wo immer wieder seine flatterhafte Exfrau Virginia seinen Weg kreuzt.

Dem britischen Schriftsteller Evelyn Waugh, der für seinen großen Weltkriegsroman aus seinen Erfahrungen als Soldat schöpfte, ist es wie stets mit der Satire bitterernst.

»Großartig. Eines der Meisterwerke des 20. Jahrhunderts.« *John Banville*

*Ausflug ins wirkliche Leben
und andere Meistererzählungen*

Ausgewählt von Margaux de Weck und Daniel Kampa
Deutsch von Otto Bayer, Hans-Ulrich Möhring,
Matthias Fienbork und Elisabeth Schnack

Keine Eigenart der britischen Upperclass Mitte des 20. Jahrhunderts, die dem scharfen Auge und der ebenso scharfen Feder von Evelyn Waugh entgangen wäre: seien es der Snobismus und die Skandale der Londoner Gesellschaft, die Langeweile in den Kolonien, die weltfremde Strenge der Eliteschulen, die Nachbarschafts- und Erbschaftsränke des Landadels oder die vergnügungssüchtige Jugend. Dabei zeichnet der große Satiriker und Stilist unvergessliche Porträts, wie das der jungen Dame, die sich im Laufe einer Kreuzfahrt mehrmals ver- und entlobt, oder das der exzentrischen Miss Bella, die auf ihre alten Tage noch einmal eine große Party geben will.
Wer Evelyn Waugh ins wirkliche Leben folgt, findet entlarvende Überzeichnung, unwiderstehliche Ironie, hinreißende Stimmenimitationen, schwarzen Humor und zuweilen überraschende Zärtlichkeit.

»Einer der großen Meister der englischen Prosa des 20. Jahrhunderts. Es ist nie zu spät, Evelyn Waugh zu lesen und wiederzulesen.« *Time Magazine, New York*

Barbara Vine
im Diogenes Verlag

Barbara Vine (i.e. Ruth Rendell) wurde 1930 in London geboren, wo sie auch lebte. Sie arbeitete als Reporterin und Redakteurin für verschiedene Magazine. Seit 1965 schrieb sie Romane und Stories, die verschiedentlich ausgezeichnet wurden. Barbara Vine starb am 2. Mai 2015.

»Wenn Ruth Rendell zu Barbara Vine wird, verwandelt sich die britische Thriller-Autorin in eine der besten psychologischen Schriftstellerinnen der Gegenwart.« *Süddeutsche Zeitung, München*

Die im Dunkeln sieht man doch

Es scheint die Sonne noch so schön

Das Haus der Stufen

Schwefelhochzeit

Königliche Krankheit

Aus der Welt

Das Geburtstagsgeschenk

Kindes Kind

Alle Romane aus dem Englischen
von Renate Orth-Guttmann

Folgende Romane sind zurzeit
ausschließlich als eBook erhältlich:

Liebesbeweise

König Salomons Teppich

Astas Tagebuch

Keine Nacht dir zu lang

Der schwarze Falter

Heuschrecken